朱自强学术文集 9

论小学语文教育与儿童教育

朱自强 著

二十一世纪出版社集团
21st Century Publishing Group

出版说明

《朱自强学术文集》收入儿童文学学者朱自强治学三十年的主要学术成果，涉及儿童文学理论、儿童文学批评、中国儿童文学史论、日本儿童文学、小学语文教育、儿童教育等诸多学术领域。

文集共编为十卷。

在编辑文集之际，作者对《儿童文学的本质》《中国儿童文学与现代化进程》《日本儿童文学论》等著作，进行了内容上的全面修订和增补,加上新杀青的《小学语文儿童文学教学法》和《"三十"自述》等新增补文字，使学术文集展现出作者新的学术面貌。

下面就文集各卷内容作一简要说明。

第一卷"三十"自述·儿童文学的本质

本卷中的长文《"三十"自述——兼及体验的当代儿童文学学术研究》是作者专门为学术文集撰写的自序。该文既是对个人学术研究的总结、回顾，同时兼及作者所体验的中国当代儿童文学学术史。

作者对《儿童文学的本质》（少年儿童出版社 1997 年版）一书作了全新增订，在"绪论"中，增补了"儿童文学本质论的必要性和可能性"、"儿童本位论与儿童的'再发现'"两节文字。

第二卷 1908–2012 中国儿童文学与现代化进程

本卷为《中国儿童文学与现代化进程》（浙江少年儿童出版社 2000 年版）一书的增订本。增补文字为：在"中国儿童文学'古已有之'？"一节里，增补与加拿大学者佩里·诺德曼等学者的儿童文学“古已有之”的观点进行商榷的文字；在“两个‘现代’：理论与创作的错位”一节，增补对冰心的《寄小读者》的评论文字；在原书六章的基础上，新增补第七章“新世纪中国儿童文学的‘分化’与走向”（其中第四节“‘解放儿童的文学’：新世纪的儿童文学观”，为原书的结语）。另外，书名加入了“1908–2012”这一时限，以示此次修订将论述延长至中国儿童文学新世纪以来的十余年演化历程。

第三卷 儿童文学概论

本卷为《儿童文学概论》（高等教育出版社 2009 年版）一书的全文收录。

第四卷 日本儿童文学论

本卷为《日本儿童文学导论》（湖南少年儿童出版社 2015 年版）一书的全文收录，并另增补了一篇绘本导读和三篇附录文章。《日本儿童文学导论》为《日本儿童文学论》（山东文艺出版社 2007 年版）一书的增订本，第四章增补了“昭和、平成时期的作家作品论”，其中增补的重点为“绘本”论评。

第五卷 中国儿童文学史论

本卷分为三辑。第一辑“中国现代儿童文学史论”收入八篇研究 1949 年以前的现代文学名家的儿童文学的论文；第二辑“中国现代儿童文学文论解说”录自《现代儿童文学文论解说》（海豚出版社 2014 年 12 月版）一书；第三辑“中国幻想小说发生论”选自与何卫青合著《中国幻想小说论》（少年儿童出版社 2006 年版）一书，文字为作者所撰写的三章（第二章的部分文字为何卫青撰写）；

第四辑“黄金时代的中国儿童文学”录自《黄金时代的中国儿童文学》(中国少年儿童出版社 2014 年版)一书。附录《为人生的文学》一文是中国现代文学史研究成果，曾收入《中国现代文学新编》(高等教育出版社 2012 年版)一书，做了修订。

第六卷 儿童文学的思想

本卷分为“儿童文学的‘思想革命’”、“作家与作品的思想探寻”、“学术批判与论辩”三辑，所收录的学术成果大多具有论辩性、批判性和建设性，是呈现文集作者学术风貌之重要一面的文字。附录《从感性到理性：中国现代文学史的写作方法——以夏志清和顾彬的文学史写作为参考》一文为中国现代文学研究成果，同样具有思辨性。

第七卷 儿童文学的艺术

本卷分为“儿童文学理论与思潮”、“当代儿童文学作家作品论”、“儿童文学与周边”、“图画书论评”四辑，侧重于儿童文学艺术的探讨与研究。

第八卷 小学语文儿童文学教学法

本卷为刚刚杀青的三十余万字的书稿，是作者几十年来对儿童文学在小学语文教学中的运用潜心研究的成果，填补了国内儿童文学阅读教学理论及实践的空白。单行本已由二十一世纪出版社集团出版。

第九卷 论小学语文教育与儿童教育

本卷分为“论小学语文文学教育”、“儿童文学与小学语文教育”、“论儿童教育”三辑。第一辑“论小学语文文学教育”除去《“工具论”与“建构论”：语文教育的症结和出路》一文的全部文字以及第二辑“儿童文学与小学语文教育”的部分文字选自作者的《小学语文文学教育》（东北师范大学出版社 2001 年版）一书。

第十卷　现场的学术：讲演与对谈

本卷收录的均为讲演、对谈文章。第一辑为“小学语文教育讲演录”；第二辑“激活潜在的灵性——论儿童教育”是作者在电视台所作的系列讲座的文字整理；第三辑为“儿童文学访谈”；第四辑为对谈著作《中国儿童文学 5 人谈》《小学语文教材七人谈》中作者言论的摘录。

二十一世纪出版社集团

2015 年 9 月 15 日

目录　CONTENT

第一辑　论小学语文文学教育

第二辑　儿童文学与小学语文教育

第三辑　论儿童教育

论小学语文文学教育

第一辑

“工具论”与“建构论”：语文教育的症结和出路

一、质疑“工具性与人文性的统一”之“工具论”

对语文教育进行理论方法层面的研究，就应该具有建构语文观的自觉意识，并进行学理性思考和探究。我在建构自己的语文观的思考过程中，一直在以目前已经形成的语文观为借鉴、参考、审视的对象，其中我无法绕过的、也是对我而言最有讨论价值的是“语文是最重要的交际工具”这一“工具论”。长期以来，“工具论”是最具影响力的语文观。这种观念给语文教育带来了种种负面以及低效的教学实践，亟待进行具有学术和思想深度的反思。

需要说明的是，我所讨论的“工具论”，是教育部颁布的《全日制义务教育语文课程标准（实验稿）》和《义务教育语文课程标准（2011 年版）》所说的“工具性与人文性的统一，是语文课的基本特点”里的这个“工具论”。在我看来，在语文教育中，“工具性与人文性的统一”既没有学理依据，也没有可操作的可能，因为语文并不具有“工具性”这一本质属性。与从前的更为单一的“工具论”相比,“工具性与人文性的统一”这一提法,使问题更加复杂化、混沌化，在某种程度上，因其拉来“人文性”，更容易造成对人们的迷惑和误导，进而对“工具论”的不合理性形成了遮蔽。比如，年轻学者潘庆玉就说：“语言哲学有助于我们从符号学的高度认识语文作为工具的意义，从而辩证地把握语文本体的双重属性，为我们走出汉语文工具性与人文性之争的泥沼提供方法论的支持。”“语言哲学对语文的符号性解读，从学理上揭示了汉语文工具与人文的内在统一性，从根本上确立了语文教育的工具价值与人文价值的协同关系。”[①]再如，杨先武的《“三老”语文教育“工具论”评析》一文，对叶圣陶、吕叔湘、张志公三位语文教育家的“工具论”，进行了清晰的梳理，对其造成的“负面影响”也有清醒的批评，但是，这种否定只针对杨先武文中所谓“工具论”“完全占据了语文课的霸主地位”，即《全日制义务教育语文课程标准（实验稿）》公布之前的那个“工具论”，而一旦新颁布的语文课程标准提出“工具性与人文性的统一”，就对语文具有“工具性”这一语文观表示认同了——“语文教育只有把工具性和人文性紧密结合在一起，使学生的人文素质和运用语文的能力同步提高，才能从根本上改变现状。”[②]

我想，如果是孤立的、单一的“工具论”，运用语言哲学、教育哲学等思想方法，较为容易辨析其存在的问题，可是，一旦拉来“人文性”，再来个“统一”，很多人对语文观所做的欲求创新的思考就半途而废，甚至似是而非了。因此，对“工具论”在学理和实践上的非科学性的认识一定要彻底，对“工具论”必须持坚定的反思立场。

讨论语言观、语文观，需要进入哲学的层面，运用哲学的方法。一些学者依据马克思、维果斯基、海德格尔、索绪尔等人的理论对“工具论”存在的问题进行分析和批判，是非常有说服力的。我在反思“工具论”这一语言观、语文观的问题时，从语言哲学的立场出发，借鉴、运用的是反对本质主义的后现代哲学中的建构主义本质论，想着重从语言的建构性、创造性这一角度，指出“工具论”存在的问题。我认为，“工具论”的哲学基础是形而上学哲学的二元论。如果不在语言哲学层面对“工具论”进行反思和批判，“工具论”的根基是无法撼动的，从而“工具论”的负面影响也就难以消除。

二、语言哲学视角：对“工具论”的反思

自将“国语”（小学）、“国文”（中学）改为“语文”的 1949 年以后，在中国语文教育的理论和实践中，最有影响的语文观就是“语文是工具”这一“工具论”。从叶圣陶、吕叔湘、张志公这语文界的“三老”即三位权威的语文思想来看，“工具论”是其语文教育理念的核心观念。应该说，“工具论”的确立，“三老”起了至关重要的作用。

据说，最早提出“工具论”的是张志公先生。他在 1963 年写作的《说工具》一文中明确说：“语文是个工具，进行思维和交流思想的工具，因而是学习文化知识和科学技术的工具，是进行各项工作的工具。”他还认为：“对于语文的这种性质，大家多半同意，看法上没有什么出入。”[③]如果这一判断准确，说明张志公先生的“工具论”是对当时的一种普遍的语文观的总结。

叶圣陶先生也提倡过“工具论”：“语言是一种工具，工具是用来达到某一个目的的。比如锯子、凿子、刨子是工具，是用来做桌子一类东西的。”[④]

潘庆玉的观点可以视为在“工具性与人文性的统一”这一新形势下的“工具论”的一个代表。他在《语文教育哲学导论——语言哲学视阈中的语文教育》一书中说：“所谓‘工具性’，是指语文本身是表情达意、思维交际的工具，可以帮助学好其他学科。”[⑤]“语文学科是最重要的基础工具学科”。[⑥]“从‘工具性’和‘人文性’相统一的立场来理解语文课程的性质，具有重要的理论和现实意义。”[⑦]潘庆玉的这部著作具有哲学思辨性，而且主要运用的还是语言哲学这一方法，但是却依然归顺了在我看来语言哲学所绝不会承

认的“工具论”，究其深层原因，就是他持着隐蔽的形而上学的二元论的哲学立场。

“工具论”是一种将形式和内容相分离的二元论，其哲学的根源是传统的形而上学的二元论。在二元论看来，一些事物，要么是内容，要么是形式，要么是目的，要么是工具。涉及对语言的认识，就造成了对语言和交际的主客二分，形成了语言是用于交际的一个工具这一语言观。将语文课程定性为“工具性”就是这种语言观的照搬。

认为语言、语文具有“工具性”，不是比喻的不当，而是由形而上学哲学的二元论思维方式所造成的对语言、语文属性的错误阐释。

首先让我们看看辞典里对“工具”的解释：“①进行生产劳动时所使用的器具，如锯、刨、犁、锄。②比喻用以达到目的的事物：语言是人们交流思想的～。”[⑧]很显然，语言“工具论”使用的是第二个解释：用“工具”来“比喻用以达到目的的事物”——语言。

将语言视为“工具”的错误有以下几点：

第一，“工具论”将语言看成了可以先于“交际”而存在的一个超时空的固定不变的实体。

把语言比喻成“工具”，意味着把语言看成一个先于自己想要达到的那个“目的”（“交际”）而存在的事物，就像木匠要打一个桌子，先要有斧子、锯子、刨子这些可以供他拿在手上使用的工具一样。在这个比喻中，使用比喻的人把语言看成了类似锯子、刨子那样的一个先在的、固定不变的、实体的存在，他如果“拿”起那个“语言”，就能够达到“交际”这个目的。然而事实是，对于交际而言，并没有一个先在的、固定不变的、实体的语言存在。人在交际之前，那个可以让人“用以达到目的的”所谓作为“工具”的“语言”并不存在。

在建构主义的本质论看来，语言不是一个超时空的固定不变的实体，而是在特定的时空中的具体的建构物（这里也许用“言语”更为准确）。语言是在具体的交际之中建构出来的，交际是在具体的语言建构过程中完成的。

语言是个建构物，而不是像工具一样，是一个一成不变的固定实体。在语言的建构过程中，交际才能够在其中得以完成。语言是变动不居的，因为心灵和生活变动不居。一个已经具有语言能力的人，在与他人的下一次交际中，哪怕说的是同一句话，也并不是使用的以前交际时用的那个语言，而是使用的重新建构出的语言。比如，一个人十天前曾问候一个朋友：“你好吗？”十天后，他又见到那位朋友，同样问候他：“你好吗？”而此时那位朋友生活变故，正身处于人生的困境之中。这后一个“你好吗”与前一个“你好吗”已经含义不同，是一个新建构出的具有新的意义的语言。因此，这里正可以套用哲学家赫拉克利特的那句名言——人不能两次踏入同一条语言的河流。

第二，“工具论”将语言与“交际”当成了“两码事”。

叶圣陶先生曾说：“就语文学习来说，思想是一方面，表达思想内容的工具又是一方面。”“学习语文,这两方面都要正确对待。”[⑨]虽然张志公先生也意识到“语文和思想老是长在一起，分不开”，但是，“语文和思想虽然也是两码事”，“思想是抽象的，它要依靠语文这个物质外壳而存在”，这些表述依然显露出张志公先生的思维也在一定程度上陷入了形而上学的二元论立场。

“语言是一种工具，工具是用来达到某一个目的的。比如锯子、凿子、刨子是工具，是用来做桌子一类东西的。”[⑩]叶圣陶先生在说明语言是工具时所用的做桌子这个例子，恰恰说明了将语言视为交际的工具是违反语言的属性的。

木匠为了打一个桌子，需要用斧子、锯、刨子等工具，一旦打好了的桌子，可以离开那些工具而存在。但是，人类语言却不是这种工具性的存在。你不能用语言去交流了那些思想感情之后，让那些思想感情脱离语言而存在。所以，你在本质上交流的是具有思想感情内涵的语言。也就是说，语言本身即是交际，而不是为交际服务的工具。人们求爱，有人说，“我因为想你，就算瘦得裤子都提不上了也绝不后悔”。柳永则说：“衣带渐宽终不悔，为伊消得人憔悴。”求爱的结果会大不一样。这种时候，思想感情更不能像桌子一样，脱离所谓的语言这一“工具”。海德格尔曾经阐释斯退芬·格奥尔格的《词语》一诗，特意将“词语破碎处，无物存在”改写为：“词语缺失处，无物存在（Kein Dingiist, wo das Wort fehlt）。”[11] 意思说得十分明白。

我注意到，张志公先生也论述到了语言这个“工具”与锄头等物质生产工具的不同。他说：“语文这个工具和生产上用的一些工具，比如除草用的锄头，平整木料用的刨子等等，有同有异。”“生产上用的各种工具，都是生产物质资料的。语文这个工具不生产物质资料，它不是生产工具，而是人们用来思维和交流思想的工具，学习科学文化知识和进行工作的工具。”“锄头是除草的，而锄头和草是两码事，锄头和草并不长在一起。语文是交流思想的，语文和思想虽然也是两码事，可是由于语文是交流思想的工具，而思想是抽象的，它要依靠语文这个物质外壳而存在，所以语文和思想老是长在一起，分不开。这是语文工具跟其他工具不相同的一点。”[12]

正如我在前面论述过的，语言和交际与锄头和除草之间并没有性质上的相同之处，而没有相同之处的两个事物，自然也就没有相异之处。因此，是不能将语言与锄头等工具联系在一起的。其实，在“语文和思想老是长在一起，分不开”这样的表述里，已经蕴含着对“语文是个工具”这一观点的自我否定。因为词典里所说的“比喻用以达到目的的事物”这句话里的“目的”和“达到目的的事物”必然是可以二分的。如果目的和要达到这个目的的“工具”“老是长在一起，分不开”，也就是说，如果一个事物所要达到的那个目的就在其自身的实践之中，这个事物本身就成了目的，因而也就不能叫它为工具了。就像一颗种子，其生长所要达到的目的是结出果实，但是我们不能认为这颗种子是达到结出果实这一目的的“工具”。语言与“交际”的关系不是对象性存在,更不是“工具”和“目的”之间的服务与被服务这种关系。语言就是“交际”本身。“交际”就是语言之所是，语言就是“交际”之所是。

结合认知科学、脑科学研究语言的斯蒂芬·平克更是将语言视为如同人的身体的一部分的“器官”一样：“一旦你可以从生物适应的观点来看讯息的沟通交流，而不是把它看成人类特有、独一无二的能力时，你就不会再把语言看成塑造思想的工具，因为你在下面会看到——它不是。你会把语言看成自然界的鬼斧神工，一个就如达尔文所说的具有完美的结构，令我们激赏的共同演化适应（coadaptation）的器官。”⑬

第三，“工具论”遮蔽了语言的无可替代性，因而也造成了对人的本质的某种程度的遮蔽。

只要是工具，就具有可替代性。锄头是除草的工具，可是，没有锄头时，用锅铲也可以做除草的工具。在通常情况下，锄头只是比锅铲更好用而已。但是，语言就不是这种性质的东西了。语言是无可替代的。语言是人的心智世界本身，有语言是一种心智世界，没有语言就是另外一种心智世界。

恩格斯在《劳动在从猿到人转变过程中的作用》这篇论文中，论述了共同的劳动发展出语言，猿与人的区别就在于是否有语言能力。手可以劳动，但不是劳动的工具，而是人区别于其他动物的劳动能力的一部分；同样，语言可以交流，但不是交流的工具，而是人区别于其他动物的一种本质属性。狼群一起捕猎，也有肢体语言的交流，其肢体语言并不是狼群交流的工具，而是其生存的属性。同样，人在劳动中用语言交流，这种语言也不是工具，因为它不可替代，如果被替代以狼的肢体语言，人则不再为人。所以，希腊人把人定义为“会说话的动物”。

据此可以说，“工具论”会在一定程度上造成对人的本质的遮蔽。二十世纪九十年代末发生的对语文教育的批判，对人文性的呼唤，也与“工具论”的这一弊端有内在的关联。

第四，“工具论”不符合人们的语言生活的心理现实。

事实上，在人们的语言生活（包括交际生活）的实践过程中，通常情况下，是没有将语言视为工具这一心理意识的。也就是说，“语言是个工具”是一个缺少现实实践指涉的（虚假）假设。

我们与别人讲话时，我们写一篇文章时，我们思考问题（使用维果斯基所说的“内部语言”）时,并没有“使用”语言这一“工具”的意识。即使是妙语连珠或者文辞枯竭的时候，我们也不会有正在“使用”语言这一“工具”的意识。我们可能会想到自己的语言能力好还是不好，但是，我们不会想到自己会不会“使用”语言这个“工具”。为什么？“使用是工具性的，‘使用工具’是‘使用’的标准用法。工具性意味着间接性，我们使用布料、针线、缝纫机来做衣服，但我们通常不使用衣服，不是因为衣服没用，而是我们直接就用着它，不再是使用它来做什么别的事情了。同样我们也不使用朋友，不是因为朋友没用，朋友很可能比生意伙伴和仆人更有用，只不过，朋友的用处包含在他的存在里。”⑭

语言之于我们每个人，比衣服、比朋友更具有一体性，已经完全超出了使用与被使用的关系。语言即是我们，我们存在于语言之中。海德格尔说得好——“存在在思中形成语言”，“语言是存在的家”，“人以语言为家之家”。[15]

三、论“建构论”的语言观和语文观

在至今为止的语文教育教学实践中，“工具论”并不是一个束之高阁的理念，而是在叶圣陶、吕叔湘、张志公等前辈权威学者的倡导和推动下，在语文教育实践的响应下，形成了几乎是成体系的“工具论”教学模式。

张志公先生说：“传统语文教学的另一条重要经验是，教学要从语文的工具性这个特点着眼。”[16]“凡属工具，最重要的是准确地操纵它，熟练地运用它，只有这样，它才好好地为我们服务。在这一点上，语文跟别的工具也是一样的。”[17]“培养和提高语文能力首先是一种技能训练。凡属技能训练，都要有一定的规格，明确的标准和要求。”[18]叶圣陶先生则说：“我看要把练习搞成个体系，也就是把读写训练搞成个体系，由易到难，知识的介绍和能力的训练一环扣一环。”[19]

“最重要的是准确地操纵它，熟练地运用它”，“培养和提高语文能力首先是一种技能训练”，“要有一定的规格，明确的标准和要求”，这些话语典型地反映了“工具论”教学的特性。“工具论”教学模式的核心，就是用“标准”化来“训练”“技能”，语文教学的根本任务被规定为用“训练”这一方法来培养和提高学生听、说、读、写，即运用语言文字的“技能”（掌握“工具”）。

但是，这种“技能训练”的语文教学模式，却是不符合人类使用语言的规律的。斯蒂芬·平克介绍乔姆斯基提出的语言本能理论时说："……乔姆斯基唤起大家对语言的两个基本现象的注意，第一就是人们所讲或所听到的句子几乎都是全新的句子，第一次在宇宙出现的，所以语言绝对不可能是刺激反映的汇合，人的大脑必定有某一个控制或某一种设定，它可以用有限的字制造出无限的句子。"[20]可见反反复复的"技能训练"无助于"用有限的字制造出无限的句子"，重要的是如何帮助学习者用语言来建构丰富的心智世界。我们永远也不会看到心灵苍白、空洞的人会表现出很好的语言能力。

在"工具论"教学模式下，学生被当作"技术工人"一样被"训练"，而且这训练还要"搞成个体系"，还要"一环扣一环"，于是，教育几乎变成了培训。本来是活生生的语言，在这样的"培训车间"里，变成了如"工具"、零部件一样的僵死的"词语""词句""知识"。一个典型的事例是，"有的教材甚至下力气教学生孤立地记忆词组的AABB（浩浩荡荡）、ABAB（溜达溜达）、ABB（黑黝黝）、ABCC（人才济济）一类结构。这真是在教无用的死知识，只是在白白浪费孩子的时间。写文章时，需要先考虑我要用个AABB、ABAB或ABCC这种结构的词，然后再用吗？如果是这样，我相信，所有的作家都不会写作了。无论怎样了解词组的结构，或者把字典上的词全都背下来，如果没有在语境里理解过这些词，还是不能获得阅读和写作的能力。"[21]

对于语文教育教学而言，掌握"工具"的"训练"，背诵"知识"的"训练"，必然是一种模仿式的"学习"，而不是创造性的学习。卢梭曾说："你的学生学习地图；我的学生制作地图。这就是你的学生有知识和我的学生无知识的区别。"[22]杜威更是说过："以知识本身作为目的，'浩如烟海，深不可测'。如果在卢梭时代是这样，那么，卢梭以后科学日益发展，就更可确信把单纯积累知识和教育等同起来乃是荒唐的。……照传统的教学法来教，学生学习的是几张地图而不是学习世界——学的是符号而不是事实。学生所真正需要的，并不是关于地形学的精密知识，而是要晓得自己去寻求知识的方法。……所以学校中求知识的真正目的，不是在知识本身，而在学得制造知识以应需求的方法。”[23]（重点号为原文所有）

把语文看作工具，用训练的方法让学生“准确地操纵它，熟练地运用它”，这种“工具论”教学模式的最大弊害是抹杀了语文教育所应有的对学生的语言创造能力的培养。

在本质上，在语文教育中，学生学习的不是语言，而是学习通过语言建构心智世界的能力。语言的习得是建构的过程。没有一个固定的、实体对象的“语言”摆在那儿，可以供儿童通过“训练”而学会“操纵”。我说语言不是一个固定的、实体的东西，是说语言不是如自行车那样的固定存在，学习语言不像学习骑自行车，是与固定的实体的对象发生关系。对学习自行车的所有人而言，衡量是否学会自行车都是同一个标准，但是，每个人在语言教育中，通过言语活动建构心智能力的状态都是不同的，所以，不该有张志公所说的“一定的规格，明确的标准和要求”。比如，一个学生说“妈妈打开冰箱找东西”这是对的，而另一个学生说“妈妈钻进冰箱找东西”这也是对的，因为东西放在大开门冰箱的深处，不探进身子就找不到那东西，而探进身子不就是“钻进”了冰箱吗？

语文学习的目的不是“操纵”一个工具，而是学习一种能力——语言能力。语言能力的获得是建构性的、创造性的，是充满可能性的，而操纵工具则是训练的、机械的、缺乏可能性的。

尽管叶圣陶先生、张志公先生等权威学者也提到过“文道统一”，但是，他们重视的“文”只是掌握语文这一“工具”的种种训练，“道”（这个“道”我解释为儿童成长中需要建构的心智）则不过是不得不有的一个陪衬。比如，叶圣陶先生就认为："国文教学，选材能够不忽略教育意义，也就足够了，把精神训练的一切责任都担在自己肩膀上，实在是不必的。"㉔张志公先生则说："培养运用语文的能力，这是语文课的'主'，必须完成好。不过，还有'宾'，就是说，在语文课里，由于语文本身的综合性，捎捎带带还能办不少事，比如思想的感染陶冶，联想力、想象力的发展，思考力、推理力的发展，等等。何不也顺手管管呢？"㉕

在语文教育中，"语文能力"与"思想的感染陶冶，联想力、想象力的发展，思考力、推理力的发展"，不是"主"与"宾"的关系，而是不可分离的一体关系。张志公先生的一"主"一"宾"这一主张被运用到语文教育教学实践中，就容易造成语文教育缺乏通过语言教育培养学生心智这一教育过程。

语言的建构性、创造性决定了语文学习必须是创造性的学习。基本知识、基本技能需要掌握，但是，掌握它们并不是语文教育的主要目标，掌握它们对于学生并没有什么难度。语文教育要把教学、学习的重点放在语言的建构性、创造性这一特性上来，而不能像张志公先生所说的，要"从语文的工具性这个特点着眼"。语文教育要培养的是建构具有主体性的语言这一能力，而不是要培养会使用"工具"这一"技能"。"思想的感染陶冶，联想力、想象力的发展，思考力、推理力的发展"这些能力，绝不是像张志公先生所说的那样，在将语言学习作为"技能训练"的过程中，"捎捎带带"、"顺手管管"就能够培养出来的，而是必得将语言学习作为建构心智的实践才能够培养出来。

我认为，对中国中小学语文教育发展、进步造成最大阻碍的就是"工具论"。在语言观、语文观上，如果不纠正"语言文字是人类最重要的交际工具"这一"工具论"，像《义务教育语文课程标准（2011 年版）》那样，即使纳入人文教育的内容，强调“工具性与人文性的统一”，两者依然是两股道上跑的车，非但“统一”不起来，“工具论”反而会“名正言顺”，堂而皇之地大行其道。近年来出现的一些学者质疑、否定小学语文文学教育的倾向，恐怕还是“工具论”在起负面作用。

我也不赞成有的学者在否定“工具论”时，将语文教育的属性视为单一的人文性这一观点，因为语言是具有多元整合性的，在它的建构过程中，既生成着人文性，也孕育着逻辑思维、科学精神。语言虽然不是在建构人类的全部心智，但是，肯定参与着人类全部心智的建构。语言的这种建构，对于人的全面发展是不可或缺的。

在“工具论”这种语言观、语文观的对立面，我所建立的是“建构论”的语言观和语文观——

语言是人类心智世界的建构物，语言在实践过程中，发挥着传达信息（含交际）、认识世界、表现心灵这三个功能；语文课程的目的是使学习者获得用语言建构健全的心智世界的能力，获得用语言来传达信息、认识世界、表现心灵的能力。语文教育就是通过对具有创造灵性的语言的学习，发展学生心智的一种教育，培养的是具有创造灵性的人。

（载于《教育研究与评论》2015 年第 1 期）

---

①潘庆玉：《语文教育研究的语言哲学路向》，见何文胜主编《面向多元语境：语文教育的反思》，苏州，苏州大学出版社，2012 年版。

②杨先武：《“三老”语文教育“工具论”评析》，《教育学报》2007 年第 3 期。

③⑫⑰张志公：《说工具》，见张志公著《语文教学论集》，福州，福

建教育出版社，1981 年版。

④⑨⑩叶圣陶：《认真学习语文》，《文汇报》1963 年 10 月 5 日。

⑤⑥⑦潘庆玉：《语文教育哲学导论——语言哲学视阈中的语文教育》，后记第 14 页，北京，教育科学出版社，2009 年版。

⑧中国社会科学院语言研究所词典编辑室：《现代汉语词典》，北京，商务印书馆，1978 年版。

⑪[德]海德格尔：《在通向语言的途中》，130~132 页，北京，商务印书馆，1997 年版。

⑬⑳[美]斯蒂芬·平克：《语言本能：探索人类语言进化的奥秘》，26 页、29 页，(台湾)商业周刊出版 1998 年版。

⑭ 陈嘉映：《语言哲学》，168 页，北京，北京大学出版社，2003 年版。

⑮[德]海德格尔：《关于人道主义的书信》，见《海德格尔选集》，上海，三联书店，1996 年版。

⑯ 张志公：《传统语文教学的得失》，见全国中语学会编《叶圣陶、吕叔湘、张志公语文教育论文选》，北京，开明出版社，1985 年版。

⑱ 张志公：《再谈语文课的几个问题》，见《张志公文集》(第 3 卷)，广州，广东教育出版社，1991 年版。

⑲㉕ 转引自杨先武《“三老”语文教育“工具论”评析》，《教育学报》2007 年第 3 期。

㉑ 朱自强：《小学语文教育是语言教育还是文学教育？》，《中国教育报》2011 年 4 月 7 日。

㉒㉓[美]杜威：《杜威教育名篇》，107~108 页，北京，教育科学出版社，2006 年版。

㉔ 叶圣陶：《国文教学的两个基本观念》，见《叶圣陶语文教育论集》，北京，教育科学出版社，1980 版。

儿童：语文教育的主体

一、儿童：语文教育的主体

考察人类教育发展史，我们会发现，教育思想和方法的每一次发展和变革都离不开教育者与被教育者之间的关系问题。

在欧洲中世纪，儿童教育被教会垄断，为儿童开办的学校都操纵在教会手中。教会宣称："一切真理都在圣经上面"，"科学是宗教的奴仆"，"尘世生活是来世生活的准备"，"肉体是灵魂的监狱"，并利用学校宣传无条件地服从、忍耐、节制、畏神等压抑人性的禁欲思想。在儿童教育方面，教会从基督教义的原罪观出发，认为儿童一出生就已带有原罪的印记，只能靠无情地抑制其欲望和使其服从父母及教会长老才能拯救儿童。教会学校在教育中无处不渗透宗教教义和神学思想。在道德方面，通过宗教"畏神"的教育，禁锢儿童自身的愿望；在知识方面，要求各门功课都为宗教服务。一个极端而典型的例子是算术教学把一些数字硬做神秘的解释："1"是象征唯一的上帝，"2"意味着耶稣基督的两重人格（神性和人性），"3"是比喻神圣的三位一体，"4"是指四个福音传道者……在教学方法上，注重的是盲诵枯记；在教材使用上，几乎是无宗教性质则不用。一言以蔽之，欧洲中世纪的儿童教育是以束缚人性的成人宗教文化为重心，扼杀儿童心性的教育。

在欧洲的文艺复兴时期，儿童教育出现了根本性的变革。"文艺复兴"是新兴的资产阶级发起的一场文化革命，资产阶级在这场反抗封建制度、反抗中世纪教会的禁欲主义和出世思想的斗争中，提出了对于健康、积极、乐观的人生的崇拜，并肯定了以“人”为中心,因此,文艺复兴时期的资产阶级的思想又被称为“人文主义”。文艺复兴时期的人文主义世界观把人从神的奴役下解放出来，提高了人的地位，肯定了人生的价值。这种世界观无疑是和中世纪封建的教会的旧世界观相对立的。这种世界观对教育产生了极其深刻的影响。表现得最为显著的，是人文主义教育强调发展个性，培养生气勃勃、身体健壮、知识丰富、积极参加日常生活的人，以发展人格为教育的主要任务。人文主义教育对儿童本身的注意加强了，它不像中世纪教育那样蔑视儿童甚至折磨儿童，而是尊重儿童的人格，发展儿童的个性，培养儿童的积极性和创造性。

尽管文艺复兴时期的人文主义教育将儿童作为“人”从宗教的桎梏下解放出来，但是，还不能就此说已经发现了儿童。在人类思想史、教育史上，真正发现儿童的火把是由法国思想家卢梭第一个点燃的。卢梭在他那部划时代的教育著作《爱弥儿》中振聋发聩地告诉人们要尊重童年：“我们对儿童是一点也不理解的：对他们的观念错了，所以愈走愈入歧途。最明智的人致力于研究成年人应该知道些什么，可是却不考虑孩子们按其能力可以学习到些什么，他们总是把小孩子当大人看待，而不想一想他还没有成人哩。”[①]卢梭站在儿童的立场，主张儿童的独立性：“大自然希望儿童在成人以前就要像儿童的样子。如果我们打乱了这个次序，我们就会造成一些早熟的果实，它们长得既不丰满也不甜美，而且很快就会腐烂：我们将造成一些年纪轻轻的博士和老态龙钟的儿童。儿童是有他特有的看法、想法和感情的；如果想用我们的看法、想法和感情去代替他们的看法、想法和感情，那简直是最愚蠢的事情……”[②]基于对儿童心性的洞察，卢梭提出了消极教育的方法。他在《爱弥儿》

中主张，不能因为考虑将来，而以文字和知识的灌输来限制儿童的自由，应该最大限度地发挥儿童身上具有的生长力和行动力。卢梭的消极教育法否定了早期对儿童进行大量知识灌输的做法，认为在儿童时代，与用文字进行教育的方法相比，让儿童在游戏中获得各种经验，以口语为媒介，于不知不觉间将关于事物的知识注入儿童的心中这种方法更符合儿童的天性，因而也更科学。发现儿童的卢梭提倡自然人的教育，他指出，正确的教育应该是使人的各种自然感性得到最充分的发展，或者说是使人贴近他的自然感性状态："自然所希望的，是要儿童变为成人以前，先成为儿童。"卢梭看到了完善儿童的自然感性在人的整个成长中具有举足轻重的地位，而任何对自然感性的压抑和破坏都会使人失去存在的完整性。卢梭认为，这种对儿童自然感性的压抑和破坏来自理性："用理性去教育孩子，是洛克的一个重要原理，这个原理在今天是最时髦不过了。然而在我看来，它虽然是那样时髦，但远远不能说明它是可靠的。就我来说，我发现，再没有谁比那些受到许多理性教育的孩子更傻的了。"③

卢梭在《爱弥儿》中提出的革命性儿童教育思想，在其后的二百五十年间，对世界教育思想史产生了巨大而深刻的影响，即使在今天，仍然具有迷人的魅力。

被称为"幼儿园之父"的德国教育家福禄培尔的教育思想可以说与《爱弥儿》是如影随形。福禄培尔认为：人自出生起，在其内部就存在着既完美又善良的东西，尽管尚处于萌芽状态，但毕竟存在，因此，人的发展就是这种内在的完美和善良的东西的萌发，人的教育就是助长这种萌发。据此，福禄培尔说出了他的理论中的一句名言："教育、教学或训练，在其根本上或是最初的根本特征上，必然是被动的、引导性的，而绝非是命令式、戒律式或强制性的。"④如果说福禄培尔的引导或被动式的教育原则已经具有儿童中心主义意味的话，那么美国实用主义教育家杜威则确立了儿童中心主义教育思想。杜威明白宣告儿童是教育的中心，他反对传统的学校教育视教师、教材为教育的中心做法："教育的最大毛病，是把学科当作教育的中心，不管儿童的本能经验如何，社会的需要如何。……现在晓得这种办法是不对了。其改革的方法，只是把教育的中心搬一个家：从学科上面搬到儿童上面。""在整个教育中，儿童是起点，是中心，而且是目的。"[⑤]……教育者"必须站在儿童的立场上，并且以儿童为自己的出发点"。[⑥]杜威认为，儿童中心主义的提出，是教育上的一场大革命，可以同当年哥白尼把太阳当作天体的中心这一天文学上的革命相比。他说，现在"儿童变成了太阳，而教育的一切措施，则围绕着他们转动；儿童是中心，教育的措施便围绕着他们而组织起来"。[⑦]杜威的儿童中心主义教育思想提出并施行之后，有如惊涛拍岸，引起了世界范围的巨大而广泛的反响。

意大利教育家蒙台梭利根据她对儿童的直觉观察发展了一套新的教育思想。她的"儿童之家"及其教育法的影响结果是出现了世界规模的蒙台梭利运动。蒙台梭利的理论与卢梭和福禄培尔的思想一脉相承。她指出——在教育中，"成人必须认识到，他仅处于一个次要地位，他应竭尽全力地去理解儿童，支持和帮助儿童发展其生命，这应成为母亲和教师的奋斗目标。如果需要帮助而得以发展的是儿童的个性，而儿童的个性较弱，成人的个性较强，因此成人就必须抑制自己，不要对儿童好为人师，而要以能够理解和追随儿童的成长为荣"[⑧]。在蒙台梭利的"儿童之家"，儿童就是教育的主体。

中国是一个很早就开始重视儿童教育，并且儿童教育的历史源远流长的国家。但是，在清末民初之前，中国的儿童教育一直是以成人为本位的教育。千百年来，以孔子思想为核心的儒学经典被儿童教育实施者奉为圭臬。在"四书""五经"这些深奥的儒学典籍面前，学童的境况可想而知。将“四书”“五经”作为儿童的教科书，这清楚地表明成人教育者持着的是将儿童视为“缩小的成人”这一成人本位的儿童观。这种不理解儿童自身的心理发展特点和教育需求的蒙昧儿童观,在选择发蒙识字教材时也会出来作祟。比如，在封建社会使用时间最长、使用范围最广的《三字经》，开首便是“人之初,性本善。性相近,习相远”这种深奥难解的教条式语句。封建的儿童教育，不仅使用的教材扼杀儿童的学习兴趣，而且采用的教学方法也是大逆于儿童心性的盲诵枯记。对中国古代的儿童教育，郑振铎曾这样评价：“以养成顺民或忠臣孝子为目的，而以注入式的教育方法为一成不变的方法。对于儿童，旧式的教育家视之无殊成人，取用的方法，也全是施之于成人的，不过程度略略浅些而已”，“他们根本蔑视有所谓儿童时代，有所谓适合于儿童时代的特殊教育。他们把‘成人’所应知道的东西，全都在这个儿童时代具体而微地给了他们了；从天文、历史以至传统的伦理观念，无不很完整的给了出来”，“如果把科举未废止以前的儿童读物作一番检讨,我们便知道中国旧式的教育,简直是一种罪孽深重的玩意儿”⑨。

从清末开始,西方的现代教育思想和制度传入中国。到了民初，新式学校取代了旧式私塾。“五四”时期，儿童文学的传入给学校教材带来了根本性革命，而杜威在中国长达两年之久的儿童中心主义教育思想的传教，则给成人本位的传统教育思想以致命的打击。但是，“五四”新文化运动退潮以后，随着复古逆流的回潮，以儿童为教育重心的现代教育思想并没有在教育现场得到广泛的实施。二十世纪五十年代极“左”思潮批判杜威的弟子和追随者胡适时，儿童中心主义也只能望风而逃。文化浩劫的文革给学校教育留下的是一片狼藉。改革开放以后，重新涌入的西方现代教育思想再度给中国的教育注入了生机，但是在应试教育的大趋势下，想以儿童为教育重心也只能是纸上谈兵。在中国，作为被教育者的儿童要真正成为教育的主体，还有坎坷艰难的路要走。

二、儿童研究先于语文教育研究

并不是每个人都是在做好了充分准备之后才走上教师工作岗位的，作为教师，必须不断地对自己进行继续教育。在今天，合格的语文教师应该是语文教育的研究者。

在古希腊神话中有这样一个故事：美丽的阿里阿德涅公主送给勇士忒修斯一只会滚动的线团，这只线团引导忒修斯通过多歧而混乱的路进入迷宫，杀死了怪物弥诺陶洛斯，然后，忒修斯又由线团引导从迷宫中走出。这个神话故事具有原型的意味，它表现了在人类文化尚未发达到对外物和自我有较高把握力的时代，人类对方法的理解和渴求。在古希腊语言里，"方法"这一概念是由"沿着"和"道路"两个词组合而成，意为"遵循某一道路"，体现了一种朴素的、直观的方法观念。

如果教师要抵达语文教育科学殿堂的话，该从谁那里得到那只会滚动的"阿里阿德涅"线团呢？答案只有一个：从儿童的手中。但是，教师走向儿童心灵世界之路并不像教育现场的物理距离那样近在咫尺。作为教育者的成人毕竟离开儿童世界已久，将成人与儿童世界联系在一起的只有对过去时童年的回忆和对现在时童年的观察。心灵是个极其微妙、复杂的世界，我们成人对自己眼前的内心世界尚且难以把握，何况是遥远的回忆和他人的童年。在人类认识自身的路途上，对儿童的发现之所以姗姗来迟，就是因为解读儿童的心灵是一门至难的大学问。但是，作为个体的我们，放弃揭示儿童独有的心灵世界的努力，无异于一开始便拒绝走进语文教育的大门。

对儿童的研究先于对语文教育的研究，儿童研究是语文教育研究的原点和基石。在儿童研究方面，尽管成果相对而言还不是很丰厚，但我们还是可以从前人那里接受到许多宝贵的财产。这些财产主要来自三个方面：

1. 儿童心理学

儿童心理学是心理学的一个分支，它研究儿童的心理生理过程与成人的差异，从出生到青春期结束期间的心理生理发展以及儿童之间的心理功能差异。作为一门建立在坚实的经验主义基础上的学科，儿童心理学在现代才成立。1840 年，达尔文开始坚持逐日记录他自己的一个孩子的发育情况。W. T. 普赖尔做了与此类似而更详尽的研究，起了带头作用。1891 年，霍尔创立儿童心理学和教育学杂志《教育学研究》。不久，萨利在英国建立儿童研究协会。在二十世纪，比奈、莫依曼、弗洛伊德、桑代克、格塞尔、皮亚杰、埃里克森等人，都为儿童研究做出了重要贡献。

毫无疑问，儿童心理学的成果为我们走进儿童的精神世界铺就了一条宽广的道路，但是，我们也必须认识到，儿童心理学并没有为我们展示儿童心灵世界的全部。我认为，在接受儿童心理学成果时有两个问题需要注意：

第一，在总体上，儿童心理学特别是儿童发展心理学，主要关注的是儿童在智力、概念、逻辑思维方面的发展。比如著名的认知心理学家皮亚杰，他通过对众多儿童的观察、调查，提出著名的“发生认识论”，即将儿童的生长发展细分为四个阶段：1. 感知运动阶段（0~2 岁）；2. 前运算思维阶段（2~7 岁）；3. 具体运算阶段（7~12 岁）；4. 形式运算阶段（12~15 岁）。皮亚杰在《发生认识论原理》一书的“引言”中说：“发生认识论的特有问题是认识的成长问题：

从一种不充分的、比较贫乏的认识向在深度、广度上都较为丰富的认识过渡。”⑩可见皮亚杰研究的只是理性思维的发展问题，而感性思维（情感和想象力）并不是他所关心的事情。虽然，情感、想象、自我意识等也会成为儿童心理学的研究对象，但是，许多研究存在着将其分割为可机械测量的要素的倾向。基本上可以说，包容情感、想象、自我意识的儿童情感世界，在儿童发展心理学里，还是一个没有完全打开的“黑箱子”。

第二，儿童发展心理学存在着将成人形态作为终点站的倾向。儿童心理学研究在谈到儿童的身心状态时，经常使用“未”字，“未分化”“未成熟”“未社会化”等，其中“未成人”最具代表性。所谓“未成人”意味着儿童是没有达到“成人”状态的存在。于是成人充当了促进儿童向“成人”状态发展的角色。这种用一条上升的直线来标示儿童与成人之间的关系的做法是有失偏颇的，因为在人的一生中，有些方面的能力可能会得到发展，如皮亚杰研究的理性思维能力，但是，有些方面的能力却可能出现退化，如心理学涉足较少的包括情感和想象在内的艺术能力。因此，对儿童的精神成长而言，就绝不仅仅是发展，还有保持。

2. 教育思想

我在这里没有使用教育学这个概念，因为我认为教育学的成果虽然对我们认识儿童的心灵世界有帮助，但是却没有像教育思想那样与我所说的儿童研究构成一种同构关系。在思考儿童问题时，我们在既成的种种教育思想里，会得到关于儿童生命本质的诸多启示。

纵观教育思想史，我认为对当前中国的儿童教育现实具有珍贵借鉴价值的是以卢梭、裴斯泰洛齐、福禄培尔的“自然人”教育思想为核心，以杜威为代表的儿童中心主义教育思想。

3. 优秀的儿童文学

儿童文学是成人作家为儿童创作的并被儿童阅读的文学作品。儿童文学与儿童心理学、教育思想属于不同的文化维度，前者属于艺术范畴，后者属于科学范畴。但是，在儿童研究方面，儿童文学的确可以从独特的角度为我们提供思想的资源。

丹麦的大批评家勃兰兑斯在其名著《十九世纪文学主流》中指出："文学史，就其最深刻的意义来说，是一种心理学，研究人的灵魂，是灵魂的历史。"[11]虽然儿童文学中有以成人或动物为主要描写对象的作品，但是，仍然可以说，儿童文学基本是描写、表现儿童心灵世界的文学。借用勃兰兑斯的观点，儿童文学就是一种特殊形态的儿童心理学。一方面，儿童文学在儿童心理学研究比较忽视的想象力和感情这一纯粹主观的人性方面发掘出丰富的矿藏。沿着马克·吐温、巴内特、斯比丽、凯斯特纳、林格伦等优秀儿童文学作家挖掘的坑道，我们得以深入地走进儿童那隐秘的内心世界。另一方面，儿童心理学所揭示出的儿童心理发展过程，比如，第一反抗期、第二反抗期、自我同一性、性意识、快乐原则与现实原则的冲突等，在《彼得·潘》《玛丽·波平斯阿姨回来了》《红发安妮》《拉蒙娜和妈妈》《我是我》等作品中也得到了生动、形象的展现。这些作品绝不是儿童心理学成果的图解，恰恰相反，它们所描写的儿童的心灵生活正是那些心理学解释得以成立的依据。

在儿童文学作品中，儿童是完整、生动、个性化的生态生命，而实证主义的儿童心理学则往往将儿童分解成诸多可以测量的要素，两者的不同，正可以在我们认识儿童时形成互补。

儿童文学是人类步入现代社会之后才创造出的文明。正如发现儿童是艰难的一样，儿童文学创作的难度也在一般文学创作之上。

在同样面积的土地上播种，优秀的儿童文学往往会欠收。面对儿童文学这种泥沙俱下、良莠杂陈的现象，有效而准确地选择便十分重要。不论是为了研究儿童，还是为了对学生进行指导，儿童文学都是中小学教师必备的知识。

三、儿童的心灵不是一张“白纸”

儿童的心灵呈现一种什么状态呢？在中国，恐怕流传最广的说法就是“儿童的心灵像一张白纸”。我在从事中文系函授生和自考生的教学中发现，这种认识在中小学语文教师中至今仍然比较普遍。2000 年 4 月，我为国家级教师培训班（学员为中学语文教师）讲授《儿童文化与中学语文教育》这门课程时，曾就儿童的心灵状态进行过讨论，发言的三名学员中有一位就认为儿童的心灵像一张白纸,这一情况比较典型地反映出教育领域在儿童认识方面的水准。

“白纸说”来源于英国的哲学家、教育思想家约翰·洛克的著名的“白板说”。“白板”是拉丁文 tabuiarasa 的意译，本意指未经刀笔刻写的蜡板。洛克用“白板”这一比喻来说明人在没有感觉、经验之前，是不可能产生任何观念和知识的。他说：“假定人心如白纸似的，没有一切标记，没有一切观念，那么它如何会又有了那些观念呢？我可以一句话答复说，它们都是从‘经验’来的，我们的一切知识都是建立在经验上的，而且最后是导源于经验的。”⑫断定人的一切知识和观念都是在后天获得、都是从经验获得的洛克对教育的作用估价极高，认为教育在人的造就中能起决定性的作用。在这里，洛克显然没有正确地认识到教育与遗传的适当关系，把人的造就看成教育的单向作用。不能不说，后来的儿童教育中存在的教育者对受教育者进行单方面硬性灌输的做法，与洛克的“白板说”之间有着某种程度的联系。

其实，“儿童的心灵像一张白纸”这一观念是对儿童心灵的一种误识。在洛克之后，许多思想家、教育家、心理学家对儿童的心灵状态做了新的描述。

提出“自然人”教育思想的卢梭在个人本性观上是性善论者，他认为儿童绝不是无知的人，儿童代表着人的潜力的最完美的形式。我在前面介绍过的福禄培尔的儿童心灵发展观可谓与卢梭的教育思想如出一辙。心理学家荣格曾在其精神分析学中提出过“集体无意识”的原理，认为人类的各式各样的经验都通过遗传密码传递给后代。荣格说：“人生中有多少典型情境就有多少原型，这些经验由于不断重复而被深深地镂刻在我们的心理结构之中。这种镂刻，不是以充满内容的意象形式，而是最初作为没有内容的形式，它所代表的不过是某种类型的知觉和行为的可能性而已。”[13]儿童教育名著《从两岁到五岁》的作者，苏联作家丘科夫斯基曾将儿童比喻为人的“初稿”，以说明儿童先在的复杂精神世界。苏联教育家苏霍姆林斯基十分赞赏丘科夫斯基的这一比喻，他认为，成人不能用自己笨拙而漠不关心的手把这个“初稿”本身所具有的能力、气质、爱好和才华这些好的东西给毁坏了，而要精心地润色、修饰，使这“初稿”变成一篇美好的诗歌。

如果让我比喻，我想说，儿童的心灵不是一张白纸，而是一颗蕴含着生命力和人性价值的饱满的种子。

四、激活儿童潜在的灵性

“白纸说”只看到儿童心灵受动性的一面，即受客观外在事物影响和制约的一面，而忽视了儿童心灵能动性的一面，是错误的机械决定论。皮亚杰反对“白纸说”这种把认识活动仅仅看成是单向的主体对客体的反应活动的观点，提出了主体与客体双向活动的看法。皮亚杰的发生认识论认为：“一个刺激要引起某一特定反应，主体及其机体就必须有反应刺激的能力……”[14]按皮亚杰的学说，任何外在刺激要引起人的神经反应，必须与大脑中已有的“图式”发生“同化”作用，外来的刺激如果不能被纳入固有的“图式”，不能被“同化”，人就不能做出相应的反应。虽然上述皮亚杰的学说是在研究人的认知能力的发展时提出来的，但是，这一理论也适用于教育过程中教育者与被教育者之间的关系问题。

被教育者儿童并非是赤手空拳地来到这个世界上的，他们诞生之初，心灵便拥有了世代先祖通过遗传结构交给他们的遗产。拉法格在其《思想起源论》中把这一遗产比作被耕作过、播种过的“一块田地”：“上世纪的感觉论者把脑子看作‘光板’，这是从根本上恢复笛卡尔的‘清洗’，但却忽视了一件主要的事实，即文明人的脑子是经过许多世纪耕作过和经过几千代播下概念和思想种子的一块田地，照莱布尼兹的正确说法，脑子在个人经验之前已经‘预先形成’。必须假定脑子具有这样的分子配列，它可以供大量的思想和概念产生之用……脑子不限于接受经过感觉而从外面来的印象。它本身还做分子的工作，英国的生理学家称之为无意识的脑的活动，帮助它补足自己的获得，并且甚至不靠经验的帮助也做出新的东西。”

现代教育家蒙台梭利的理论与重视儿童内在潜力的卢梭、裴斯泰洛齐和福禄培尔的思想一脉相承。蒙台梭利认为，现代儿童教育存在的一个症结就是成人把儿童假设成一个空的容器，等待成人去向他灌输知识和经验，而不是把儿童当作一个有着发展自己生命潜力的个体来看待。“在与儿童的关系上，成人是一个自我中心主义者，不是利己，但是以自我为中心，他总是从自己的角度出发来考虑一切，因此常常会误解儿童。正是由于站在这个立场上，他才会认为儿童是空的容器，是懒惰的、无能的，内心是盲目的，因而成人必须向他灌输知识，为他做一切事情，引导他一步步往前走。直到最后，成人自认为是儿童的创造者，从与自己关系的角度去判断儿童行为的好坏……而且就在成人这样无意识地抹杀了儿童的个性的同时，成人反而感到自己是在表现对儿童的热情，对儿童的爱和为儿童做出牺牲。”[15]

蒙台梭利在说明儿童的自我建设过程时指出，在出生之前，儿童已经具有了自己内在特定的心理发展模式。她把这种先天的心理实体称为“精神胚胎”，这种精神胚胎与形成人体的最初受精卵是类似的。受精卵并不等于一个成人的雏形，但是，却包含了其发展的预定蓝图。同样，儿童的心理发展也受预定模式的支配，这一模式在出生时是不可见的。蒙台梭利认为，这个先在的模式只有在儿童的发展过程中通过激发才能逐渐被揭示出来。必须具备两个条件，这个发展过程才能实现：第一，儿童必须和具有特定人和物的环境发生关系，只有通过和周围环境互相作用，他才能认识自己，认识周围世界，从而形成自己的个性。第二，儿童需要自由。如果儿童获得了人格发展的必备条件，并且按照自身发展规律成长，就会具有非常敏感和独特的能力，这种能力只能是自由发展的产物。如果这两种条件都不具备，儿童将不能完成他的潜在的心理发展模式，他的人格将受到压抑。

儿童与生俱来地具有潜在的灵性，因为有了这一灵性，儿童的发展才成为一种可能。但是，儿童的灵性不会自发地生长，“狼孩”的故事便有力地证实着这一点。比如语言发展方面的灵性不仅需要外界环境的激活，而且还必须在生命的早年就得到激活。儿童语言灵性的激活有如农事的节气，是不能错过的。最能证明这一点的典型事例也许要数伊达德的“野孩”的故事。一个婴儿被遗弃在法国的大森林里，长到十几岁的时候被人发现了，野性的生活使他全身伤痕累累，从动作和行为上看，他完全是一个动物。伊达德成功地帮助这个孩子发展了各种作为人的生活能力，但这个孩子始终不会说话，尽管查明了他不聋，也没有其他阻碍语言发展的生理缺陷。

因为儿童的生命体内具有先在的灵性，教育对儿童来说，就永远不是像面对一张白纸那样单方面地从外部灌进去的，而是包括着儿童心理的积极开展，包括着儿童从心灵内部发起的有机的同化作用。教育就是要使儿童与生俱来的能力得以生长。如果教育能为具有先在灵性的儿童提供肥沃的土壤、充沛的雨水、足够的阳光和适量的肥料，这颗种子就会被激活，就会结出丰硕的果实。

五、首先向儿童学习

在人类认识自身的思想历史中，英国浪漫派诗人布莱克、华兹华斯、柯勒律治等人的名字应该引起我们的尊敬。他们不是思想家，但却以诗人独有的对心灵这一隐秘世界的敏感，发现了儿童生命之于成人世界的真正意义。

十八世纪后半叶，以产业革命为发端的英国的社会变革，遮住了民众审视内心的一只眼睛，使他们只知盯住物质主义的生活（在这里，现代化暴露出了它的负面），而观照人类灵魂的文学艺术却遭到了轻视。在这样的状况下，浪漫派诗人用赞美纯真的儿童来反抗想用无机的物质主义涂改人性的成人社会的潮流，因为儿童正是人类原初的感受性和想象力的象征和代表。

布莱克常常被看作反抗产业革命的诗人，其实与当时的工业社会本身相比，布莱克弹劾的更是造成工业主义、物质主义的机械化的成人心灵。与被物质主义污染的都市的成人生活的俗恶相对立，自然和儿童在布莱克的审美视野中被特写。正如诗集《天真之歌》所表现的，布莱克将自然和儿童视为神圣，并注目于儿童身上表现出来的尊贵的基本人性。

华兹华斯在被认为是自传式诗歌的《序曲》中宣称，幼儿所具有的能力包含着与神相似的创造性和内宇宙，这种能力尽管随着长大而逐渐失去，但在生命结束之前还会有些留存。也就是说，儿童是人类的原型，成人不过是儿童的变化。华兹华斯更在那首著名的诗歌《虹》中将儿童尊奉为成人之父——

我的心跳荡，每当我目睹
彩虹横贯天宇
我生命开始时，是这样
我长大成人了，是这样
但愿我老了，也还是这样
否则不如死去
婴孩本是成年人的父亲
因而今后的岁月，我可以希望
贯穿着对自然的虔敬

在华兹华斯的诗作中，自然与纯真的儿童时代，在本质上是结合在一起的。儿童时代就像自然中横贯天宇的彩虹一样，是一个巨大的灵魂，是人性的根本。华兹华斯曾在诗中说自己是一个迷途者，但在朴素的儿童时代里找到了伟大的人性扎根的根基。

如果说卢梭是从教育的立场发现了儿童，英国的浪漫派则是从文学的立场发现了儿童。英国浪漫派的儿童观有如润物无声的春雨，给后来的儿童教育带来的影响既潜移默化又力抵千钧。

福禄培尔像浪漫派诗人一样，对儿童怀着对神一般的敬畏。他认为，成人已经远离了自然的人性，与刚刚从神那里来的儿童相比，成人的病态是难以遮掩的，成人应该通过向儿童学习，恢复自己的本来面目。福禄培尔这样向成人呼吁："总而言之，我们已经死了。对我们而言，周围的一切已经死了。我们知道所有的事情，但是却不能领会其意义。我们知道的事情对儿童而言是没有意义、没有内容、没有生命的。只有在我们的言说是基于对自然和生命的直观这种极为少有的情况下，我们才能完全体味孩子们所享受着的人生。所以，到孩子们那里去吧，务必要到孩子们那儿去。通过孩子们，赋予我们的语言以内容，赋予我们周围的事物以生命。"⑯

蒙台梭利秉承华兹华斯的"儿童是成人之父"的思想，她说："婴儿是母亲生的，而人却是婴儿发展起来的……"⑰"……儿童身上蕴藏着许多知识和智慧。如果我们没有从中学到什么，那只是因为我们忘记了使自己变得谦逊一些，没能注意到这个小小生灵出现的奇迹，忽略了向儿童学习。"⑱

我们的社会是一个以成人为中心的社会，因此，我们仅仅认定儿童的成长依赖于成人，却看不到事情的另一面真实，即成人必须与儿童携起手来，从儿童那里获得创造新的、健全的生活的智慧和力量。蒙台梭利清醒地意识到了这个问题，她认为，童年期不单纯是通向成年的一个阶段，而是"人的另一极地"。在她看来，儿童与成人的成长和发展是相互依存的。我们不应当只是把童年期和成年期作为人生相衔接的两个阶段，而应当把儿童和成人看作是人的生命的两种不同形态，二者互相影响，同步发展。

挪威的音乐学教授让－罗尔·布约克沃尔德大声呼吁"在成长的过程中已失去了太多的从整体上感觉这个世界，和在这个整体的世界中生存的能力”的成人向具有缪斯天性的儿童学习 :“不管怎样，儿童们还能‘看个完整’。他们通过‘恩戈麦’，用理智和想象去感知。对他们来说，平凡的观察和天真的想象，世俗和魔力，都是一个整体。具有缪斯天性的人们，他们能唱歌、跳舞、玩耍。他们就这样进入一个宽阔而又奇妙的世界”，“对他们来说，所以这些事物的最终统一使他们能对现实有一种新鲜活泼的感觉，过一种有机、完满的生活。但是，我们这个时代的典型看法却大不相同。我们倾向于支离破碎地去思考、去感知这个世界，因为生态平衡中的文化和自然观念已经失去了。一个不完整的人看到的只能是一个残缺的世界。如果我们的孩子们能将他们的缪斯天性、创造性和他们对现实的整体感觉较大程度地带入他们的成年时代，也许，至少对几代人来说，在他们的人生旅途中，他们会生活得更好”。[19]

苏联作家阿 · 托尔斯泰曾说 :“旧时代的教育家把儿童看作是一张白纸，他们可以在上面任意涂写一条条抽象的哲理和僵死的道德箴言。说来也奇怪，这种教育家有的竟然活到了今天。他们对儿童自己也能够反过来教会教育家一些东西，感到不能理解，甚至有时还感到愤怒。”[20] 在我们今天的教育领域，虽然像阿 · 托尔斯泰所讥讽的教育家几乎已经绝迹，但是，类似这种教育家的学校教师恐怕不难寻觅。在现代教育中，教育者必须意识到一个既简单又意义重大的基本观念 : 首先向儿童学习，然后儿童才会向你学习。

---

①②③ [法] 卢梭 :《爱弥儿》，商务印书馆 1978 年版，第 2 页、第 9 页、第 89 页。

④转引自日本世界教育史研究会 :《世界幼儿教育史》，198 页，长春，吉林人民出版社，1986 年版。

⑤转引自罗炳之:《外国教育史》(下),266~267页,南京,江苏教育出版社,1984年版。

⑥⑦转引自王泉根:《中国儿童文学现象研究》,38页,长沙,湖南少年儿童出版社,1992年版。

⑧⑮[意]蒙台梭利:《童年期的秘密》,转引自[美]波拉·波尔克·里拉德:《现代幼儿教育法》,98页,济南,明天出版社,1986年版。

⑨郑振铎:《中国儿童读物的分析》,原载《文学》第七卷第1号,1936年7月1日。见王泉根评选:《中国现代儿童文学文论选》,南宁,广西人民出版社,1989年版。

⑩[瑞士]皮亚杰:《发生认识论原理》,18页,北京,商务印书馆,1981年版。

⑪[丹麦]勃兰兑斯:《十九世纪文学主流》第一分册,2页,北京,人民文学出版社,1997年版。

⑫[英]约翰·洛克:《人类理智论》,转引自《认识论辞典》,191页,长春,吉林人民出版社,1984年版。

⑬转引自霍尔:《荣格心理学入门》,44~45页,上海,三联书店,1987年版。

⑭[瑞士]皮亚杰:《发生认识论原理》,60页,北京,商务印书馆,1981年版。

⑯[德]福禄培尔:《人的教育》,转引自中野光、志村镜一郎:《教育思想史》日文版,57~58页,东京,有斐阁,1978年版。

⑰[意]蒙台梭利:《同化思维》,同上,116页。

⑱[意]蒙台梭利:《教育的改革》,同上,116~117页。

⑲[挪威]让-罗尔·布约克沃尔德:《本能的缪斯——激活潜在的艺术灵性》,163页,上海,上海人民出版社,1997年版。

⑳[苏联]阿·托尔斯泰:《论儿童文学》,见周忠和编译《苏俄作家论儿童文学》,266页,郑州,河南少年儿童出版社,1983年版。

文学教育：小学语文教育的重要理念

在小学语文教育中，语言教育与文学教育是一张纸的两面，它们相互依存不可分离。但是，在目前的小学语文阅读教学中，教师普遍缺乏文学教育的理念和操作，而在阅读教学理论研究中，文学教育也被普遍忽视，可以说，这样的小学语文阅读教学的实践和理论都不具备真正意义的完整性，甚至有买椟还珠之憾。文学教育本来是小学语文阅读教学和小学语文教育理论的题中之义，它客观上的缺失，不仅使小学语文教育的重要的一个方面——语言教育变得片面，而且还极大地削弱了小学语文教育的另一个重要方面——健全的人的品性的养成和创造力的培养。在科教兴国的基本国策下，在素质教育的时代的召唤中，导入和强化文学教育这一理念和方法，应该是小学语文教育改革的一项当务之急。

一、什么是文学教育

在讨论什么是文学教育之前，有必要认清什么是文学。给文学下定义当然是十分困难的，根据一般的认识，可以将文学理解为依靠形象的语言，借助想象力来表现人类在生存中所体验到的思想和情感的作品。那么，文学与教育又发生怎样的联系呢？所谓教育，就是教育者面向受教育者，以促进其身体和精神上的发展为目的，在一定的期间内，用各种材料和方法对受教育者施加影响，使其开启心智，获得知识，健全体魄。文学作品正是教育的材料之一，在小学教育中，它成为语文教育的材料。小学语文教育中的文学教材与其他教材（议论文、说明文）具有不同的性质，语文教育应该认清文学教材所具有的特质，把这些特质作为自己的教育指向。

所谓文学教育，就是指在语文教育中，通过语文阅读教学，将儿歌、儿童诗、童话、寓言、故事、小说、散文、古诗等文学样式所具有的教育价值转化为教育成果的一系列过程和行为。文学教育应该包括以下三个方面的内容和指向：

1. 文学语言教育

文学教材的语言与其他教材（议论文、说明文）的语言以及日常生活用语不同，它具有多义性，其含义因读者的生活体验和想象力的不同而变得十分丰富。文学语言教育着眼于文学教材的语言的这一特质，通过弹性的、多义的阐释，养成学生对语言的丰富感受力和深入理解力。文学语言教育是文学教育的重要支柱。

2. 想象力的培养

文学作品具有虚构性，它所构筑的世界是超越实在的生活现实的第二现实，特别是幻想性文学教材如童话，将学生带入到的是一个解放心灵的幻想空间。指导学生以语言为媒介，将文学作品所表现的第二现实变成真实可感的形象的过程就是培养学生想象力的过程。学生在文学教材的阅读过程中得到培养的想象力将成为创造力的源泉。

3. 健全人性的养成

文学教育并不是仅止于外在语言形式的知识教育，而是在进行文学语言教育的同时，引导学生对文学教材的艺术形象所蕴含的思想、情感进行价值判断，从而使学生探索和思考人生的诸问题，帮助学生实现心灵的成长。需要说明的是文学教育对学生思想、情操方面的影响与学校的思想教育、道德教育具有不同的性质。文学教育通过体味真正具有艺术魅力的文学作品，使学生感受到真正美的事物，或者体会到人的生活中的感动、悲伤、欢乐、痛苦等等复杂的情感，从而自主地领悟人的生活的真义。

二、文学教育的科学依据

文学教育这一概念既包含教育的内容，也体现为一种教育方法。作为教育方法的文学教育一方面必须契合语文教育科学的本质，顺应语文教育科学的规律，另一方面，由于教育的本质和规律从根本而言生成于教育者与受教育者之间的双向流动，其中，受教育者的身心状态及其发展规律具有更大的规定性。因此，文学教育又必须符合受教育者儿童的心灵状态及其心智发展规律。

1. 文学教育与儿童文化相接续

在小学语文教育中，儿童应该成为主体，小学语文教育的一切理念和方法，都应该像地球围绕太阳转一样，围绕儿童来设立和展开。儿童这一存在对小学语文教育的理念和方法具有本质的规定性。

教育必须考虑儿童在成长过程中的连续性，忽视儿童成长的连续性，教育中就会出现拔苗助长的行为，从而使自己走向教育的反面。因此，幼儿园教育、小学教育、中学教育……后者必须与前者进行自然、有机的衔接。

幼儿期是文学期，而儿童期是文学期的延续。儿童在本能上是一种缪斯性存在，儿童文化则是缪斯性文化。这种缪斯性文化主要体现为充满旺盛的想象力，具有诚挚的情感，怀着艺术化的生活态度。儿童身上具有的这种文化特质，既是可贵的人性资源，又是儿童生命能力向前发展的原动力。因此小学语文教育既要保护和进一步开发这一资源，也要充分利用这一动力。

小学语文文学教育就是与缪斯性的儿童文化相接续的理念和方法。小学语文教育如果舍弃文学教育，就必然使自己成为与儿童文化相冲突的教育。

2. 文学教育方法适应文学教材的要求和需要

语文教科书中的文学教材既然是文学教材，就与其他教材（说明文、议论文）具有不同的性质，因此，文学教材的阅读教学不能采用与其他教材相同的教学方法。充分尊重和认识文学教材的文学性是文学教材阅读教学的第一要义。文学的整体生命性、丰富的多义性、鲜活的感受性要求阅读教学不能对文学教材做机械的条分缕析，下非此不可的绝对结论和抽取干瘪枯燥的概念。

解铃还需系铃人，文学教材的阅读教学只能采用文学的教育方法。

3. 文学教育是以兴趣为本的教育方法

教育方法当以兴趣为本，是教育理论所认定的一项原则。皮亚杰的学习认知理论所指出的完整的思想活动必须遵循的次序的第一个环节就是“求知兴趣的唤起”。教育方法当以兴趣为本，这也是被教育历史的经验所证明了的一条规律。在中国古代的蒙学教育中，儿童自身的兴趣被完全抹杀。面对“四书”“五经”《三字经》等教材，儿童只能机械地背诵，并不能养成读书的能力。在清末，西方的儿童文学与现代教育思想和制度一起传入中国，引起了中国的教育观念的变革。到了“五四”时期，在小学校里教师教儿童文学，学生学儿童文学形成了风气。儿童文学进入小学语文教材并且成为中心，是教育内容和方法上的实质性革命，虽然二十世纪二三十年代也有人反对所谓“鸟言兽语”，但是，儿童文学和文学作品作为小学语文教材的主体这一状况一直延续至今。这样的历史过程的形成，显然是以兴趣为本的教育思想发生作用的结果。学生面对儿童文学和文学的兴趣必须用文学教育的方法来巩固和发展，以获得语文教育的最佳效果。

4. 文学教育符合小学儿童的思维特征和发展规律

幼儿的思维是感性的和审美的思维，而小学儿童在学校教育中虽然逐渐培养了一定的逻辑思维能力，但是，这一能力正如皮亚杰的发生认识论所指出的，是处于“具体运演”阶段。感性的形象思维依然是小学儿童思维的主要特征。凡事各有所序，对小学儿童而言，语文教育应该优先发展的是感性（形象）思维而不是理性（抽象）思维，这一顺序是不能颠倒的。人的理性官能最难培养，它必须以感性官能为根基。抽去感性能力的培养这一环节去发展理性能力，是“揠苗助长”的做法，其结果只能如卢梭所说：“造成一些早熟的果实，它们长得既不丰满也不甜美，而且很快就会腐烂：我们将造成一些年纪轻轻的博士和老态龙钟的儿童。”[①]因此，文学教育正是不失时机抓住了培养和发展儿童感性能力的“节气”，同时也为下一步儿童理性能力的培养做好了必要的准备。

5. 文学教育与语言教育相互依存

二十世纪六十年代，语文界提出“语文课是一门工具课”的主张，强调要抓住基本知识、基本技能的训练。这一主张至今对语文教育仍然具有很大的影响。“语文课是一门工具课”这一主张的最大弊端是忽视甚至取消了语文教育理应肩负的人文教育的责任。

反对“语文课是一门工具课”的文学教育理念当然以对学生进行人文教育为己任，但是，却并不会像有些人所担心的那样，因为进行了人文教育就造成了语言教育的缺失。语言是一种现实的意识，同时语言又是思想的直接现实。语言学大师邦弗尼斯特肯定地说，语言不是一个工具，即不是人为创造的物体，“语言存在于人的本性之中，人没有制造语言”，“……语言甚至传授着人的定义本身”。②如果文学以语言为材料，这个语言材料已经充满了意义。语言与人的存在、意识、思想等是一张纸的两面，双方是不可分离的。如果文学教育的理念被实施到位的话，是不可能只触及人文教育而扔下语言教育的，就是说，当文学教育划开人文教育时，就会深深进入语言教育的层面。

三、文学教育在小学语文教育中的地位

文学教育是小学语文教育的题中之义，它在小学语文教育中占据着重要的、不可或缺的地位。

首先，文学教育应该成为语文阅读教学的重要理念。

根据统计，文学性教材约占全部小学语文教材的85%以上，构成了小学语文教材的主体。这种状况的形成，说明了文学作品在语文教育中具有极大的适应性和珍贵的价值。如果说小学语文阅读教学应该培养学生理解语音、词汇、句法、修辞、语境和全篇作品的能力的话，那么，这种能力的培养应该在文学教育中进行，因为语言不能脱离文体而存在，文学教材中的语言离开了文体就成了无源之水、无本之木，就没有生命力。比如，一首儿歌中的“蓝天”一词与一篇散文中的“蓝天”一词在作品中的表现意义是不尽相同

的，所以，要使学生理解并掌握语汇，就应该在文体把握下进行教学。再比如，引导学生理解一篇寓言的寓意时，与引导学生理解一篇童话的主题时所采用的方式就不能完全一样，因为在表现思想时，寓言和童话采取的是不同的方式。如果讲授者没有文体方面的文学修养以及文体教学的意识的话，教学效果就会大打折扣。文学教材中的语言是具体而特殊语境下的语言，它们的意义超出了词典上的固定的含义。文学教材阅读教学中的语言教育如果不是文学教育的话，就会造成买椟还珠的遗憾。

其次，文学教育是不可或缺的素质教育。

目前，中国的中小学教育正在从应试教育向素质教育进行转型，这样一种大的学校教育发展趋势，为文学教育理念的实施提供了实践上的可能机遇。反过来，文学教育的实施也将在语文教育这个位置上，为整个素质教育的开展推波助澜。

小学语文的文学教材虽然与文学作品是不尽相同的两个概念，但是它仍然具有文学的基本属性，如果采用文学教育的方式的话，文学教材将不是仅仅作为单纯语言教育的工具，而是将语言教育与健全的人的养成紧密地融为一体。

文学教育所发挥的素质教育功能主要表现在以下三个方面。

1. 丰富、深化小学儿童对人生的体验和认识，培养健全的精神品质

儿童是未来社会的创造者，人类将向什么方向发展，根本上取决于儿童的心灵的品性。一颗粗糙干涩的心灵是描绘不出美好的人生图景的，只有经过感受和同情润泽过的心灵才能创造出符合人类愿望指向的生活。文学教育正如一道清泉，它在润泽和美化儿童心灵园地方面所发挥的作用是任何教育都难以比拟、不能取代的。

2. 培养儿童的想象力

大科学家爱因斯坦说过："想象力比知识更重要，因为知识是有限的，而想象力概括着世界上的一切，推动着进步，并且是知识进化的源泉。"童年期是培养、发展想象力的最佳时期，它有如农事的节气，是不能错过的。文学是以语言表现想象世界的艺术，在文学教育中，将语言转变成形象的过程就是想象力发挥作用的过程，而文学教材中的童话和寓言文体所表现的幻想世界对促进儿童的想象力的发展则具有更大的作用。文学教育培养的儿童的想象力是创造力的源泉。

3. 培养现代社会的"右脑"

如果把人类社会也看成是一个大脑系统，则左脑社会和右脑社会分属不同的社会形态。科学、知识属于左脑社会，属于抽象（逻辑）思维，而文学艺术则属于右脑社会，属于形象（想象）思维。现代社会的发展和进步离不开科学，但是，科学并不能解决人类所面临的全部问题。在科学高度发展的现代社会里，强大的理性主义和技术主义的统治,含藏着马尔库塞所说的把人变成"单向度的人"的危险。因此，人的艺术能力的发展问题就成了关系到现代社会和谐发展的一个根本性课题。正是在这个位置上，面向儿童的文学教育有理由将自己的旗帜举得更高。

（原载于《吉林省教育学院学报》2002 年第 4 期）

---

①[法]卢梭:《爱弥儿》(上卷),91 页,北京,商务印书馆,1994 年版。

②转引自[法]让－伊夫·塔迪埃:《20世纪的文学批评》,211 页,天津,百花文艺出版社，1999 年版。

文本阅读理论及其在文学教育中的运用

一、文学文本理论

我们先来讨论什么是文本。法国当代哲学家利科说："文本就是由书写而固定下来的语言。"但是，并不是写下的零散的词句都是文本，可以把文本看作是言语的作品，即它是一个构造起来的整体，这个整体不能还原为它的句子。利科认为，写和说都是实现言语的合理形式，但是通过写而实现的言语具有一系列特征，使得文本完全不同于说的言语。

首先，在说的言语中，说话者的意向和说出的话的意义常常是重叠的,说话者总是要说他想要说的东西。而在写的言语或文本中，说话者的当下性不存在了，只有文本和它的意义，也就是说，文本成了独立存在的东西。利科说："文本表明的东西不再与作者意谓的东西一致，因此，文本的意志和心理的意义具有不同的命运。"一旦摆脱了说话者的当下性，文本可以超出由说话者——听话者这种语境所有的种种历史的、心理的、社会学的限定。说话者不在了，重点就落在了文本及它说的东西上，而不是作者要说的东西上了。但是，也不能因此把作者和作者的意向完全排除在解释的过程之外。利科在这个问题上采取的是一种中立的立场。虽然在文本中已没有了作者的当下性，但文本不是完全没有作者的。问题是作者的意义不能像浪漫主义释义学主张的那样，在文本之外，如作者的传记或心理中去寻找，而应从文本中去寻找，因为它也是文本的性质。利科认为作者的意义和文字的意义具有一种辩证关系，它们是互相依赖的。

其次，在说的言语中，听者是预先由对话关系决定了的，而写的言语即文本是面向求知的读者，潜在地面向任何能阅读的人。因此，文本同产生它的社会历史条件无关，人们对它可以有无限多样的阅读。然而，文本与它的读者并不是完全脱离的。文本的意义和重要性是从文本与它的读者的辩证关系中派生出来的。如果一个文本是为公众写的，那么公众对文本的反应决定了社会对它的接受与它在社会中的地位。

最后，文本不受直指指称的限制。我们知道，意义可以分为主观意义和客观意义两个方面。前者指说话者想说的意思，后者指言语本身的意思。保罗·利科引用分析哲学的先驱、德国哲学家弗雷格对意义的区分，把意义的客观方面再进一步区分为含义和指称，前者指的是言语观念的意义，也就是内涵的意义；后者则指言语所指的语言之外的东西，即外延的意义。在口头言语中，指称最终是受对话处境限制的，例如，说话者可以用手势、面部表情等心理地指出他说话的指称，也可使用指示词来语言学地指明他说话的指称。然而，文本却没有对话处境这种当下性。因此，文本指称就不像口头言语的指称那么确定。如在文本中的“这”“那”“现在”等都远没有像它们用在口头言语中那么确定。在文本中，直指指称实际上被悬置起来，文本的指称不再是直指指称。总之，口头言语的指称总是一种既定的事实，而文本的指称却是一种可能性。文本的指称域同口头言语的指称域不同，它在解释的过程中展开。文本不受直指指称的限制，使人们可以从一个既定世界进入一个可能世界——文本世界。

与其他文本相比，文学文本的可能性具有最大值。比如，指称的这种直接特征的消失在文学作品中表现得特别明显，因为大多数人都认为文学作品只是虚构。所以一些西方文论家认为，既然文学世界是虚构的世界，文学就没有指称，也有的文论家认为，这种无指称性只限于诗这种文学类型。利科认为，确实有指称悬置的现象，但是这种悬置只适用于某种类型的指称，并不是一切指称都能悬置。文学作品也有指称，但是却不同于一般实证意义或科学意义的指称，这是由文学语言的隐喻性决定的。

文学语言，尤其是诗的语言，除了文字意义之外，还有隐喻的意义，后一种意义对于诗的作品来说是根本性的，死抠诗的文本的字义，诗的生命和魅力也就此断送了。只有通过想象消解了文字意义之后，才能达到隐喻的意义，这也是诗的真正意义。例如，李白的名句“白发三千丈”，按照科学的描述语言，白发不可能有三千丈。所以必须依靠想象超出表面字义，才能领会诗人在这五个字中所要诉说的无限愁绪。正由于隐喻手法是诗歌文本的主要特点，所以许多西方文论家认为诗歌语言是“感情语言”或“情绪语言”，它是没有指称的，因为诗歌中许多语言表达的东西现实世界中是不存在的，但诗人只是隐喻地使用这些名词，希望读者能通过想象而明白诗人实际的指代，如中国古代诗人喜欢用的“美人”“香草”之类的隐喻。从字面意义上追究诗的指称，不啻刻舟求剑[①]。

当代的文学文本理论是一种开放的阐释理论，它是对传统阐释学的客观主义的颠覆。所谓客观主义是把作者的意向放在一个支配的、决定的地位，坚持在原则上作品有一种固定不变的意义。但是，在文本解读的实践中，新的解释不断地出现，每一代人、每一个人对作品都有千变万化的理解，所以，在文学文本中追求一个不变的客观解释，无疑是在造“通天塔”[②]。

这样的当代文学文本阐释理论，对我们研究和处理语文文学性教材具有重要而深刻的意义。

二、接受美学的阅读理论

接受美学诞生于二十世纪六七十年代，是一个影响极大的文学理论与文学批评流派。接受美学作为一种新兴的文学理论和文学研究方法，之所以能够在很多国家得到传播与发展，并得到越来越多的认同、接受与运用，就在于它具有鲜明的独创性，而它提供的许多理论与方法的确反映和揭示了文学领域内的某些艺术规律和实际情况，具有一定的实用性。这正是它的价值与贡献所在。

在语文教育中，学生对文学教材的阅读无疑是文学接受的一种形式，因此，接受美学的理论成果是进行语文文学教育的重要理论资源，对此有介绍和引进的必要。在这里，我们主要介绍被称为“西方接受美学的弄潮儿”——姚斯的理论观点。

姚斯是前联邦德国的一位大学教授，他于 1967 年发表了著名的《文学史作为向文学理论的挑战》一文，奠定了接受美学的基本理论基础。姚斯认为，读者、听众、观众的接受因素在形式主义文学理论和马克思主义文学理论中都没有得到很好的重视，而“文学作品从根本上讲注定是为这种接收者而创作的”。姚斯以此为出发点，归纳出以下主要观点：

1. 强调并重视读者在文学价值实现活动中的能动作用，将读者置于突出的重要地位

以前的文学史只注意作品与作家，而根本不注意读者，似乎作家和作品是文学的中心与客观的认识对象，因而作品的价值以及由此而定的作家的历史地位是超越时间与空间的，是给定的客观存在。但是，姚斯认为，在“作者、作品和大众的三角形中，大众并不是被动的部分，并不仅仅是作为一种反应，相反，它自身就是历史的

一个能动构成。一部文学作品的历史生命如果没有接受者的积极参与是不可思议的。因为只有通过读者的传递过程，作品才进入一种连续性变化的经验视野。在阅读过程中，永远不停地发生着从简单接受到批评性的理解，从被动接受到主动接受，从认识的审美标准到超越以往的新的生产的转换。”[③]在姚斯看来，作品本身如果不经阅读，它就没有任何意义，也没有生命，正是读者的阅读赋予了作品无穷的意义，作品的价值也只有通过读者的阅读才能体现出来。

2. 将文学史视为读者的接受史

传统的文学理论认为，作品的价值是客观的，因此，作家和作品的地位是始终如一的，作品对读者产生的效果不受历史进程的影响，是不变的。读者主观理解水平的差异产生的对作品的不同评价，不能改变作家的历史地位与作品的客观价值。但是，姚斯认为：“一部文学作品，并不是一个自身独立、向每一时代的每一读者均提供同样的观点的客体。它不是一尊纪念碑，形而上学地展示其超时代的本质。它更多地像一部管弦乐谱，在其演奏中不断获得读者新的反响，使本文从词的物质形态中解放出来，成为一种当代的存在。”“文学史是一个审美接受和审美生产的过程。审美生产是文学本文在接受者、反思性批评家和连续生产性作者各部分中的实现。”在某种意义上，接受意识，即读者能动的理解活动决定了文学作品的价值。作家与作品的地位和价值是随着不同时代的读者的不同接受意识而浮动的。文学史并不像客观主义者所做的那样，只是文学事实或事件的罗列。

3. 文学的接受过程并不是从读者阅读作品时开始的，而是作家在进行创作构思时便已开始了

作家在开始创作时，必须预见读者的“期待视野”。“期待视野”

是姚斯接受美学理论中的一个重要概念，指的是读者对一部作品进行接受的全部前提条件，如从已读过的作品中获得的经验、知识，对不同文学形式和技巧的熟悉程度，以及读者个人的条件，如文化水平、生活经历、艺术欣赏水平和趣味等。这些因素化合成一种机制，一种期待，一种对艺术的要求和判断尺度。作家在创作时，必须考虑读者的期待视野，考虑将产生的作品能否为读者理解和接受，以期望作品的视野与读者的视野取得一致，即“视野融合”。

4. 对读者的文学接受研究，包括历时性研究和共时性研究

历时性研究（又称垂直研究）是从历史延续的角度考察文学作品被读者接受的情况及其变化。处于不同时代的读者由于各自历史背景和文化背景的差异，必然对同一作家、同一作品有不同的理解、解释和评价，这方面的差异有时甚至很大。造成这些差异的另一原因是作品的“潜在意义”不可能一下子呈现出来,只能逐渐被读者发现。

共时性研究（又称水平研究）是考察某一特定历史时期读者对文学的接受情况。同一历史时期的读者、读者集团和社会阶层由于社会、政治、经济地位，文化程度，生活经历和欣赏趣味的差异，因而对作品的理解、解释与评价也会大不一样。占主导地位的接受意见往往决定某一时代对某个作家或作品一般的理解和评价。在考察某一时代对文学作品的接受情况时，不仅要考虑占支配地位的接受意见，还要了解占非支配地位的接受情况，这样才可能对某一时代的某一作家或某一作品的接受情况有比较全面的认识和了解。

5. 读者的能动作用不仅在于它决定文学作品在不同时期的地位和价值，而且还在于它能间接影响文学作品的再生产

文学的接受过程不是对作品简单的复制和还原，而是一种积极的、建设性的反作用。这种作用表现为：读者对一部作品的接受程度可以使作家清楚地看到他是否达到预期的效果，并分析其中原因，以便在再创作时决定是否保留、加深或修改自己的道德与艺术主张。随着时代的发展，读者的期待视界不断地变化，这意味着文学评价标准的变化，旧的题材、形式和表现技巧消亡和淘汰了，新的题材、形式和技巧随之诞生并得到运用。

在介绍了姚斯的接受美学理论的主要观点之后，我们再来简单地介绍一下前联邦德国的另一位接受美学的奠基人伊瑟尔的“召唤结构”理论。

文学本文与一般的论说性文章完全不同，它是用描写性语言，形象地、艺术地表现人们的生活，在此基础上进行想象和虚构，它所描写的现实并非完全等同于我们经验中的现实。这种本文与现实的不一致性，使文学作品产生某种“不确定性”和“意义空白”，这种“不确定性”和“意义空白”将由读者在阅读和接受中去填补与实现，促使读者去探寻作品的意义，并把别人的经验变成自己的经验。因此，不确定性与空白点构成了作品的基础结构，这就是伊瑟尔所说的“召唤结构”。伊瑟尔认为，一部文学作品之所以具有永恒的魅力，并不是因为它描写了超时代的“永恒价值”，而是因为它的结构总能使人纳入新的东西，在这个过程中，作品的空白点起了关键的作用。因此，“空白”绝不是作品的缺陷，而是作品产生效果的根本出发点。从这个意义上说，好的或较好的作品，总是在作品的意象结构中留有较多的空白和不确定点，形成潜在的“召唤结构”，以调动、激发读者根据自己的人生经验去想象，去补充，去创造。

接受美学的提出和确立，对于作家、读者、批评家、文学史家都具有十分重要而深刻的启示意义。从我们的论题而言，接受美学理论可以启示小学语文教师以新的思维和视角研究文学教材，以新的观念和态度对待文学的接受者——学生。比如，接受美学的历时性研究可以帮助语文教师看到，被过去的时代充分肯定的作品，随着时代的变化，其艺术价值可能会大打折扣，这一认识将激发起教师对语文教材进行改革和重新建设的能动意识；再比如，接受美学强调并重视读者在文学价值实现活动中的能动作用，将读者置于突出的重要地位的方法，将促进教师在语文阅读教学活动中与学生之间的互动，发挥学生在解读教材中的能动作用，改变以往教师单方面阐释作品并单方面向学生灌输的传统教学方法。

三、文学的模糊阅读

为了更清晰地认识文学解读中是否存在绝对客观、准确的公式，我们有必要先看看自然科学。量子力学奠基人之一的海森堡就量子力学的实验阐述过一种在科学哲学中影响极大的观点，即“整个世界的微观结构的测不准性”。其具体内容是说：“几率函数结合了客观与主观的因素。它包含了关于可能性或较大的倾向（亚里士多德哲学中的“潜能”）的陈述，而这些陈述是完全客观的，它们并不依赖于任何观测者；同时，它也包含了我们对系统的知识的陈述；这当然是主观的，因为它们对不同的观测者就可能有所不同。”

海森堡的理论作为一种方法论，它可以同文学加以类比。从海森堡的话中我们主要领悟到的是：在科学实验中观测者的因素已难以排除在实验结果之外，因为观测到什么取决于观测者的介入位置和使用的方法。应该说，从纯理论角度说无须怀疑客观的存在，但实际过程中这种客观都必然通过特定的观测者而被揭示，于是这种揭示含有主观性即测不准性。我们不敢说文学中“观测者”的意义比科学中大，但至少不会比它小。古典热力学曾把世界描述成可逆的（如电、磁、热的相互转化）。现代热力学则认为，这些可逆现象只是一些特例，按照热力学第二定律，在一个封闭的系统中（如宇宙），熵的增长是不可逆过程。熵是无序性的度量，通俗地说就是“混乱性”的度量，当熵达到最高极限时，一切变化和差别都消灭了，系统进入绝对的平衡，也就是绝对的“惰性”和“死寂”。比利时科学家普利高津很早就注意到熵的演化方向（系统趋向死寂）和生物的演化方向（系统向更完善的阶段发展）是截然相反的。为了解决这个矛盾，普利高津创立了耗散结构理论，把两种演化统一起来。根据耗散结构理论，在系统由于熵的增大不可逆地走向绝对平衡的过程中，也可以在远距平衡态的地方由于扰动和不稳定因素的作用出现偶然的分叉，从而产生耗散结构，使一个系统开放，通过摄取负熵构成新的复杂组织，借此保持生命力。耗散结构理论带来科学认识论上的概念更新。在西方过去的科学研究中，一个根本的指导思想就是：世界在本质上是稳定的、对称的、有序的，服从于统一的规律和必然性。普利高津的理论却证明，有序来自无序，稳定产生于混乱，那些被过去的科学研究所排斥的概念，如“无序性”“不稳定性”“不确定性”“非对称性”“偶然性”，今天显示出其更为重要的意义。

法国科学家莫兰将普利高津的耗散结构理论的命题扩散开来，他认为，笛卡儿把清晰、明确当作真理的概念标准，但今天的科学证明不可能把个人和社会、主体和客体明确分开，不可能再有一种清晰的宇宙观，因为已知的圆圈越大，它就更多地感触到未知的宇宙，我们思考和认识真理不再是仅仅借助于清晰、明白，也要借助于或然性（如概率论）和模糊性（如模糊数学）。

如果说，耗散结构理论、概率论、模糊数学等改变了科学研究的指导思想，那么，这些理论更支持了对文学的模糊阅读这种解读方式。难以想象，可以把文学作品分成若干部分，放到冷冰冰的天平上称出精确的重量。德国存在主义哲学家海德格尔认为，在艺术的分析中，乞求科学的帮助是徒劳的。依照他的见解，只有能分解的艺术才适合采用这种方法。关于艺术，什么也不该说，总之，不要想，只管看。

语文教育面对文学教材的解读，必须认识到文学语言的一个重要特点：语言意义具有较强模糊性。这里讲的模糊性是指语言形式与语言内容的对应关系不确定、不明晰与不具体。读者难以一下子通过语言形式准确地、清楚地把握住语言内容，尤其是难以明晰地描述语言指称内容的外延边界。对他们来说，语言意义具有一定的模糊性。具体说来，这种模糊性主要有以下几种：

1. 不确定性

文学语言的不确定性是指一个语言形式同时具有两个以上的意义，读者不能确定这个语言形式究竟是在表达哪个意义。比如，艾青的《巴黎》一诗有这样的句子："人们告诉我 / 因罢工而停电 / 已经第三天 / 劳资双方停止谈判 / 胶着在黑暗里面。"诗中的"黑暗"一词，似乎既指停电后的黑暗，又指当时社会的黑暗，但究竟是哪个，却不能确定。

2. 不明晰性

文学语言的不明晰性是指一个语言形式所表示的意义范围边界不明，外延不清。比如"黎明"、"清晨"、"上午"、"傍晚"、"深夜"等时间名词都没有明确的上下限，"优"、"劣"、"美"、"丑"、"善"、"恶"、"大"、"小"等形容词在程度上也都是模糊的，程度副词"比较"、"非常"、"稍微"等也是典型的模糊词。

“杏儿一个接一个落在地上。我连忙弯腰去捡，不一会儿就捡了一衣兜。奶奶把小淘淘和他的伙伴都叫了过来，一人分给五六个，剩下的几个留给了我。看他们吃得那样香甜，奶奶的嘴角上露出了微笑。我有点儿不高兴，奶奶却笑着说：‘果子大家吃才香甜。要记住，杏儿熟了，让乡亲们都尝尝鲜。’”这是小学语文课文《杏儿熟了》中的一段，其中“吃得那样香甜”的“那样”，“我有点儿不高兴”的“有点儿”，还有“不一会儿”，都很难明晰地标示出其状态、程度和具体时间。

3. 不具体性

不具体性是指用一个较为笼统的语言形式去表达一个较为具体的语言意义，形式与内容的对应关系被模糊了。比如：“她现在有没有朋友？”“朋友”的本来意义是指一切关系很好的人，但是在上面的问话里却很可能是在问“她有没有恋人”。

苏联学者利哈切夫院士出版了《文学——理想——文学》一书。在书中，利哈切夫号召人们边思考边慢慢地阅读文学作品，并用一系列的例子说明，这应当怎样做。这里有一首普希金的四行诗：

> 冬天！……一个农民，得意扬扬，
> 乘着雪橇，走在无路的雪原上；
> 他的马儿，嗅着雪，
> 迈着大步跑得不慌不忙。

本来，诗中的一切都能让读者感受清楚，但是利哈切夫却请读者好好地想想：农民为什么“得意扬扬”？并且为什么马儿“嗅着雪，迈着大步跑得不慌不忙”？为了理解其含义，利哈切夫研究了普希金描写农民劳动的其他特点，他甚至要请教一位骑马运动员，问他能不能说明为什么马儿对清新的雪这样喜欢。

利哈切夫显然是在尽量清晰地解读文学作品。但是，正如我们说过的，文学作品具有模糊的美学特征。像利哈切夫的这种阅读，在根本上违反了文学的规律和法则，是不可能走进文学的艺术世界中去的。小学语文文学教材的阅读教学在本质上也是一种文学接受，因此，也不能像利哈切夫这样阐释作品。

四、文学的完形阅读

我在这里要讨论的完形阅读中的“完形”是从格式塔心理学理论中借鉴来的一个概念。格式塔心理学的主要信条是“整体大于部分之和”，即无论如何不能通过对各个部分的分析来认识整体。要理解一个事物的整体的全部性质，就需要“自上而下”地分析从整体结构到各个组成部分的特性。整体可能具有这样一些属性，它们需要一个特定位置、作用及对于整体中每个部分的功能，这些属性不是从对孤立部分的分析中推断出来的。现代德语中的“格式塔”一词指事物被“放置”或“构成整体”的方法，在心理学中，该词常表示“模式”或“完形”。

格式塔心理学的“整体大于部分之和”的思想，在今天已经由于系统论的普及而几乎成为众所周知的常识。在中国的文学领域，经 80 年代中期的文学方法论变革，“完形”理论、系统论深刻地影响了人们对文学的认识和对作品的解读。

我们过去的文艺理论也讲整体性，但过去所理解的整体是一种机械整体，它可以分割成各个不同的部分，然后对各部分进行研究，这个整体的属性就是各个部分的属性总和。一部文艺作品，把它看成好像一部机器一样，可以分拆为各种零件，先分成内容与形式两大部分，然后内容再分为题材、主题、人物、情节等，形式再分为语言、结构、体裁。似乎一部作品就是政治内容与艺术形式的相加，因此过去文艺研究讲的整体性，是一种还原论意义上的整体性。可是系统论所讲的整体性就不一样了，它有两个要点：部分一旦从整体游离出来后，就会发生质变；整体也不等于各个部分相加之和。因此从系统论来看，我们对事物本质的认识，不能仅仅依靠对事物进行机械分割，静止地考察其部分，然后达到对事物整体性质的判断这样一种途径，而必须首先从整体入手，考察各个部分之间的联系方式。因素的分析只是达到整体认识的手段。比如：人是一个整体，手是人体的一部分，西医解剖学就是把人的手割下来研究。但系统论认为，手砍下来后，名义上还叫手，而实际上不是手了，因为它不能起人手的功能。这个手一旦和身体分开，实际上不再是手了。

文学的语言具有完形的特质。文学语言以表达功用为主而兼有表述功用的情态使得文学语言能够比较自如地对某个故事或某种场景、意境等进行描绘，从而达到语言对世界的整体完形。具有完形特质的文学语言能够最充分地发挥语言的潜能，对特定的世界情景或某种氛围、某种境界进行描绘，通过文字拓出内外兼具的时空。所谓“内”即指人的精神活动，包括人的意志、思想、情感与情绪流动等，以及作者或作品所描写的人物对于生存的思索等。所谓“外”指文学文体中人物生活的环境或者诗歌、散文等抒情文体中作者所用以抒情达意的对象世界（物质存在世界）。既然文学语言是对总体语言一体化的结果，它统一了语言的本体性（作为生存基础）与工具性，既然文学语言力图达到对世界的整体完形（全面的描摹），那么它所描绘的世界就应是人类生存的活生生的世界，既有人的情绪、思虑与想象，又有人之得以生存的特定物质环境与社会文化环境，因而我们说文学语言对世界的整体完形是要由文字拓出内外兼具的时空世界。

如果我们确认了文学语言的完形特质，在语文教学中，我们就不会停留在词典的意义上去理解、解释文学教材的语言。因为融入文学教材中的语言总是超越词典上的含义，而获得了与作品整体不可分割的意义功能。比如,王安石的“春风又绿江南岸”中的“绿”字，在词典里是一个形容词，但是，在诗中却发挥了动词的功能。“绿”字如果孤立出来，就是一个很平凡的词语，王安石之所以用得好，是因为他使这个字在整首诗里发挥了最大的功能，使这首诗的美学结构达到最优。同样这个“绿”字，如果放到另一首诗中，意味就可能大不一样。

我们过去讲文学的社会作用，把它分为教育作用、认识作用、美感作用三种，这种分法是知性的思维方法，是不符合系统科学方法论原则的。因为作品的功能是统一的，它存在于艺术审美系统的运动中，作品的教育性因素，认识性因素和娱乐性因素，都处在作品的美感结构之中，作为系统元素而存在。如果把文艺作品的功能结构割裂开来，分成教育作用、认识作用、美感作用三种并加以并列，那么，所谓教育作用和认识作用就脱离艺术的功能系统，就不再是艺术自身的功能，而是一般意义上的，即一切意识形态所具有的普遍功能。

应该说，语文文学教材的教学实践中，是存在脱离文学教材的艺术结构系统，而孤立地、单摆浮搁地向学生进行思想教育这一问题的。但是，脱离作品的艺术结构系统的思想教育很容易成为无源之水、无本之木。

在小学语文教育中，文学教材的完形阅读对实现文学教育而言，是十分重要的一种方法。完型阅读观念的确立，可以使我们在相当程度上避免对文学教材的非文学处理。

五、文学的欣赏阅读

我想引用青年学者孔庆东的一段话开始关于文学的欣赏阅读这个话题。

“在二十世纪中国文学的研究中，十余年来，方法论的意义被强调得深入人心。一旦采用某种比较‘新’的方法——包括切入角度、理论模式、主题词汇，就可以产生成批的研究著述，这种披着西方学术市场优雅外套的学术媚俗行为对于职业化的中国学者具有极大的诱惑力。许多博士硕士不读文学作品，甚至连《水浒传》和《子夜》也没通读一遍,专读海外文化理论和汉学著作。写论文时，再去将有关作品‘细读’一遍。然而,没有‘粗读’作为基础的‘细读’是十分可疑和可鄙的。它好比是放着正常的肉眼不用，非要戴上八千度的近视镜去看书，结果当然给他看出一大堆新东西，只是这些新东西与书之所以为书没有关系。

“这里，‘粗读’指的是无目的性的感情阅读，或者起码是无学术目的性的普通阅读，它不想在文本中发现什么母题、隐喻、结构、功能，它只是留下了一种普泛的阅读印象和感受。它可以被作者操纵，表现出喜怒悲哀，‘或谑张飞胡，或笑邓艾吃’，也可以对作者不满，边读边骂，掷书于地，就像有的人读王朔。其实，这种‘粗读’才是本来意义上的‘细读’。而现今流行的所谓‘细读’则是一种屎里觅道、卵中求骨的技术操作。这种操作没有先在的理论工具是无法进行的，所以它必然忽略大量感性的、美学的东西而专门捕捉适合自己嗅觉结构的气息。所以，这种所谓‘细读’乃是地地道道的‘粗读’……”[④]

作为一名文学研究者，我对孔庆东上面这段话深有同感。我对文学研究者的阅读也说过相似的话：在阅读文学作品时，“我不断提醒自己要保持一份平常心。所谓‘平常心’，就是放下作为评论者的紧张架子，摘下以前打磨好的理论眼镜，尽量以一个普通阅读者的放松心态来欣赏作品，从而获得自然的阅读体验和真实的审美直感。当然，评论者先在的审美心理结构不会与普通读者完全相同，因此，评论者不会与普通读者对同一文本做出同样的解读。但是，在初次阅读中保持与普通读者一样的放松心态，依然是我的阅读原则。因为放松状态下获得的审美直觉往往是不会欺骗自己的。”[⑤]

孔庆东所说的“粗读”及我所说的保持平常心或放松心态的阅读，都与这里讨论的文学的欣赏阅读有相通之处。

首先，文学的欣赏阅读是一种放松状态的阅读。这种放松状态的标准就是读者并不事先给自己提出完成阅读后要解答的问题。就像一个游山玩水的游人在临行前被告以回来后要考问山海拔多高，水深有几许等问题一样，事先设定的问题对文学阅读者是一种沉重的心理负担，它会阻碍读者的审美感性进入文学的世界。

其次，文学的欣赏阅读是一种非功利的阅读。非功利的阅读是对作品的审美世界的最大程度的心理“接近”。当欣赏者确定了欣赏对象并正式开始阅读以后，便会暂时忘记自己作为原有的社会角色时所常常怀揣的功利目的，并离开物理时空的心理制约，“接近”或“投入”到特定的文学世界中去。这个时候的读者已不是原来意义上的“自我”，一旦受社会角色规范的表层意识隐去，深层的自由的意识便浮现了出来。作品与深层自我的交流达到了一种非常和谐的状态。这个时候如果始终受到外在现实世界的干扰，或者生发了功利性的联想（比如研究者的工作、教师的任务、学生的学习），那么这种“接近”便会中断，倘若让这种中断持续下去，真正意义上的文学欣赏活动便无法进行了。当然,这种由“社会角色”向“深层自我”的转换，并不意味着欣赏者整体心理状态的全然中断，中断的只是特定的角色心态，而种种主体心理因素都在暗中影响着对文学的欣赏活动，只是并不自觉罢了。欣赏阅读的非功利的心理接近不仅包括“意义”上的主客体互相渗透，也包括“形式”上的互相适应。文本的组合方式和排列顺序、叙事角度、叙事语调及其它技巧的运用对欣赏者提出了种种新的要求，它最终会扩展鉴赏者的心理感受方式；同时，对于熟悉某种形式的鉴赏者而言，“接近”是毫不费力的。如果功利性地（固执地坚持已有的艺术规范）阅读一部创新之作，那就可能根本无法读懂。

再次，文学的欣赏阅读是文学研究、文学教育的前提和基础。由于文学的欣赏阅读既是在一种放松的心理状态进行的，又是排斥功利目的的，因此，它所获得的是真实、自然的审美感性体验，这种原初阅读体验是文学研究、文学教育立足的基石。对文学研究者和文学教育者来说，当欣赏阅读活动结束以后，由于欣赏对象展现了它的全貌，欣赏者以作品为基点的心理建构逐渐成为一个相对稳固的心理外在物，它开始从欣赏者的内心游离出去。同时，作为社会角色的“自我”（比如作为文学研究者、语文教师、学生）又慢慢呈现出来，他的所有的人生经历与阅读经验以一种“个人”的独有方式向欣赏者施加影响。在比较与参照中，读者获得了人生的启迪与顿悟；这次欣赏行程也使已有的经历和经验得到了丰富。对一般的读者而言，他可能仅止于此，或者以一种比较简单的标准来判断与评价这部作品，但是，对文学研究者、语文教师和肩负学习任务的学生而言，则要以自己的欣赏阅读体验为依据和出发点，对作品进行判断与评价，做出具体的解说和分析。

文学的欣赏阅读，尤其是对名家名篇的欣赏阅读对语文文学教育是十分重要的。这种非功利的审美活动既是语文教育的一项内容、一个环节，又是接下来的语文教学活动的必要准备。但是，在目前的语文教学活动中，文学的欣赏阅读往往被取消或者被异化，文学教材的教学活动经常是一开始就进入了对问题的解答阶段，比如，学生常常被教师要求，要带着一些具体问题去阅读课文。正如前面论述过的，这种带有功利目的的阅读，将使学生难以获得真实而自然的审美体验，而由此展开的下面的具体教学过程和环节也就容易偏离语文文学教育的轨道。

---

①张汝伦：《意义的探究——当代西方释义学》，248~253页，沈阳，辽宁人民出版社，1986年版。

②“通天塔”是《圣经》中的一个典故，说的是古巴比伦巴别城的人想造一座巨塔，高达天庭，上帝以其狂妄而责惩之，使建塔者各操不同的语言，彼此不能互相沟通、了解，于是，此塔无法完成。“通天塔”以后即指不可能完成的东西或计划。

③[德]姚斯：《文学史作为向文学理论的挑战》，见《接受美学与接受理论》，沈阳，辽宁人民出版社，1987年版。以下关于姚斯的引文均见此文此书。

④孔庆东：《人文学者的道义》，见孔庆东著《空山疯语》，北京，中国电影出版社，2000年版。

⑤朱自强：《春花渐欲迷人眼》，《儿童文学研究》，1996年第3期。

文学教材与语言教育

一、文学文体是一种语言存在形式

在现行的小学语文教材中，文学性教材构成了语文教材的主体。文学文体是小学语文教材的基本和重要的语言存在形式。我们认识和把握文学文体的特征直接有助于认识和把握特定文学文体的语言特征。

雷·韦勒克和奥·沃伦合著的《文学理论》一书说："语言是文学艺术的材料。我们可以说，每一件文学作品都只是一种特定语言中文字语汇的选择。正如一件雕塑是一块削去了某些部分的大理石一样。"两位学者还列举了贝特森在《英诗与英语》一书中提出的文学是一般语言史的一个部分，是完全依赖语言的这一观点："我的论点是，一首诗中的时代特征不应去诗人那儿寻找，而应去诗的语言中寻找。我相信，真正的诗歌史是语言的变化史，诗歌正是从这种不断变化的语言中产生的。而语言的变化是社会和文化的各种倾向产生的压力造成的。"①

韦勒克和沃伦所说的"文学作品都只是一种特定语言中文字语汇的选择"这句话十分重要，它给我们的启示是，整体的文学作为一种文体，也是对一种特定语言形式的选择。

"文学文体自产生伊始就显出了其独特的一面，它实际上是把文体所涵盖的语言存在中的诸审美因素（如节奏、韵律、轻重音相谐、停顿以及后来的故事描述之趣味性等）做有目的的、有特殊意识的催化、集中呈现与再行组构的结果，它同时便从总体的文体中分化出来而独立一支。正因为文学文体有其独特的一面，因而它就不像其他文体（特别是公文体与科技论文文体）那样只是为了把某种思想明确下来，而是对人的生存及其处在人类情感观照中的世界做一种感性化、个性化与情绪化的审美描述。”②

就总体而言，语言是二元的存在。语言既是人类生存的重要基础，又是一种可被用于不同场合、不同目的的工具。语言的这种二元性,在不同的文体中统合的程度是不尽相同的。与科学论文、公文、新闻报道等文体相比，文学语言打破了作为存在基础的语言与作为外在工具的语言的二元分殊，加强了语言的一统性或一体性。“文学语言使得整体的语言有了一统性或达到了一体化，它是有自己独特的运作方式的，这种运作方式使得它对语言的一体化过程中获得了一种新的文化存在，一个新的有意味的境界，而不是对一般性语言和各种工具意义语言的简单堆积。那么，这种独特的运作方式及其吐纳人生事实的结果和审美意义的完成就是文学文体的诞生。”③

加强了具有二元性的语言的一统性或一体性的文学文体的语言，具有独特而极高的语文教育价值。自二十世纪六十年代以来，“语文课是一门传授语言工具的课程”这一语文教育观一直有着广泛而深入的影响。现在已经可以明显看出，把语文课定位为工具课的主张是十分偏颇的。这种观念否认语文教育的双重性，只把语文课看作传授工具的技术性课程，却把与语言尤其是文学语言融为一体的人文内容排除在语文教育的大门之外。正确认识文学教材的语言的性质及其具有的不可替代的语文教育价值，对纠正工具论这种偏颇，具有非常重要的意义。

对小学儿童而言，文学语言的教育尤为重要。文学语言的教育具有缪斯文化的性质，因此，它与小学阶段的儿童所拥有的文化是相接续的。小学阶段作为发展感性能力并为培养健全的理性打根基的最佳时期，文学语言的教育为儿童的精神成长和语言能力的养成，提供了充沛的雨露和阳光。

二、文学教材语言的特征

（一）文学教材语言的情感性

英国文学理论家瑞恰兹提出，文学和科学的不同在于前者的语言是感情性的，而后者的语言则是指称性的；文学是感情式地使用语言，用语言来激发人的情感，而科学是符号式地使用语言，用语言来指代它所代表的对象。比如，说“埃菲尔铁塔高九百尺”，这是符号式地使用语言，不管这句话对或错，它都是指向现实中的特定事物的。而说“人是蛆虫”，就是感情式地使用语言了，它只表达或激发人的某种情感，却和现实的任何对象无关。

文学教材语言的情感性是通过一定的语言运用方式表现出来的。

1. 运用词义的褒贬色彩

在文学作品中，褒贬词语的运用，可以揭示被描写对象的性质，表现作者鲜明的情感态度，增强语言对读者的感染力。

突击队刚刚冲到对岸，敌人就放起火来，桥头立刻被大火包围了。在这千钧一发的时刻，传来了团长和政委的喊声：“同志们！为了党的事业，为了最后的胜利，冲呀！”英雄们听到党的号召，更加奋不顾身，都箭一般地穿过熊熊大火，冲进城去，和城里的敌人展开了激烈的搏斗。激战了两个小时，守城的敌人被消灭了大半，其余的都狼狈地逃跑了。

这是课文《飞夺泸定桥》中的一段，“奋不顾身”“箭一般”“狼狈”“逃跑”等褒贬词语的运用，直接表达出作者对红军和白军的情感态度。

2. 词语的语义对比

词语与词语在连用、配用之中，语义会发生各种联系，有时语义在联系中会产生对比效果，传达出特定的情感内容。比如，课文《“你们想错了”》是写方志敏被白军逮捕的一幕，当写到白军要方志敏把大洋交出来时，文章用了“威吓地吼道”这样的语言，而写方志敏的回答时，则用“淡淡地”这种形容词，这两者的对比，显示出了白军士兵的卑下和方志敏的伟岸。

3. 词语的重叠

在文学作品中，词语的重叠会产生一种影响情感的效果。

“到了秋季，葡萄一大串一大串挂在绿叶底下，有红的、白的、紫的、暗红的、淡绿的，五光十色，美丽极了。”（课文《葡萄沟》）“一大串”的重叠使用，蕴含着一种欣赏之情。

在词语的重叠现象中，形容词的重叠比较常见，郑颐寿主编的《文艺修辞学》一书说：“一般说来，形容词重叠形式有四种，单音节形容词有‘AA’式，如‘蓝（天）’重叠为‘蓝蓝（的天）’；有‘ABB’式，如‘蓝（天）’重叠为‘蓝莹莹（的天）’；双音节形容词有‘ABAB’式,如‘雪白（的羊群）’重叠为‘雪白雪白（的羊群）’，有‘AABB’式，如‘热闹（的场面）’重叠为‘热热闹闹（的场面）’。重叠后都比重叠前增添了情感意味。”④

4. 语气的运用

文学语言的语气可以表现作者或作品中人物的情感。疑问、感叹、陈述、祈使这四种语气都有特定的使用场合，都能表达特定的情感。

“那是个没有月亮的夜晚，可是整个村子——白房顶啦，烟囱里冒出来的一缕缕的烟啦，披着浓霜一身银白的树木啦，雪堆啦，全看得见。天空撒满了快活地眨着眼的星星，天河显得很清楚，仿佛为了过节，有人拿雪把它擦亮了似的……”（课文《凡卡》）在这段课文中，语气词“啦”的使用，表现出主人公凡卡对故乡景色的喜爱和怀恋，这种语气词所蕴含的感情也加深了读者对凡卡在鞋店里不幸的学徒生活的同情。

（二）文学教材语言的形象性

形象性是文学教材语言的一个十分核心的特征。这一特征清晰地划分出文学教材语言与非文学教材语言的分界线。

形象性是文学教材语言中的普遍性存在。不仅在儿歌、儿童诗、童话、寓言、故事、小说、散文、古诗等文学体裁中，而且在一篇作品的语言的各级单位——词、词组、句、段中，语言的形象性都会进行全面的渗透。

作为文学语言的一个核心特征，形象性与文学语言的其他特征不仅相辅相成，而且还具有很大的涵盖功能。拿前面讲到的情感性而言，情感一定是附丽于形象的情感，形象也一定是蕴含着情感的形象。

关于文学创作中语言与形象的关系，可以用一个脍炙人口的故事来作为例证。“（贾）岛初赴举京师，一日，于驴上得句云：‘鸟宿池边树，僧敲月下门。’始欲着‘推’字，又欲着‘敲’字，练之未定，遂于驴上吟哦，时时引手作推敲之势。时韩愈吏部权京兆，岛不觉冲至第三节，左右拥至尹前，岛具对所得诗句云云。韩立马良久，谓岛曰：‘作敲字佳矣。’”（《苕溪渔隐丛话·前集》引《刘

公嘉话》)

贾岛这两句诗算不得精彩，作“推”或作“敲”也不见得与诗的质量有多大的关系。但他那种吟哦的状态，却生动地说明了诗人构思过程中表象运动与语言锤炼的紧密交织。这种构思状况相当典型，所以“推敲”二字终于结成了一个被人常用的词，这恐怕也不是偶然的。不过人们往往误以为“推敲”仅指语言的斟酌，殊不知就语言艺术创作来说，语言的斟酌是始终反映着作者头脑里的表象运动的，也可以说，两者是紧密结合在一起的。

正因为形象性是文学语言的一个核心特征，古今中外的文学理论才一致采取“诗”“画”相通的说法。古希腊诗人西蒙奈底斯认为：“画为不语诗，诗为能言画。”我国清代的叶燮则说：“故画者，天地无声之诗；诗者，天地无色之画。”

（三）文学教材语言的含蓄性

宋代词人姜夔在谈到诗的语言时说：“语贵含蓄。东坡云言有尽而意无穷者，天下之至言也。”含蓄不仅是诗这种文体，而且也是整个文学语言的重要特征。与直率、浅露相反，含蓄是指意味深远却含而不露。含蓄的文学语言不直接、显露地表现意味，而是运用委婉的手法、简练的语言、生动的形象，通过读者的想象与联想，体察语言后面深隐的意义，产生余音绕梁的艺术效果。

“……他们一不小心，一松手，啊呀，阿弥陀佛，她就一头撞在香案角上，头上碰了一个大窟窿，鲜血直流，用了两把香灰，包上两块红布还止不住血呢。直到七手八脚地将她和男人反关在新房里，还是骂，阿呀呀，这真是……”她摇一摇头，顺下眼睛，不说了。

（鲁迅《祝　福》）

引号里面的话是卫老婆子对四婶描述祥林嫂抗婚（再嫁）情景时说的。“这真是”在这段口语讲述中并不是半截话，但是很含蓄。“真是”什么呢？是赞叹，是责怪，还是同情？很耐人寻味，正像我们面对祥林嫂的命运会百感交集一样。

这时，走上来一个小女孩，穿一身素雅的秋装，显得落落大方而又略带羞涩。她走到我跟前，冲我抿嘴一笑，低下头，把手伸进裤兜里。“怎么，没采到？”我问。

“不，可是没有他们那么多。”她的脸唰地红了，撩起上眼皮看了我一眼，惭愧地站在那儿。

（课文《种　子》）

文学语言的含蓄有时带有暗示性。上面这段课文对小女孩的动作、神态的描写就具有丰富的暗示内容。它的这种暗示性，激发了读者对小女孩的好奇心和对课文的阅读兴趣，成为这篇教材的一个根本的情节动力。理解、讲授这篇课文时，抓住这些含蓄的语言，会收到纲举目张的教学效果。

在写第一个字以前，他担心地朝门口和窗户看了几眼，又斜着眼看了一下那个昏暗的神像，神像两边是两排架子，架子上摆满了楦头。他叹了一口气，跪在作台前边，把那张纸铺在作台上。

（课文《凡　卡》）

文学语言的含蓄性有时又是通过“不言”或“少言”的方式获得的。“不言”或“少言”的文学语言造成意义上的朦朦胧胧的“空白”，给读者留下想象的空间与品味的余地。司空图的《诗品》里讲的“不着一字，尽得风流”，恐怕指的就是这种“空白”。上面例举的契诃夫的《凡卡》中的一段文字就存在着“空白”。凡卡在“担心”什么？他为什么“又斜着眼看了一下那个昏暗的神像”？这些问题课文并没有做出正面的和明确的回答，读者只能怀着朦胧的疑问，在以后的阅读过程中，通过对凡卡的不幸生活和命运的了解和感受去自己填补这些“空白”。

这样的用想象填补“空白”的过程,正体现着文学阅读的魅力。如果语文教师在引导学生去填补文学教材的“空白”时，能够沿着文学教材的艺术形象的指引，激发学生的想象力，文学教材的阅读教学就会走向一个广阔的天地。

（四）文学教材语言的音乐性

文学语言的音乐性当然最鲜明地体现在儿歌、儿童诗、古诗这些韵文体裁上。但是，非韵文体裁的故事、童话、小说、散文的语言也是具有不同程度的音乐性的。

在我们亲爱的祖国,有一个微山湖。离湖四十里,有一个杏花庄。

庄里有个小男孩儿，名叫二牛。

这天早晨——一个普通的早晨，也是一个快活的早晨，天才蒙蒙亮，他就一个鲤鱼打挺，像个小冬瓜，骨碌碌从炕上蹦下来。他用胖嘟嘟的小拳头揉揉小鼻头，看妈还没醒，就从炕前悄悄拿起昨天拴的放牛鞭，赤着脚朝街上跑去。

你知道，今天二牛有一件了不起的大事情！一想起这件事，他就高兴得直想在地上连翻它九九八十一个跟斗！

他要到微山湖去放牛哪！

这是儿童文学作家丘勋创作的儿童小说《微山湖上》开篇的一段文字。这段文字的音乐性首先表现在语言的韵律和节奏上。第一、二自然段虽然并没有押韵，但是，读起来抑扬顿挫，节奏明快。三个句子间，采用了诗歌常用的“顶针”这种修辞格，产生了跌宕回环的韵律感。这段文字的音乐性还表现在语言的内在感情的流动上。卢梭把音乐称为“感情之流”，列夫·托尔斯泰把音乐称为一种“对于感情的回忆”，泰戈尔把音乐看作是“表现情绪与情感的语言”。如果依据这些看法，也可以说，文学语言的音乐性的因素当不仅是押韵合辙，而且也应该包含情绪和感情的律动。而上面这段文字中所表现出的二牛的欢喜雀跃的心情已经让人想放声歌唱。

太阳暖烘烘的。鸭妈妈卧在稻草堆里，等她的孩子出世。

（课文《丑小鸭》）

天气凉了。树叶黄了。一片片叶子从树上落下来。

天空那么蓝，那么高。一群大雁往南飞，一会儿排成个人字，一会儿排成个一字。

啊！秋天到了。

（课文《秋天到了》）

在气候恶劣的青藏高原，大风暴的确太可怕了！狂风肆虐，石走沙飞，直刮得遮天蔽日，天昏地暗。枯草吹走了，牛羊刮散了，帐篷撕裂了，风魔和沙怪露出狰狞的面孔，发出一阵阵狂笑。

（课文《高原红柳》）

以上三段文字都选自小学语文教科书，它们都能使人感受到语言的内在的音乐性。第一段文字读来给人以舒缓、安详的感觉，与童话的氛围十分协调。第二段文字呈现出的是一种高亢而抒情的语调，正调和了秋高气爽的宜人季节。第三段文字的语言与第一段相比较，在节奏上就是急促而紧张的，这样的节奏就与文章所表现的青藏高原恶劣的气候和生活条件这一内容比较合拍。

三、文学教材的语感教学

（一）什么是语感

目前，语文教育研究领域有许多人对语感做出过解释，比如“语感是对语言文字的一种感觉（或感应）”，“语感是对语言文字的一种直接感知”，“语感是对文章中语言文字的一种感受”，“语感是对语言隐含意义的一种深刻的感觉”，“语感是一种感情”，“语感是个人在言语实践中对语言的直觉感知”，“语感是对言语的准确而又灵敏的感受能力”，“语感是以语言习得为基础经长期的语言学习而形成的一种对语言的全方位的敏锐的感觉”等等。

我们不难发现，上述关于语感的诸多解释其实大同小异。应该说，给语感下一个定义并不难。那么，语感的具体表现形态是什么样的呢？我们可以用夏丏尊先生的一段话来说明。

在语感锐敏的人的心里，“赤”不但解作红色，“夜”不但解作昼的反面吧。“田园”不但解作种菜的地方，“春雨”不但解作春天的雨吧。见了“新绿”二字，就会感到希望、自然的化工、少年的气概等等说不尽的旨趣，见了“落叶”二字，就会感到无常、寂寥等等说不尽的意味吧。真的生活在此，真的文学也在此。[⑤]

夏丏尊先生的这段话本身就显示出他的敏锐的语感。夏丏尊先生的话对我们具体而深切地理解语感的含义大有帮助。“汝果欲学诗，功夫在诗外。”语感的获得并不仅仅是依靠语言的学习。语感的获得更需要依靠“真的生活”，即作者或读者对真正的生活的体验和感受的能力。在理解语感时，同样不能忘记语言与人的思想、情感是一体两面的。

语感具有以下三个特征：

第一，直觉性思维。直觉性思维是语感的基本特征。“在阅读文章时，语感能力强的人不必进行语法规则及其他语文知识的专门分析，只在一读一听之际，就能迅速地、敏锐地对言语的正误、优劣、形象、情味以及它们的细微差别做出判断，得出哪些地方上口、顺耳、畅达；哪些是佳句，用语精妙；哪些地方需要润饰或修改，能直觉地感觉这个字不合适，换哪个字才合适，这个说法不合适，换另一个说法才合适。这种对语言文字的直觉感受、直觉判断主要是直觉思维积极参与的结果。”⑥

第二，间接性想象。语感是对文学作品的语言所表现的情和意的感受力。文学作品的语言并非像绘画艺术一样具有直接的形象，它所描述的显像结构，没有直接的可感性，因此读者必须以语言符号为媒介，通过间接性想象，调动已有的生活经验和知识，再现或再造记忆中的有关表象，产生形象的感知，从而进入作品的艺术情境。

第三，感情融入。文学语言构筑的世界是一个充满情感的世界，因此，对文学语言感受能力的高低，在一个方面就取决于读者情感世界的丰富程度和对语言进行情感破译的能力。一个感情冷漠的人，一个在感情上画地为牢，与他人“鸡犬之声相闻，老死不相往来”的人，是不可能具有很好的语感的。

语感是人们感受文学语言的一种最重要的能力，对文学教材处于主体地位的小学语文教育来说，培养、提高学生的语感就成为语文教学的重要任务。

（二）超越词典的语感教学

叶圣陶在论述文学鉴赏时曾经说，文学作品中的词语“从意义上、情味上说，原字原辞和字典辞典的解释必然多少有点距离。不了解一个字一个辞的意义和情味，单靠翻查字典辞典是不够的。必须在日常生活中随时留意，得到真实的经验，对于语言文字才会有正确丰富的了解力。换句话说，对于语言文字才会有灵敏的感觉。这种感觉通常叫做‘语感’”。⑦

在培养学生的语感的教学活动中，语文教师应该具有超越词典的意识。词典对词语的解释一般是采用比照的或说明的办法，其解释毕竟与被解释的词语在“意义上、情味上”不会十分贴切。对完全不了解被解释词语的人而言，词典的解释当然具有作用。但是，教师必须意识到词典的解释作用是有限的，不要把词典的解释作为唯一的和最终的解释。

要使学生对语言的理解超越词典的解释，教师就必须重视两点：第一，尽可能地启发和调动学生在生活中获得的“真实的经验”，以使学生不是把词语归还给词典，而是把词语变成自己的东西。比如，在讲解“伤心”一词时，不能只让学生去枯记“由于遭受不幸或不如意的事而心里痛苦”这一词典上的解释，而是要唤起学生自身生活中的“伤心”体验。第二，要把语言放在具体的语言环境中完整地感受其表达的深厚意蕴，因为只有在具体的语境中而不是在孤立的词中，才能找到词的真正意义。

超越词典的语感的获得基本上要经过这样一个心理和思维的流程：通过词语的激发在学习者的头脑中唤起相关的表象，再造想象和种种联想；在想象的基础上引起情感的强烈共鸣；运用自己的生活经验去品味作品中的语言的言外之意、弦外之音；通过对词语的分析、判断去理解作品的语义。

（三）朗读与语感教学

“每一件文学作品首先是一个声音的系列，从这个声音的系列再生出意义。在某些作品中，这个声音层面的重要性被减弱到了最小程度，可以说变成了透明的层面，如在大部分小说中，情形就是如此。但是即使在小说中，语音的层面仍旧是产生意义的必不可少的先决条件。德莱塞的一本小说与爱伦·坡的一首诗（如《钟声》）在这方面的差别仅仅表现在量上，不足以成为判明小说与诗这两种截然不同的文学类型的依据。在许多艺术品中，当然也包括散文作品在内，声音的层面引起了人们的注意，构成了作品审美效果不可分割的一个部分。对于许多讲究修饰的散文和所有的韵文而言就更是如此，因为从定义上说，韵文就是语言声音系统的一种组织。”⑧

韦勒克和沃伦的这段话指出了在文学作品中语音与语义的关系：“每一件文学作品首先是一个声音的系列，从这个声音的系列再生出意义。”为了更切实地理解这一观点，我们有必要回溯到文学发生的源头。

迄今为止，我们所能考察到的古代语言，都是一些用符号、文字记录下来的语言，这些语言大约只有六千多年的历史，远非人类的原始语言。人类最初的语言是什么样子的，实在已经无法考察了。但还是有人从一些被恩格斯称为“活化石”的原始部落中，揣测出原始语言的大体模式。十九世纪法国人类学家路先·列维–布留尔曾在他的《原始思维》一书中对于这种模式做了细致的描述。在布留尔看来，原始语言是一种建立在原始人情绪体验和运动知觉之上的一种直观的“集体表象”。这种语言“永远是精确地按照事物和行动呈现在视觉和听觉里的那种形式来表现关于它们的观念”的，它具有“绘声绘影”的倾向，是一种“有声言语”与“手势动作”的糅合体。布留尔称这种“连喊带比画”的语言为“声音图画”。

布留尔所说的这种“连喊带比画”的语言与文学的发生有什么直接关系呢？黑格尔指出：“诗的用语产生于一个民族的早期，当时语言还没有形成，正是要通过诗才能获得真正的发展。……当时诗人仿佛是第一个人在教全民族把口张开来说话，使思想转化为语言，使语言又还原到思想。”[⑨]由此可见，原始文学的语言就是一种“连喊带比画”的语言。发声喊叫是文学语言的原型。

自人类用文字符号记录文学作品以后，特别是近代以来，由于教育的普及以及印刷技术的革命，阅读文字渐渐成了人们接受文学的基本方式。在这样的历史进程中，以发声喊叫为创作特征的原始文学语言已经退化了。现代的绝大多数作家在写作时并不出声，只是在默默地奋笔疾书。但从文学语言发生的实际心理过程来看，这些作家只是将口头发声的语言内敛为心里发声的语言。而当作家修改、推敲作品时，为了找到最佳的语感，很多人（特别是诗人）恐怕又会回到文学语言产生的基点，去“发声喊叫”。

通过语言的“发声喊叫”去体味、理解语言，是获得对文学语言的语感的有效方法，而这一方法对于儿童而言则更具有根本性。虽然儿童的语言的发生、发展并不就是原始人语言的发生、发展过程的简单重复，但是两者依然有许多相似的地方。原始语言的“连喊带比画”的“声音图画”特征，就可以从语言的个体发生过程中得到印证。幼儿的语言也总是与幼儿自己的感觉行为，以及与说话时的情景紧紧地贴在一起，并且在很大程度上依赖说话人的声调、手势以弥补语词的不足。苏联的教育理论家苏霍姆林斯基曾指出，儿童对语言的掌握更多地是凭直观，“儿童是通过形象、色彩和声音进行思维的”。

因此，为了培养语感这一最为重要的文学语言能力，小学语文教学应该充分重视朗读这一教学环节。

朗读是一种有声言语的阅读活动，朗读过程是眼、口、耳、脑并用的活动过程，其中既有视听觉器官、言语运动器官和大脑的协同活动，又有思维、想象、情感和言语活动的协同进行。可见，朗读对学生语言学习器官的刺激是全面而深入的，这无疑有助于增强学生的语感。

小学语文教学对朗读训练的要求归纳起来有三项：一是能正确地朗读课文。要用普通话读，发音标准，吐字清晰；要一字一句读准确，不读错字，不丢字，不添字；要按句停顿，不重复字句，不顿读；要有良好的朗读习惯，不指读，不唱读。二是能流利地朗读课文。要把句子读完整，不读断句；要读出句与句之间、段与段之间的间歇；要读得连贯流畅，速度适中。三是能有感情地朗读课文。要读出不同的语气，语调适当；要读得有轻重缓急，能比较准确地读出课文的思想感情；情感表露要朴实、自然，要用自己声音的本色表情达意。分析这三项要求，我们可以发现三者构成了由浅入深、循序渐进的关系。第三项“能有感情地朗读课文”的训练要求，其实就是对学生语感的集中训练。

进行朗读训练，也可以说是进行朗读教学，应该采取以下方法。

第一，对一篇课文的朗读必须不厌其烦，反复进行。古人云，书要苦读，不读不能得其要旨，不读不能知其意外，不读不能领略语言之美。古人还有诗云：“熟读唐诗三百首，不会作诗也会吟。”那些熟读成诵的文章，对学生会产生潜移默化的影响，这是一个潜滋暗长、积少成多、由感到悟、从量变到质变的过程。语感就是在这一过程中逐渐形成的。

第二，要把朗读训练贯穿于阅读教学的全过程。朗读与盲诵枯记有着本质的区别。在阅读教学中，教师要多给学生朗读的机会，在分析和理解课文的思想和情感内容时，应该与朗读有机地结合起来，使学生通过表情达意的朗读，以直觉去发现和领会课文的思想和情感。

第三，重视范读。范读就是示范性阅读，可以由教师范读，也可以放录音磁带，还可以让读得好的学生范读。在以上三种范读形式中，教师的范读最为重要。优秀的语文教师应该具有较高的朗诵水平，将自己对教材语言的理解表现在范读时的语气、语调、节奏和情绪之中。学生在聆听高水平的范读时获得的对语言的感受，常常胜过教师对语言的分析性讲授，所以范读是培养学生语感的十分有效的方法。

---

①⑧［美］雷·韦勒克、奥·沃伦：《文学理论》，166页、186页，上海，三联书店，1984年版。

②③张　毅：《文学文体概说》，53页、61页，北京，中国人民大学出版社，1993年版。

④郑颐寿：《文艺修辞学》，115页，福州，福建教育出版社，1993年版。

⑤⑦转引自叶圣陶：《文艺作品的鉴赏》，见《叶圣陶论创作》，上海，上海文艺出版社，1982年版。

⑥马笑霞：《阅读教学心理学》，89页，石家庄，河北教育出版社，1997年版。关于语感的特征也参照了该书的论述。

⑨［德］黑格尔：《美学》（第三卷下册），65~66页，北京，商务印书馆，1981年版。

小学语文文学教材研究

说到教材研究，目前的小学语文教师恐怕大都理解为上课之前的备课过程中，教师对一个单元或一篇教材的内容和形式所做的分析、研究。其实本章所讨论的教材研究是一个更为宏观的问题。由于文学教育观念的淡薄甚至缺失，作为宏观的概念，小学语文文学教材研究并没有确立起来，比如，小学语文文学教材究竟具有哪些特质，文学作品与文学教材的区别是什么，作家、作品研究与教材研究之间具有怎样的关系，文学教材对文学原作进行改写的危险何在,这些问题显然还没有普遍进入小学语文教师的意识之中。但是，离开宏观意义上的文学教材研究，想使文学教育成为小学语文教育的一个重要理念是十分困难甚至是不可能的。

我将就上面提出的问题，对小学语文文学教材做一讨论。虽然对有的问题的研究只是浅尝辄止，但是，目的在于为宏观意义的文学教材研究开辟一些思路，并希望以此引玉之砖，将关于文学教材研究的思考引向深入。

一、小学语文文学教材的特质

目前的小学语文文学教材，至少包括了儿歌、儿童诗、童话、寓言、故事、小说等文体。我们讨论文学教材的特质，当然应该以对具体文体的认识为依据。这里，我从三个方面论述小学文学教材的特质。

1. 小学语文文学教材首先是文学

也许从表面的语义逻辑来看，“文学教材首先是文学”是一个假命题：既然是“文学”教材，前提当然是已经承认其是文学。但是，一个命题的成立，有时不是以语义逻辑而是以一种观念在人们意识中的实际状态为依据的。

我们说文学教材首先是文学，是因为有相当多的语文教师在教学活动的过程中，经常会忘记自己面对的是文学。比如，作为文学的教材本来是完整的，但是却要对它进行机械式的肢解；作为文学的教材，其语言本来具有一定的模糊性，却非要把它讲“清晰”，即把文学的语言讲得僵死；作为文学的教材，其艺术结构往往留有“空白”，当读者以自己的体验和想象去填补时，将有多种可能性和合理性，却一定要为它规定出一个唯一正确的答案。这些做法，都是没有把文学教材当成文学的表现。

文学教材首先是文学，情感性、形象性、整体性、模糊性，这些文学的品质它都完全拥有。

2. 小学语文文学教材是一种独特的文学

我们说过，文学教材是小学语文教材的主体，现在我们要说，儿童文学是小学语文文学教材的主体。从现行的小学语文教材来看，不仅其中的儿歌、儿童诗、童话、寓言、儿童故事、儿童小说等文体是纯粹的儿童文学，而且其中大量的散文、故事也大都具有儿童文学性，即这些教材中都透露出面向儿童编写的意识，具有儿童特点。

儿童文学是人类进入现代社会后才产生的一种崭新的文学样式。儿童文学的产生是以成人社会开始尊重儿童的人格，承认儿童的生理、心理与成人有很大不同，发现并尊重儿童对文学有着自己独特的审美要求和趣味为前提的。这样诞生的儿童文学当然具有与成人文学不尽相同的艺术特质。

儿童文学在讲述故事的方式、题材的选取意识、人物（包括拟人化形象）性格的塑造、语言的选择和运用等艺术上诸多方面，都与一般的成人文学有所不同。因此，对小学语文教师来说，儿童文学的修养就显得十分重要。

3. 具有独特的教育性

既然是教材，文学教材具有教育性似乎是不言自明的道理。但是，说到文学教材所具有的是一种“独特的”教育性，恐怕就有许多语文教师感到茫然了。

其实，何止小学语文教师对文学教材的“独特的”教育性缺乏自觉的认识，就连《小学语文教学大纲》在谈到小学语文学科的性质时，也仅仅指出了小学语文教育具有“工具性”和“思想性”，而把文学教材的独特的教育性排斥在外面。

文学教材的独特的教育性表现在三个方面：

第一,独特的语言教育。文学教材的语言与其他教材（议论文、说明文等）的语言以及日常生活用语不同，它具有多义性，其含义因读者的生活体验和想象力的不同而变得十分丰富。文学教材的语言教育通过弹性的、多义的阐释，可以养成学生对民族语言的丰富感受力和深入理解力。

第二，培养想象力。文学作品具有虚构性，它所构筑的世界是超越实在的生活现实的第二现实，尤其是幻想性文学教材比如童话，会把学生带入幻想生活的空间。指导学生以语言为媒介，将文学作品所表现的第二现实变成真实可感的形象的过程就是培养学生想象力的过程。学生在文学教材的阅读过程中得到培养的想象力将成为创造力的源泉。

第三，健全人性的养成。文学教材并不是仅止于外在的语言形式的知识教育，而是在进行文学语言教育的同时，引导学生对文学教材的艺术形象所蕴含的思想、情感进行价值判断，从而使学生探索和思考人生的诸多问题，帮助学生实现心灵的成长。

文学教材这三个方面的独特的教育性是《小学语文教学大纲》所规定的“工具性”和“思想性”所无法完全涵盖和取代的。不能自觉而清晰地认识文学教材的这种独特的教育性，我们的小学语文教育的概念就不能说是健全的。

二、文学作品研究先于文学教材研究

首先我们必须认清文学作品与文学教材是两个概念。比如《小猫钓鱼》，当它发表在文学杂志上或作为单行本（图画书）出版时，它是文学作品；当它被选入教科书里时，它就是文学教材。即使一篇文学作品被选入教科书中时，一个字甚至一个标点符号都没有改动，作为文学作品和作为语文教材，两者也是不同的概念。一个小学语文教师在正常的阅读状态下，面对《契诃夫小说选》中的《凡卡》时，应该是一个普通的文学欣赏者；而当他面对小学语文教科书中的《凡卡》时，他就会恢复语文教师的职业角色。

如果我们承认一个语文教师作为文学欣赏者与作为语文教师，面对作品《凡卡》和教材《凡卡》会持有不同的阅读心态的话，我们也就得承认，文学作品研究与文学教材研究是两种不同的研究。

一个真正合格的小学语文教师应该是一个文学研究者。因为跨过对文学作品的研究而直接进入文学教材研究既违反文学艺术规律，又违反文学教育规律。文学作品研究先于文学教材研究，这应该成为语文教师的自觉意识和行为准则。

姚斯的接受美学提出了关于文学的历时性研究（又称垂直研究）的观点。所谓历时性研究是从历史延续的角度考察文学作品被读者接受的情况及其变化。处于不同时代的读者由于各自历史背景和文化背景的差异，必然会对同一作家、同一作品有不同的理解、解释和评价，这方面的差异有时甚至很大。因此，意大利的美学家克罗齐也说，任何文学史都是当代史。

在小学语文文学教材中，儿童文学占据着最为重要的位置，具有最大的涵盖性。要想成为合格的小学语文教师，必须具有比较系统的儿童文学理论知识。

儿童文学的观念是随着时代的发展、变化而发展、变化的，这一点与一般的成人文学一样，甚至超过一般的成人文学。拿中国的儿童文学来说，在二十世纪五六十年代，人们基本上认为儿童文学是“教育儿童的文学”，甚至把儿童文学异化为儿童教育的工具。但是，进入改革开放的八十年代以后，随着儿童文学创作和研究的发展，所谓的教育工具论被彻底推翻，儿童文学由“教育儿童的文学”正在逐渐变为娱乐、解放、发展儿童的生命的文学。在这样一种儿童文学观发生根本改变的态势下，儿童文学领域对二十世纪五六十年代创作的许多作品，甚至包括一些曾被视为名作的作品重新进行了评价。比如，著名儿童文学作家金近创作的幼儿童话《小猫钓鱼》，当人们用新的儿童文学价值观来审视的时候，发现它所表现的生活和教育观念与儿童的心性是相违背的。

在《小猫钓鱼》中，猫弟弟一开始没有钓上来鱼，原因是他没有听猫妈妈“静静地等着，不能说话，也不能跑开”的嘱咐。“红蜻蜓飞来了，恰好停在他的钓竿的头上”，猫弟弟抽回钓竿，想捉住红蜻蜓，结果吓跑了正在咬钩的小鱼；一对蝴蝶飞来了，猫弟弟又忘了猫妈妈的话，放下钓竿去追蝴蝶。结果，猫妈妈和猫姐姐钓起好多条鱼，猫弟弟只好空手而归。猫妈妈教导猫弟弟："以后要好好钓鱼，不要光爱玩儿。"猫弟弟拿起鱼竿，独自去钓鱼，这一次"猫弟弟站在老地方，看住钓竿，一步也没有走开"，最后终于钓到了一条大鱼。

恐怕在小学语文课堂上，很多老师要对孩子们说：《小猫钓鱼》这个故事告诉我们，做事情"不能三心二意"，而要"专心致志"。现有的两本《中国当代儿童文学史》在给《小猫钓鱼》以高度评价时，也是这样说的。[①]但是，我有一个朴素的疑问：猫弟弟钓鱼时不"专心致志"，而是"三心二意"，这能怪猫弟弟吗？你看，一只红蜻蜓飞来了，又"恰好停在他的钓竿的头上"，猫弟弟怎能不去捉呢？你看，一对蝴蝶飞来了，而且"这对蝴蝶真美，金黄的颜色，多漂亮啊！"这叫猫弟弟怎能不去追呢？也许有人会反对说，作家正是要教育、帮助孩子们战胜这些诱惑，从而养成专心做事的好习惯。于是，我又要提出疑问：为什么一定要让年幼的儿童（作品中的猫弟弟显然就是年幼的儿童）战胜蜻蜓和蝴蝶的诱惑呢？在作品所描绘的美丽如画的春天的大自然里，猫妈妈在那里"专心致志"地钓鱼，猫弟弟去与蜻蜓和蝴蝶快乐地嬉戏，这样的情景不令人愉快吗？不让人感到生活的美好吗？在春意盎然、一派生机的大自然里，让猫弟弟（年幼儿童）"静静地等着，不能说话，也不能跑开"地钓鱼才真是太煞风景了。

当然，不能说年幼的儿童做事也应该"专心致志"这一教育观念是错误的，可是，在《小猫钓鱼》里，这一教育观念却是凭空抓来的，没有对象的。因为我们的猫弟弟为捉蜻蜓，"专心致志"地抽回钓竿，甚至不顾自己正在钓鱼；为捉那对蝴蝶，"蝴蝶飞到哪里，他追到哪里，越跑越远，他一直跑到山坡那边去啦。"这怎么能说猫弟弟做事“三心二意”呢？猫弟弟只是对钓鱼这件事不能“专心致志”。那么，故事里的“钓鱼”究竟指的是什么呢？猫妈妈教训猫弟弟时说过：“以后要好好钓鱼，不要光爱玩儿。”就是说，“钓鱼”并非是娱乐和游戏，而是学习或工作之类的事情。从作品的倾向来看，作家显然认为“钓鱼”（即学习或工作）比捉蜻蜓和蝴蝶（即游戏）重要得多。在今天，这已经是落后、错误的教育观念了，虽然中国的儿童教育现实依然在奉行这种观念。我说《小猫钓鱼》宣扬的做事（学习或工作）要“专心致志”这一教育观念是凭空抓来的，还因为儿童并非生来就对诸如学习这类事情不能“专心致志”，如果作为教育者的成人不把学习弄得对儿童来说像“钓鱼”一样枯燥无味的话，儿童学习起来也会像小猫捉蜻蜓、蝴蝶那样“专心致志”的。《小猫钓鱼》告诉我们：文学作品的思想，如果不是来自活生生的人的生活，而是来自某个教育观念的话，它非但不能给人以心灵的启悟，反而会将那本来正确的观念弄得令人怀疑。这种创作方法的结果必然是人为地将儿童的合理欲望和天性与教育观念对立起来。这样一对立，便使作家的“教育”走向了反面。当教师在课堂上告诫儿童学习要“专心致志”时，他往往是正确的。但是，作家在“小猫”该去与蜻蜓、蝴蝶嬉戏时，却让他“专心致志”地去“钓鱼”，他就是错的②。

二十世纪五六十年代产生了许多像《小猫钓鱼》这样的教训性作品。这些作品后面隐藏着的是成人自高自大、小瞧儿童、教训儿童的心理。这种心理也波及了语文教材的编写，现行的小学语文教材中，就存在着相当数量的教训性童话。儿童文学（包括语文教材中的儿童文学）总是过分注意、强调或夸大儿童的弱点、缺陷、错误，这对儿童的心理健康不利。因为对儿童所做的心理测量清楚地表明，当一个疲惫的孩子受到赞扬时，他会产生一种明显的新的向上力量；相反，当孩子受不到赞赏或受到批评时，他们现有的能力也会戏剧性地减退。由此可见，儿童需要在早年生活中就体验到成功，感觉到自己的价值。但是，我认为，面对那些简直可以称为“羞耻文学”的儿童文学作品所描绘的形象，儿童读者极易产生自卑感，沮丧，失去自信，从而降低自己的能力，在身心发展过程中出现障碍。

《小猫钓鱼》自二十世纪五十年代初出版以来，长期被奉为幼儿文学的名作，根据这篇作品改编的《小猫钓鱼》，作为小学语文教材，数十年来，被中国每一个入学儿童诵读，堪称读者最多的儿童文学作品之一。正如我在上面分析的那样，对教材《小猫钓鱼》也有重新评价的必要。而这种对教材的重新研究，离开教师对儿童文学观念发展现状以及儿童文学研究领域对有关作品的新评价的了解，是很难有效而深入进行的。

我所说的作品研究先于教材研究，除了指上述在历史的发展中把握作品的价值，并以此作为教材研究的重要依据之外，还有一层意思，就是在将教科书中的课文作为文学教材把握之前，先将其作为文学作品来对待。也就是说，一个语文教师在最初接触课文时，应该遵循欣赏阅读先于分析阅读这一程序。

文学的欣赏阅读既是在一种放松的心理状态进行的，又是排斥功利目的的，因此，它所获得的是真实、自然的审美感性体验，这种原初阅读体验是文学研究、文学教育立足的基石。如果语文教师跨过文学的欣赏阅读，直接进入教材的分析阅读的话，他是难以获得真实、自然的审美体验的，而不具备这种审美体验，想准确地把握、分析、处理教材也是不可能的。

可以说，在语文教学的实际情形中，越过欣赏阅读而直接进入分析阅读是一种十分普遍的操作行为。情况更为严重的是，有的教师甚至连自己的分析阅读都放在后面，首先阅读的是语文教学参考书。这样做，等于一开始就放弃了自由自在地享受文学阅读的乐趣这一机会。

一个语文教师一定要珍视自己通过欣赏阅读所获得的文学阅读的乐趣。在课堂教学中，将自己的这种乐趣与孩子们的阅读乐趣进行交流、互动，是最优化的文学教材阅读教学的教学方法。感动也好，愤怒也好，喜悦也好，忧伤也好，这些在文学的欣赏阅读中获得的情感体验的乐趣，既是教师展开文学教材阅读教学活动的核心依据，也是孩子们进行文学教材学习活动的核心动力。

从小学语文文学教材的教学实际来看，教师对文学教材的研究常常损害文学教材的文学性，造成这种情况的原因之一，就是忽视在文学教材研究之先的文学作品研究。进行文学教材研究之前的文学作品研究，当然需要小学语文教师具有良好的文学感悟能力，比较系统的文学理论尤其是儿童文学理论的修养，不过，是否具有文学作品研究先于文学教材研究的自觉意识也是十分关键的。

三、改写本文学教材的问题

小学语文教科书中的大量文学教材选自儿童文学作品，但是，教材的编写者在将作品收入语文教科书中时，往往对原作进行改写，而在改写的过程中往往发生问题。

我们得承认，将某些文学作品收入语文教科书时，适当地进行少量改写，使其更适宜于语文教材，这是完全必要的。但是，我认为，语文教材中有许多改写是不合适的，特别是对文学作品进行大量的删削，则完全没有必要，因为如果一篇作品不被这样大量的删削，就不能成为特定年龄段学生的语文教材的话，那只能说明，这篇作品压根就不适合做这个年龄段学生的语文教材。

让我们看一看课文的具体内容。《丑小鸭》是小学二年级学习的一篇课文，它由安徒生的著名童话《丑小鸭》删削而成。原作七千字的《丑小鸭》变成课文时，被删削得只剩下四百多字。面对删削本教材《丑小鸭》，我无论如何也不能相信它与童话名著《丑小鸭》竟然存在着血缘关系。

教材《丑小鸭》在改编原作时，不是采取浓缩原作的故事以及故事中所包含的思想、情感的方法（其实，从本质上讲，这种方法也是无法存在的），而是采取了简单砍削的方式。我认真核对、比较了原作与教材，发现教材只是抽取故事主干中的一些片段，然后稍加语言的变动，就凑成了课文。

一只只小鸭子都从蛋壳里钻出来了，最后剩下一个特别大的蛋。过了好几天，这个蛋才慢慢裂开，钻出一只又大又丑的鸭子。他的毛灰灰的，嘴巴大大的，身子瘦瘦的，大家都叫他“丑小鸭”。

这是教材《丑小鸭》的第二自然段，大约占了全篇课文的五分之一。这一自然段交代的内容取自原作开头的大约一千三百多字的描写，它主要舍弃了原作的以下内容：①对乡下美丽风光和农舍环境的描写；②鸭妈妈孵化小鸭的辛劳；③小鸭出生后对广大世界的惊叹；④一只老母鸭劝鸭妈妈放弃剩下的那只没有孵出小鸭的大蛋，说那是火鸡蛋，孵出来也学不会游泳；⑤鸭妈妈没有听老母鸭的话，继续孵蛋；⑥鸭妈妈让丑小鸭下水游泳，证实了“他是我自己的孩子”。

我对教材所舍弃的原作的内容的归纳，其实也舍弃了原作的许多生动的内容，比如，生动的描写语言、幽默风趣的对话以及活灵活现的“人物”性格。不过，仅从我所做的这种归纳，已经可以看出，删削后的教材是把一棵枝叶婆娑、摇曳多姿的大树，变成了劣等动物园里的供鸟类站立的秃枝。

丹麦的大批评家勃兰兑斯在他那篇有名的评论《童话作家安徒生》中这样说道："安徒生不是直接的心理学家。与其说他是特别的人类通，不如说他是生物学家。他的喜好在于通过动物和植物来描写人类，从而看到人性是从自然的根底进化而来的。所有的艺术都包含着对'人是什么'这一问题的回答。你可以去问一问安徒生：你是怎么给人下定义的？他恐怕会这样来回答吧——'人就是在自然的养鸭场里孵化出来的白天鹅'。"③

不管安徒生是否会这样回答，起码勃兰兑斯本人是将安徒生的《丑小鸭》解读成一个关于人的定义的文本。是的，我也在童话《丑小鸭》中不仅看到了安徒生自己的心灵轨迹，而且还深切感受到了人对生活的信念，对美丽梦想的执着，人在一生中普遍会经历的艰难的成长历程。而这一切具有震撼力的文学感动，在删削后的教材《丑小鸭》中却已经荡然无存。

教材《丑小鸭》的编写者是出于什么考虑，对童话《丑小鸭》做出如此大刀阔斧的删削，以至于将原作弄得面目全非呢？我相信，编写者肯定是因为推崇童话《丑小鸭》才将其改写成语文教材的。从改写的方法和最终效果来看，编写者在文学观、儿童审美观、儿童文学鉴赏力这三个方面似乎都存在问题。

首先从文学观来看，教材编写者没有将文学作品视为一个生气灌注的有机生命整体。一篇优秀的文学作品有它完整的结构、畅通的血脉、敏感的神经，而这些都整合为一体，是不能像庖丁解牛那样把它肢解成零碎的部分的。格式塔心理学有"整体大于部分之和"的观点，依据这一观点，就如被庖丁肢解后的牛的各部分全都堆在那里却并不是一头牛一样，抽取一篇文学作品的某些部分堆砌在一起的改写，也已经不是原来的作品了。而像教材《丑小鸭》这样，从原作这棵枝叶繁茂的大树上，只是剪下一点枝叶然后照原作搭成树的模样，更是与原作相差十万八千里。

其次从儿童审美观来看，编写者对儿童的审美能力缺乏真正的了解和正确的认识。如果说，感动是文学审美的基本特征的话，那么，“最能感动”的儿童，也就是最能审美的儿童。其实，从读者接受这个角度看去，包括安徒生的《丑小鸭》在内的作品之所以能成为儿童文学名著，就是因为它们得到了一代又一代的儿童读者的支持。美的存在需要有发现美的眼睛。如果儿童身上没有纯粹的审美能力，没有儿童的喜欢和阅读，像《丑小鸭》这样的作品是不会获得一代又一代的艺术生命力而流传至今的。

那么,童话《丑小鸭》适合哪个年龄段的儿童阅读呢？我认为，如果作为与学习无关的文学欣赏阅读，它适合小学中、高年级以上的儿童阅读；如果作为学校语文教学环节的文学教材阅读，它恐怕适合初中的儿童阅读。我认为，适合小学二年级学生学习的优秀童话有很多很多，无论如何没有必要性急地通过改写，将面目全非的“丑小鸭”推到小学二年级儿童的面前。

小学低年级儿童与小学中、高年级的儿童乃至初中儿童的审美能力各有各的特点，他们对文学的需求也各不相同，所以在儿童文学中，才又自然形成了幼年文学、童年文学和少年文学。这三个年龄段的文学，彼此间没有谁优谁劣之分。就像儿童不是缩小的成人一样，幼年文学也不是缩小的童年文学。而教材《丑小鸭》的编写者显然是认为，幼年文学可以是童年文学的简单化。持有这样的儿童审美观，就很容易把适合高年龄段儿童阅读的文学做一番偷工减料之后，缺斤少两地交给低年龄段的儿童。

再次，教材《丑小鸭》的编写者似乎在儿童文学的鉴赏力方面也存在问题。我们都不必将教材与原作进行艺术优劣的全面比较，只需看一看教材的故事结构，就能知道它存在着多么大的失误。

教材《丑小鸭》讲的故事大概由这样几个部分构成：①一只小鸭从生下来就因为长得丑而被人称为“丑小鸭”；②丑小鸭受尽欺辱后被迫离家出走；③出走后经历艰辛，羡慕地看见了白天鹅；④最后意外地发现自己变成了美丽的白天鹅。

在我所看到的教科书中，《丑小鸭》这篇课文被配以四幅图画，有一种小学语文学习辅导用书在进行导读时，提醒人们：在观察第二幅图时，除了注意画的是什么地方外，要按照从动物到人的顺序观察，要抓住特点。重点观察三只小鸭子是怎样对待丑小鸭的，公鸡怎么样，养鸭的小姑娘穿着打扮、面部表情、动作都是怎样的，从哪些地方看得出她讨厌丑小鸭。导读者对这幅画的重视是有道理的。我想小学生读过这篇课文后，这幅画以及这部分故事内容确实会给他们留下非常深刻的印象。因此，当后来丑小鸭变成白天鹅以后，他的生活是否会发生转变，就会成为一直同情丑小鸭先前的不幸的小学生读者十分关心的重要事情。但是，教材《丑小鸭》恰恰砍去了原作中丑小鸭变成白天鹅后命运完全转变的着力描写，而只写到丑小鸭发现自己原来是一只白天鹅就突兀而止。

我们知道，故事文体中的事件往往具体而完整，很多完整的故事都大致呈现启、承、转、合的结构，其实，给年幼儿童写的童话故事也有这样的特征，非如此则不能满足他们阅读后的心理要求。丑小鸭受了那么多欺辱，经历了那么多的痛苦和艰辛，一旦长成美丽的白天鹅，他会改变命运，获得幸福吗？这个问题不做交代，教材《丑小鸭》的故事就不可能是完整的。

也许有人会说，丑小鸭的命运的结局可以让学生自己去想象嘛（语文教材后面的练习在提出问题时，连这一考虑都没有），这样讲，恐怕是误识了小学二年级孩子的阅读心理。小学二年级的孩子在阅读故事时，只将文字所描写出来的生活内容当作可以相信的事实来接受，而故事没有讲到的事情，他们即使想到，也是不敢相信会是事实的。让小学二年级的孩子以理性逻辑来对待文学的虚构性，是极为困难的。另外，使儿童阅读后获得完全的满足感，这不仅对于儿童文学的阅读而且对于小学语文文学教材的阅读也是十分重要的，儿童的读书乐趣从这种满足感中获得，儿童的读书兴趣也是从这种满足感中得到培养。对小学二年级的孩子来说，给他们没有完整结局、完美结局的故事是很不明智的。如果我们审视给这个年龄段的孩子的那些优秀的儿童文学作品，肯定会发现，它们都有完整的结局，甚至几乎都有一个大团圆的结局。为了满足这个年龄段的小学生的阅读需求，激发他们学习语文的能动性，培养他们读书的兴趣,语文文学教材当然也应该奉行幼年文学的上述艺术标准。

从《丑小鸭》的教材改写中，我们应该吸取教训。教材的编写者应该对文学名著怀着宗教般的虔敬，不要轻易出手。因为改编者的文学才华往往只能望文学大师的项背。当然也有改写文学名著而获得成功的先例，比如英国的查尔斯·兰姆与姐姐玛丽改写莎士比亚戏剧的《莎士比亚戏剧故事集》。但是，这项工作之所以取得成功有两个重要原因：第一，作为主要改写者的查尔斯·兰姆本人就是杰出的作家，他的两集《伊利亚随笔》一直被公认为英国随笔散文的典范；第二，查尔斯·兰姆不是将莎士比亚的剧本也改写成剧本，而是改写成了故事。

我在前面论述作品研究要先于教材研究时曾介绍小学语文教材《小猫钓鱼》改写自儿童文学作家金近的作品《小猫钓鱼》。教材《小猫钓鱼》对原作做了一些改动，但是主要的还是进行删削，原作两千五百来字,删削后的教材大约二百五十多字,是原作的十分之一。

作品也好，教材也好，《小猫钓鱼》中做事情要专心致志的教育观念是凭空抓来的，为什么？因为原作不经意的描写让人们感到，小猫做事情本来是专心致志的。对小猫也在专心致志做事情这一点，我们在改写本教材中已经感觉不到了，就是说，经过改写的教材更加掩盖了儿童的生活和心理状态的真实的一面。如果说，原作《小猫钓鱼》在对儿童心理的发现和对儿童教育观念的认识上，已经出现了失误的话，那么，经改写的教材《小猫钓鱼》则是错上加错了。

方惠珍、盛璐德创作于二十世纪五十年代的幼儿童话《小蝌蚪找妈妈》堪称是中国幼儿童话的名作。这篇作品也被改写成同名教材，收入小学二年级的语文教科书中。讨论改写本文学教材的问题，教材《小蝌蚪找妈妈》应该是一个十分典型的样本。

原作《小蝌蚪找妈妈》大约一千五百字，教材《小蝌蚪找妈妈》大约四百字。与教材《丑小鸭》对原作只是大量删削不同，教材《小蝌蚪找妈妈》除了删去原作的一些内容，还对故事进行了许多改动。以下我们逐一加以比较：

1. 教材删去原作的故事展开的一些过程，使故事减少了生动性和趣味性

在原作中，小蝌蚪们由鸭妈妈带着小鸭子游水，想到自己的妈妈，当他们从鸭妈妈那里知道自己的妈妈有两只大眼睛和阔嘴巴后就去找妈妈。他们遇到大眼睛、阔嘴巴的大鱼就喊“妈妈”，可是大鱼告诉他们说，他们的妈妈有四条腿；于是遇到四条腿的乌龟后，小蝌蚪们又追上去喊“妈妈”，结果乌龟又告诉他们，他们的妈妈肚皮是白的；小蝌蚪们这次又把白肚皮的大鹅错认作妈妈，大白鹅告诉他们，他们的妈妈穿着绿衣服，唱起歌来“呱呱呱”的，这一次小蝌蚪们终于找到了自己的妈妈。由上面的简单归纳可以知道，原作里的故事有五处发展、变化，但是，在改写的教材里变成了三处，原作是经过四次寻找才找到妈妈，但是在教材里变成了两次，这样的删减，明显地使故事失去了生动性，因为故事没有了波澜起伏的变化。教材对小蝌蚪找妈妈的过程的简化，使孩子们原本十分感兴趣的找妈妈这个故事减少了趣味性，教材的“找妈妈”故事已经使“小蝌蚪找妈妈”这一课文题目里的“找”变得有些名不副实。

2. 教材失去了原作所具有的对儿童进行认知教育的价值

原作对青蛙的特征按四次寻找过程逐一进行了交代：大眼睛、阔嘴巴——四条腿——白肚皮——绿衣服、唱起歌来“呱呱呱”。由于妈妈们的交代都是限于青蛙的某一局部特征，而小蝌蚪（即年幼儿童）对事物的认知往往缺乏归纳的能力，所以，才有了这个一次次认错妈妈的有趣故事。儿童读者正是通过与小蝌蚪一起经历一次次找妈妈的“失败”经验，才领悟到全面认识事物的方法。（有一本著名的图画故事书叫《我们的妈妈在哪里？》，写与妈妈走失的两个孩子跟警察一起去找妈妈。孩子们每次都只将妈妈的一个特征告诉警察：“她是世界上最美丽的女人”，“她很强壮”，“她会读很多书”，“她的声音很好听”，“她会煮最好吃的菜”，“她很勇敢”，“她很聪明”。结果警察带他们找到的都是只具有某一个特征的女人。最后，孩子们说妈妈很聪明时，警察带他们来到教室找女教师。女教师讲话学生们不喜欢听，于是孩子们说“不是！大家都喜欢听妈妈讲话”，说着说着，他们一下子想起了妈妈说的让他俩留在车站等她的话，于是，警察带着孩子们奔回车站，果然找到了妈妈。这个故事里，妈妈的完整形象也是由幼小的孩子零零散散、一点一点勾勒出来的。《小蝌蚪找妈妈》与《我们的妈妈在哪里？》有异曲同工之妙。)

但是,教材对青蛙的特征只按两次寻找过程进行交代:四条腿、宽嘴巴——大眼睛、绿衣裳。小蝌蚪只有一次错认妈妈的经历,就一下子找到了妈妈。在这样的故事里,已经使人看不到小蝌蚪(即年幼儿童)的认知特点,因而也就不具备原作所具有的对儿童进行形象的认知教育的功能。

3. 改写过程中原作的文学性的流失

在一些儿童文学研究者那里,《小蝌蚪找妈妈》被归类为"知识童话"。《小蝌蚪找妈妈》的确包含着一些知识,不过,在我眼里,它首先是文学性很高的一个故事。遗憾的是童话《小蝌蚪找妈妈》的文学性在教材编写者的改写过程中大量地流失了。

儿童的成长是伴随着心理不安的,他们总是想确认自己的存在,以获得一种安心感。在儿童的生活和成长中,妈妈是最重要的存在之一,所以才会有一首歌唱道:"世上只有妈妈好,没妈的孩子像根草。"寻求母爱,是儿童生活中,特别是幼年生活中的一个重要的心理原型,也是儿童文学的一大母体。许多世界儿童文学名著就是以儿童的这一心理原型为出发点而创作出来的,比如《苦儿流浪记》《孤女寻亲记》等。

《小蝌蚪找妈妈》虽然篇幅小,但是故事表现的却是一个大主题。原作的故事始终充满着温暖的母爱。故事采用反复这一幼儿文学常用的吸引小读者的手法,在每次反复中,鱼妈妈、乌龟妈妈、鹅妈妈都在说自己是谁的妈妈。在这样的反复里,母子亲情得到了强化。而当小蝌蚪们历经曲折,终于找到青蛙,并确认青蛙真的是自己的妈妈时,我相信每个小读者都会为小蝌蚪们高兴。这是一个给人带来情感愉悦和愿望实现后的满足感的故事。

改写的教材由于对原作中寻找妈妈的过程和内容做了删节和简化，已经在相当程度上减弱了原作的情感感染力，而教材对一个重要情节的改动，更是弄巧成拙。

在原作里，小蝌蚪找妈妈这件事应该发生在一天内的一段时间里，因此小蝌蚪自始至终都是小蝌蚪，但是在教材里，小蝌蚪找妈妈却找了好多天，他们“过了几天，长出了两条后腿”，“过了几天，长出了前腿”，“过了几天，尾巴变短了”，等他们找到妈妈时，如妈妈所说，“已经长成青蛙了”。在这样的故事里，小蝌蚪对母爱的等待实在太漫长了，长成青蛙才找到妈妈，是否可以说，小蝌蚪们的“童年”的母爱已经一去不返了呢?

由于教材的上述改动，原作下面的内容自然就被删掉了。在原作的故事里，小蝌蚪见到了青蛙反倒不敢相认了，当青蛙告诉小蝌蚪“傻孩子，我就是你们的妈妈呀”（一个“傻”字蕴含着妈妈对自己天真的孩子的多少疼爱！）以后——

小蝌蚪听了，一齐摇摇尾巴说：“奇怪！奇怪！我们的样子为什么跟您不一样呢？”

青蛙妈妈笑着说：“你们还小呢。过几天你们会长出两条后腿来；再过几天，你们又会长出两条前腿来。四条腿长齐了，脱掉了尾巴，换上了绿衣服，就跟妈妈一样了，就可以跟妈妈跳到岸上去捉虫吃了。”

小蝌蚪听了，高兴得在水里翻起跟头来：“啊！我们找到妈妈了！我们找到妈妈了！好妈妈，好妈妈，您快到我们这儿来吧！您快到我们这儿来吧！”

青蛙妈妈扑通一声跳进水里，和她的孩子小蝌蚪一块儿游玩去了。

教材里所没有的小蝌蚪找到妈妈的喜悦，在作品里是把母爱、亲情加深加浓了。不仅如此，上述小蝌蚪与青蛙的对话还包含和涉及了对儿童而言十分重要而有价值的一个人生问题。小蝌蚪与青蛙的对话会令许多父母想起自己孩子曾经提出的问题："妈妈，我的身体怎么跟你的不一样啊？""爸爸，我的身体怎么跟你的不一样啊？"在孩子这样的问话背后，是年幼儿童想确认自己是与妈妈（或爸爸）一样的存在的心理和对自己将来的关心。这个问题对儿童而言十分重大，父母应该如何回答，我想青蛙妈妈已经教给了我们。原作《小蝌蚪找妈妈》的这一段对话可以说是故事的点睛之笔，它所蕴含的绝不仅仅是知识，如前面所言，它更是与年幼儿童进行的关于人生和成长问题的对话。我认为，教材在这一情节改动上的重大失误，原因在于改写者对知识教育的过度重视和与文学教育的过度隔膜。因为过度重视知识的灌输，就会觉得只是像青蛙那样告诉学生小蝌蚪怎样长大还不够，应该实际写出小蝌蚪怎样长大；因为过度重视知识的灌输，就又觉得光写出怎样长大还不解渴，还应该告诉学生小蝌蚪长成青蛙会"天天去捉害虫"。在教材《小蝌蚪找妈妈》里，知识是先于情感的，也就是说，在教材编写者那里，知识教育是先于文学教育的。被知识至上主义蒙住了文学审美的眼睛，这种现象不仅仅存在于教材《小蝌蚪找妈妈》之中，而且是现行小学语文教材普遍存在的问题。

从我们对原作《丑小鸭》《小蝌蚪找妈妈》与教材《丑小鸭》《小蝌蚪找妈妈》所做的对比分析中，已经可以看到删节和改写是很容易把美丽的白天鹅变成真正的"丑小鸭"的。这样的改写之作，很容易败坏孩子们阅读文学作品的胃口，使他们失去学习语文的兴趣。所以，语文教育界有必要认真面对语文教材编写中的"改写"

工作，花一番功夫，对改写教材进行仔细的分析、研究，针对问题，重新诠释“改写”的准则和方法。

从事“改写”教材的工作，我认为至少有以下三点是必须同时遵守的原则：

第一，当不改则不改。比如对童话《小蝌蚪找妈妈》的故事展开过程就不应改写；对故事《蓝树叶》(苏联奥谢耶娃作，有根据这个故事改写的语文教材《蓝树叶》)既不用将人名改为中国人的名字，也不用改动故事内容。对如果不进行整体的大规模的改写、删削就不能做语文教材的作品，应该放弃改写，另觅合适的佳作。

第二，改写者必须是业内高手。比如童话的改写者就应该是优秀的儿童文学作家(在国外，比如日本，小学语文教材的编写者和审定者就会有一些优秀的儿童文学作家和研究者)。

第三，态度必须负责而谨慎。改写者不能因为面对的是年幼的儿童，就以为可以草率从事，其实受教育者越是年幼，越需要教材编写者具有才华和倾尽才力。

---

①蒋　风：《中国当代儿童文学史》，58 页，石家庄，河北少年儿童出版社，1991 年版；又见陈子君主编：《中国当代儿童文学史》，107 页，济南，明天出版社，1991 年版。

②关于《小猫钓鱼》一类童话的评论，可参见拙著《中国儿童文学与现代化进程》，浙江少年儿童出版社，2000 年版。

③[丹麦]勃兰兑斯：《童话作家安徒生》，见《日本儿童文学》1974 年 9 月号。

小学语文文学教材的阅读教学

一、文体意识在文学教材阅读教学中的作用

对于小学语文教师来说，文体意识主要包括两个层次的含义：一个层次是对小学语文教科书中的儿歌、童话等教材应该具有儿童文学这一文体意识；另一个层次是在儿童文学的内部，还要进一步建立文学体裁意识。

语言不能脱离文体而存在，文学语言尤其如此。因此，语文教师应该对文体具有特殊的敏感，他对文学语言的感受、理解和把握，不该是孤立地看待一个又一个词语，而应该是把词语置于一个特定的文体系统之中去考量，使一个个词语因相互联系起来而变得生动、活泼。

既然文学语言依赖文学文体而存在，那么，不同文学文体的语言之间就必然存在着一些风格上的区别。可以说，掌握一定的文学文体的知识，有助于语文教师认识特定文学文体的语言风格。

儿歌与儿童诗作为韵语文学，两者的语言当然具有一些共同的特点，比如，与非韵语文学相比，它们的语言都具有简洁凝练、讲究韵律的性质，一首儿歌或儿童诗中的“蓝天”一词与一篇散文或小说中的“蓝天”一词是具有不同的意义和功能的。不过，在儿歌与儿童诗这两者之间，语言的运用也有不尽相同的规律，语言也呈现出不同的特色。

小小白花天上栽，
一夜北风花盛开。
千变万化六个瓣，
飘呀飘呀落下来。

这是小学语文教材中的一首儿歌（谜语歌），其语言的最大特点在于它的音乐性，即鲜明的节奏和悦耳的韵律。因此，教师在指导学生阅读时，要把儿歌中语言的音乐性突出出来，也就是说，要让学生感受到儿歌的语言的节奏和韵律，并把它们“吟唱”出来。

春天对冰雪说了什么，
冰雪那么听话，都化了。

春天对小草说了什么，
小草那么听话，都绿了。

春天对花儿说了什么，
花儿那么听话，都开了。

这是小学语文教材中的一首儿童诗，题为“春天”。这首诗的语言与散文（广义）作品的语言相比,具有明显的节奏感和韵律感，但是，与前面那首儿歌相比，在节奏和韵律方面则相差很多。它的语言的最大特色在于抒情性。诗歌通过排比手法的运用，反复加强语气，从而达到抒发春天来临时的惊喜、欢悦的心情的效果。针对这首诗的这一语言特色，语文教师在阅读教学中，就应该十分重视朗诵这一教学环节，加强对学生的朗诵指导，引导学生如何体味诗句中的情境，使学生学会有声语言的情感表达。可以说，朗诵这一教学环节解决好了，这首诗的阅读教学就完成了大半。

我们已经知道寓言这一文体的最显著的艺术特征是它的教训性。我认为，小学语文教师在进行寓言这一文体的阅读教学时，应该注意两个问题：一是要尽量淡化或消解寓言中的教训意味，二是不强迫要求学生对寓言故事中抽象的教训主题进行理性的分析和归纳。

故事文体与小说文体的重要区别之一是故事以事件为重心，而小说以人物为重心。故事与小说的这一区别提示语文教师，在讲解故事时应该对事件给以足够的重视；而讲解小说时，虽然也关注事件，但是，对与事件相关的人物要给以更密切的关注。

故事文体与小说文体的另一个重要区别是“事件”与“情节”的区别：在故事文体中的事件只具有内容的性质；而小说中的情节则不仅是内容，而且也是一种形式。故事文体与小说文体还有一个区别是小说的人物性格要比故事的人物性格复杂。语文教师怎样针对这两个重要区别，对故事文体和小说文体采取不同的教学方式呢？我个人在这里提供一个参考性意见，这就是故事教学要重视“讲述”，小说教学要重视“阅读”。所谓“讲述”就是指把“故事”讲出来。所谓“阅读”就是指把情节的意味和人物的性格读出来。是否可以这样说，在故事教学中，语文教师主要是故事讲述中的组织者，可以“消极”一些；而在小说教学中，语文教师则是解读情节、人物的引导者和启发者，可以积极一些。

我认为，文体意识在语文教学中不是可有可无的，它的意义和作用贯穿于语文教学的诸多环节之中。一个优秀的语文教师应该是与教科书相关的文体方面的行家里手。

二、强化感受、加深体验

我感到，在目前的小学语文文学教材的阅读教学中比较普遍地存在着一个与文学教育背道而驰的倾向，那就是过于重视理性分析。让我们看一看具体的事例：

我在前面曾介绍过儿童诗《春天》，这首诗被收入小学语文教科书的第二册。在课文后面，教材编者向孩子们提出了这样的问题："想想看，春天在跟谁说话，说了什么。"那么教师是如何在教学中带领孩子们解决这个问题的呢？我找到了北京师范大学出版社出版的《小学语文教案》，据"编写说明"的介绍，本书由北京市海淀区部分"著名小学语文教师"编写。我们看《春天》教案中的一段——

（四）逐句学习课文。

刚才同学们说得很好，春天来了，春姑娘穿着彩色的衣裙在和小河、小草和花儿说话，那么你想知道他们说了些什么吗？我们就来逐句学习课文。

1. 学习课文第 1 句。

（1）小声读第 1 句话。

思考：

①这句话主要告诉我们什么？

②冰雪为什么融化？

③春天会对冰雪说些什么呢？

请同学们带着这三个思考题，反复小声读课文，边读边认真观察插图中小河的变化。

（2）在同学们认真读课文，看插图，思考问题的基础上谈自己的理解。

①回答第 1 个问题时，只要大概意思对就可以了。春天来了，冰雪化了。

②认真看图，你看到小河什么变化呢？小河的冰渐渐化了，化成水在缓缓地流动。要让学生理解到，春天到了，天气暖了，所以冰雪融化了，而不是真的有什么春姑娘在对冰雪说话，这是拟人的写法。

③让学生想象春天对冰雪说了什么。

借此机会发挥学生的想象能力，同时培养学生的表达能力。

（春天到了，漂亮的春姑娘，面带微笑，对冰雪说，天气暖和了，冰雪你该融化了，那么小鱼可以自由地探出头来吹水泡泡，白鹅和鸭子也可以到小溪自在地游来游去。冰雪真的听了春姑娘的话，都化了）。

同学们，春天到了，是真的有春姑娘说话吗？

（这里以童话的形式来写的，把它们都当作人来写，使我们读起来感到活泼有趣。）

你怎样理解“那么听话”的呢？你能换个说法吗？

（“冰雪非常听话”，“冰雪很听话”，“冰雪真听话”。）

请同学们说一说，冰雪都化了的原因是什么呀？（是春天到了，天气暖和了，所以冰雪都化了。）[①]

与课文后面的提问相比，教案的设计显然更重视理性分析。“冰雪为什么会融化？”如果我们感受和体验诗歌本身所提供的意境，当然应该这样回答：“因为冰雪听从了春天说的话。”但是，教案编写者却“要让学生理解到，春天到了，天气暖了，所以冰雪融化了，而不是真的有什么春姑娘在对冰雪说话，这是拟人的写法”。

我曾经在论述改写教材《小蝌蚪找妈妈》时指出，其失误的原因在于改写者过度重视知识的灌输。现在，在《春天》教案这里，我们又一次看到，教师是怎样被知识至上主义蒙住了文学审美的眼睛。教案编写者在回答“冰雪为什么会融化”这一问题时，运用的是科学理性的思维，而否定了文学的想象和情感的逻辑。我们用语感体味一下“而不是真的有什么春姑娘在对冰雪说话”里的“什么春姑娘”，是可以感受到编写者对文学的想象世界的下意识态度的。

与教材编写者一样，教案编写者也向学生提出了“春天会对冰雪说些什么呢”这一问题。我认为，这个问题本来就不该提出来，理由倒不只是因为回答春天对冰雪说了什么这个问题，即使是对孩子们来说，也是非常简单的，而更是因为这个问题在一定程度上偏离了文学阅读的轨道。《春天》一诗表现的是大自然的生灵在春天来临的时候，因渴望生命的苏醒和发展而出现的和谐且融合的生存形态，诗歌无意于对读者揭示春天说了“什么”，而用意在让读者感受大自然的生灵对春天发出的召唤的应和。诗歌的意境往往是只可意会，不可言传，不该言传的，硬要直白地去说明，比如像教案那样道出“天气暖和了，冰雪你该融化了”，就像有些被观众知道底细的魔术，已经失去了魅力。教案的回答已经把诗变成了《十万个为什么》上的知识。

教案对《春天》一诗的艺术性的根本性破坏在于这样两个发问——“同学们，春天到了，是真的有春姑娘说话吗？”“请同学们说一说，冰雪都化了的原因是什么呀？”对第一个问题，教师显然是要求孩子们回答“没有什么春姑娘”，而第二个问题的答案，教案更是规定好了——“是春天到了，天气暖和了，所以冰雪都化了”。这两个问题的提出和框定的回答，从根本上否定了《春天》一诗的艺术构思的方法。

于是，本来应该是欣赏一首优美、动人的诗歌的文学教育课，变成了传授知识的自然课，可是就是教师的那一点点自然知识的传授，对孩子们来说，也是类似雨过送伞的行为，因为那点知识孩子们早已无师自通了。

也许有人会说，难道教案编写者不应该告诉学生这首诗运用了“童话的形式”和“拟人的写法”吗？但是，问题是，教师虽然告诉学生这首诗采用了“童话的形式”和“拟人的写法”，但是却没有引导学生走进并欣赏、体味“童话的形式”和“拟人的写法”所营造出的艺术境界。“不是真的有什么春姑娘在对冰雪说话”，“是春天到了，天气暖和了，所以冰雪都化了”，对学生讲这样的话，就像你给孩子讲完一个童话故事比如《小红帽》之后，马上告诉孩子，狼根本不能讲话，而且它要吃小红帽也用不着绕道跑到外婆家装成外婆，直接吃掉就行一样。

而且我也怀疑像教案编写者这样性急地向小学一年级的孩子传授“童话的形式”和“拟人的写法”这些文体、修辞方面的知识的做法是否合适。我认为小学一年级孩子没有必要也无法形成对文体和修辞的内省意识，对他们来说，没有童话文体和拟人修辞方面的知识，不但不会影响他们欣赏、理解文学，反而会使他们走进文学的深层。小学一年级孩子的心理上还有泛生律的作用，所以他们在回答“太阳为什么落山”时，才会说出“因为太阳要休息”的话。正是由于有这样的心理，儿童才保持着与大自然的亲近和交感，而语文教师在讲授《春天》这类表现大自然的文学作品时，应该引导和激发儿童融入自然的能力，以使教学达到最佳的效果。像《春天》教案这样向孩子传授知识的做法，只能令他们在审美时出现心理上的混乱。

《春天》教案对文学教材的处理和讲授的方式是理性分析的方

式。事实证明，过于重视并拘泥于理性分析，是违反文学教材的内部艺术规律的。我认为，在小学语文文学教材的阅读教学中，应该淡化教师对教材的理性分析，强化学生对教材的文学性的感受，加深学生对教材艺术地表现出来的生活的体验。我这样说，有两个根本性的依据：

第一，强化感受、加深体验这一阅读教学方法切合文学的法则。

我在前面说过，虽然文学艺术也包含一定的理性因素，但是，它在本质上是感性的，文学的认识论与理性哲学的“我思故我在”（笛卡尔）的认识论是根本对立的，文学认识论的法则是“我感受，因此我存在”。可以说，文学作品与理性分析是存在深刻矛盾的。意大利美学家克罗齐认为，艺术创作是一种纯感性的直觉的表现，它先于概念而不依存于概念，而批评乃是一种理性的概念活动，它是跟艺术截然对立的。克罗齐根本否认文艺批评的必要性，他甚至讥讽地说：“诗人死在批评家里面。”

对文学作品的解读当然要有意识和理智的参与，但是，对文学教材进行阅读教学时，不是以感受和体验为基础，而是只满足于观念、理性的判定，是不可能抓住文学教材的艺术脉搏的。

我所说的“我感受，故我存在”这一文学的认识论，也是文学教材的阅读教学应该遵循的原则。我想别林斯基下面的话是值得小学语文教师在从事阅读教学时记取的：“你可以不必担心儿童领悟不了多少，你还应当竭力使孩子们尽量少领悟一些，但要多感受一些。让他们的耳朵习惯于俄罗斯语言的和谐音响，让他们的心灵充满美感；让诗歌像音乐一样不经过头脑，而径直通过他们的心灵来打动他们，因为头脑的启迪会自有其时，也自有其序。”②

第二，强化感受、加深体验这一阅读教学方法切合儿童的缪斯心性。

儿童具有缪斯心性：儿童的形象思维是一种文学性思维，儿童的语言是充满文学性的语言，最能感动的儿童也是最能审美的，儿童具有丰富的想象力和广博的同情心。儿童的这种缪斯心性，决定了他们解读文学教材时，心理、思维活动不是理性的和分析性的，而必然是感受性的和体验性的。

儿童教育（当然包括语文教育）在本质上不是单方面地从外部进行的灌输，而是对儿童心理结构中先天具有的灵性和潜能的激活。对准儿童的灵性和潜能去激活，就能最大程度地调动儿童这一学习主体的积极性和能动性，从而收到学习的最佳效果。我想，强化感受、加深体验的阅读教学方法正是这样一种激活儿童的灵性和潜力的方法。

三、不强加唯一的结论：开放式的阅读教学

我认为语文教师和学生都应该清醒地认识各种教学参考书和学习参考书的作用和价值，不能把它当成自己教学工作中和学习中的金科玉律。顾名思义，参考书只具有参考的价值，它所提供的只应该是各种解读方式和观点中的一种。事实上，参考书中的观点并不总是真知灼见，有时，它甚至会对人造成误导。

有一种学习参考书在分析契诃夫的《凡卡》时说："这是一篇短篇小说，通过写在鞋铺当学徒的凡卡的苦难遭遇，反映了沙俄时代穷苦儿童的悲惨命运，揭露了当时社会的黑暗，表达了对劳动人民的深切同情。"[③]相信每个使用过教学或学习参考书的人，对上述归纳作品内容的方式和语言都似曾相识。其实就在上述参考书中，编写者就对安徒生的《卖火柴的小女孩》进行了这样的归纳："这个童话深刻批判了贫富不均的资本主义社会，表达了对穷苦孩子的

同情。”[④]类似这种归纳方式和语言运用，采用的都是理性、观念式的思维。

我认为，在文学教材的解读和教学中，应该尽量淡化对教材的理性分析，而强化感受、加深体验，因为理性的、观念的分析和判定，往往将多义的文学文本框范成单一意义的“说明文”，这不符合“有一千个读者，就有一千个哈姆雷特”这一读者接受规律。

我们应该意识到理性思维与艺术感觉是存在根本差别的。英国美学家罗宾·乔治·科林伍德对思维与感觉的差别的分析，对我们认识理性思维与艺术感觉的不同有直接的启发性。

“首先，思维具有所谓两极性，相比之下，感觉具有一种特殊的单纯性。我们不论在什么时候思维，都或多或少意识到一种想得对与想得错的区别、思维工作成功与不成功的区别、正确与错误的区别、好与坏的区别、真与假的区别等等，就是这种两极性的特殊实例。很明显，只有在人的思维经验中，才会产生上述的每一种两极性区分。这不仅仅是因为它们之间彼此差异，基至也不仅仅是因为它们之间相互对立。感觉本身也可能出现各种差别甚至对立，比如，红与蓝之间的差别，冷与热之间或苦与乐之间的对立。我说思维具有两极性，根据的是与此不同的另一种差别和对立。在思维场合可以称为‘错想’或‘想错’的东西，在感觉的场合就没有和它们相对应的东西。表达这种‘想错’的最一般的名称就是‘失败’，失败和它的对立面‘成功’意味着失败或成功的活动不仅仅是‘做某事’，而且是‘试图做某事’，这里‘试图’一词并不涉及被称为‘意向’的那种东西，而是涉及这样一种心理活动，它给自己提出一个确定的任务，并且判断自已是成功了还是失败了，因而把判断所参照的标准或规范加在自己身上。

“其次，思维具有所谓公共性，相比之下，感觉具有一种特殊的私人性。大街上的一百个人都可能感到寒冷，但每个人的感觉是属于他本人的私事。然而，如果他们全都想到温度表上的度数是华氏二十二度，那么，他们就都在考虑同一个思想，这一思想对于他们大家是公共的。思考它的活动可以是也可以不是一种完全私人的活动，但是一种思想，就我们想到的意义而言，并不是思考它的活动。而且一种感觉，就我们感觉到的意义而言，也不是感觉它的活动。在前一段我曾经指出了感觉活动和思维活动之间的差别，这里我又将指出我们感觉到的东西和我们思考到的东西之间的差别。我们一百个人所感觉到的寒冷并不是冰点之下十度的物理事实，甚至也不是出于那一物理事实的某种东西，因为如果其中有一个人最近一直生活在一种更冷的气候里，来到这种物理条件下他就不会感到寒冷。寒冷感觉只是他们中间的一种感觉，或者更正确地说，存在着一百种不同的感觉，每种感觉对于感觉到寒冷的那个人都是私人性的，虽然每一种感觉都以某种方式和其余所有人的感觉相似。但是关于冰点之下十度的‘事实’或‘命题’或‘思想’，却没有一百种不同的‘事实’‘命题’或‘思想’,一百个不同的人所‘领会’‘同意’或‘思维’的只是同一个‘事实’‘命题’或‘思想’。此外，这里关于不同人之间在各自的感觉和思维方面的关系的说明，对于同一个人一生中在不同场合的感觉和思维方面的关系也是同样正确的。

“第三，把这两种差别结合起来考虑，得出的结果可以这样叙述：思想之间能够互相证实或者彼此矛盾，但感觉则不能。如果我身旁有一个人思考气温在冰点之下十度，我们在思考这件事时将说表示同意；而同意一事虽然并不能证明我的想法是正确的，却使这种想法的正确性变得更加可能了。如果我认为气温在冰点之下十度，而另外某人认为不是，我们就彼此矛盾了，而且我们之中必定有一个人是错了。但是，如果我感到寒冷，我的这种感觉一点也不能从某个其他人是感觉冷还是感觉热来加以推断，他对于我的感觉说不上什么同意也说不上什么不同意。”⑤

科林伍德这段关于思维与感觉的差别的论述，实例具体易解，语言流畅易晓，所以我才不忍割爱，做了大段引用。科林伍德的论述给我的直接启发是，文学作品都是多义的，对文学作品的阅读感觉没有对与错之分，文学阅读感觉具有个人化特征。以诗歌阅读为例，二十世纪八十年代有一首最短的朦胧诗，题目是“生活”，全诗只有一个字“网”，对这首诗的解读是因人而异的。悲观主义者也许会这样解读：生活就像一张挣不破的罗网，而人就像网中的困兽；虚无主义者也许这样解读：生活就像网一样，由无数个十字路口组成，你找不到一条正确的出路；乐观主义者也许这样解读：生活的海洋蕴藏着许多珍宝，等待着你张网捕捞……不管读者做出哪种解释，我们都难以判定谁是谁非。

让我们回到我在前面介绍过的参考书关于《凡卡》和《卖火柴的小女孩》的思想内涵的论述上来。当然不能说参考书提出的观点是错误的，不过这种以普泛的社会制度论来解读文学教材的归纳法，却容易以理性观念代替艺术感觉，从而把学生的解读引到唯一的一个结论上去。其实，《凡卡》和《卖火柴的小女孩》的思想内涵并非如此单一、如此空泛（而且对社会制度这种艰深的观念，年幼的儿童也很难真正理解）。比如，凡卡的不幸的学徒生活当然会激起我们对他的命运的同情，但是，从九岁的凡卡设法打听怎样寄信并伺机给爷爷写信以期改变自己的生活，从凡卡在信中诉说学徒生活的痛苦时还不忘记告诉爷爷自己感兴趣的城里的新鲜事这些描写中，我们不是也能感受到凡卡那小小的身体内所蕴含着的顽强的生命力量和生命意志吗？而这样的艺术信息，对儿童读者尤其是对目前处于娇生惯养中的中国城市中的独生子女显得十分珍贵。我想如果语文教师不硬把类似参考书上的那种理性、观念的归纳作为唯一的解读，强迫学生接受的话，学生是能够在作品中发现和获得许多思想方面的艺术信息的。

但是，遗憾的是强加唯一的结论可以说是语文文学教材阅读教学中普遍存在的现象。下面是儿童文学作家秦文君在其带有自叙传色彩的小说《一个女孩的心灵史》中，对小学语文课堂所做的具体描写——

我的眼前浮现出莘莘入学不久的情景，那是一堂语文课，罗老师教着“春天”。

“莘莘，”罗老师提问道，“你最喜欢春天还是夏天、秋天、冬天？”

莘莘立正，答道：“我最喜欢春天、夏天、秋天、冬天。”

“问你最喜欢！只能选出其中最喜欢的一个。”罗老师指点着，“是春天吧？”

“那我不能告诉你。”莘莘瞪着清亮的眼睛说。

罗老师愣然：“为什么？”

莘莘大声答道：“因为我最喜欢春天、夏天、秋天、冬天。”

在上面的描写中，罗老师煞费苦心地想把莘莘“引导”到喜欢春天的回答上，好进入对“春天”的语文学习，但是，老师“只能选出……一个”的思维方法遇到了纯真、本色的儿童的坚决抵抗。作家对莘莘的行为议论道：“她不轻易为外界而改变自身，不善于察看他人的眼色而行事，诚实而明朗地生活着，有自己的‘喜欢’与‘不喜欢’。她是多么晶晶亮啊，她握着‘我’的独立与尊严，对美与丑的判断，对恶习的拒绝。”我不认为作家的这种议论是小题大做，“只能选出……一个”的思维方法，在某种时候某种意义上，的确可以被称为“恶习”。

在语文文学教材的阅读教学中，教师应该自然地教，学生应该自然地学。要采取一种开放的态度，让学生自由地感受和想象文学教材所提供的艺术表现下的生活。创造力、创造性思维从来都是与自由状态结伴而来，强加唯一的结论的做法，只能阻扼儿童的文学的创造性思维，而对小学阶段的儿童来说，如果文学的创造性思维得不到发展，甚至遭到压抑，则难以期待他们的整体性创造能力的全面提高。

四、有所懂有所不懂：培养具有弹性的理解力

我感到，在许多语文教学和学习参考书中，在许多语文教师的阅读教学活动中，普遍存在着一种根深蒂固的意识和一种执拗的努力，那就是想把文学教材全都教“懂”，想让学生们全都学“懂”。虽然这种对待工作负责任的精神可嘉，但是，其结果却往往是越想教“懂”，学生越可能不懂。

我在前面曾经批评用理性、知识去解读儿童诗《春天》的做法，这种做法恐怕就是出于想帮助学生读“懂”这首诗的愿望。本来学生在阅读、欣赏这首诗时，一般是不会在心里对自己明确提出“冰雪为什么融化”这样的问题的，就算老师提出这个问题，学生也会根据诗歌本身提供的意境，做出“因为冰雪听从了春天的话”这种理解。但是，老师认为这种文学的解释还是不好懂，于是搬出了明明白白的知识：“是春天到了，天气暖和了，所以冰雪都化了”。可是，这样一解释学生反而被弄糊涂了：课文里不是明明白白地写着

因为“冰雪那么听话”，所以“都化了”么？怎么在老师那里又成了因为“天气暖和”而融化的呢？

安徒生的《卖火柴的小女孩》与他的《海的女儿》等童话一样，是一篇渗透着浓厚的宗教意识的作品。在安徒生那里，信仰天国和上帝的宗教意识有时成了他超越苦难的现实生活的精神寄托，所以他的《卖火柴的小女孩》才有这样的想象——

……祖母从来没有像现在这样高大、美丽。她把小姑娘抱起来，她们在光明和喜悦中飞走了，越飞越高，飞到一个没有寒冷、没有饥饿，也没恐惧的地方去——她们将和上帝在一起。

在教材《卖火柴的小女孩》中，“他们将和上帝在一起”这句话被删掉了，这使中国的读者更容易像有些教学参考书解释的那样，把小女孩与祖母的一起飞走，理解成“小女孩是在产生幻觉的绝境中死的”。[⑥]但是，在具有宗教意识的安徒生那里，小女孩的灵魂与祖母一起飞向天国的情景是真实的，所以在原作里，安徒生用肯定的笔墨写道：“没人知道她在怎样的光明中和她的祖母飞走了，飞进新年的快乐中去了。”

安徒生在《卖火柴的小女孩》中表现出来的宗教意识，即对死亡以及上帝、天国的解释，对几乎全然没有宗教意识的中国的小学六年级儿童而言,是难以理解的。课文又是写卖火柴的小女孩被“冻死了”，又是写“她曾经多么幸福，跟着她奶奶一起走向新年的幸福中去”，这两种情形对中国的小学生来说是有些矛盾的，是不好理解的。我认为，解决这一问题的最好办法，就是教师直接面对东西方文化的差异，将安徒生在作品中表现出的宗教意识解释给学生，这样做，当然不在于想使学生也以安徒生的那种宗教意识去感受作品，而是在于消除上述两种描写在学生心里产生的分裂感。至于学生会对教材中的宗教内容产生的疑惑或者说是“不懂”，完全可以留给他们在以后的学习中去慢慢解决。“不要怕儿童会有东西不懂，——就让他们有些东西不懂好了，不懂永远是进行创造的一个动因。不懂，他们就会去问的。”⑦

但是，有的教师也许认为学生不懂，于是将课文中的宗教意识遮掩了起来，同时，为了让学生弄懂卖火柴的小女孩是否真的获得了幸福，就进行了以下教学设计和讲解——

“她曾经多么幸福，跟着奶奶一起走向新年的幸福中去。”对这句话中的两个“幸福”，你是怎样理解的？

这句话中第一个“幸福”的意思是小女孩临死时是幸福的，她是在看到许多美丽的东西的幻觉中死去的。第二个“幸福”的意思是小女孩死了就幸福了，就没有寒冷、没有饥饿、没有痛苦了。这里的“幸福”实际是反语，真正的意思是受罪和死亡。

老师继续追问：从文章的结尾中，你能体会出作者饱含着什么样的情感？

文章的结尾饱含了作者对小女孩悲惨命运的同情，对黑暗社会的强烈不满。⑧

在教材《卖火柴的小女孩》中，当小女孩看到“有一颗星星落下来了，在天空中划出了一道细长的红光”时，紧接着有一段非常重要的文字：“‘有一个什么人快要死了。’小女孩说。唯一疼她的奶奶活着的时候告诉过她：一颗星星落下来，就有一个灵魂要到上帝那儿去了。”把这段文字置于课文的全篇结构中去体会，就会发觉它具有暗示的功能：小女孩死后，灵魂会到上帝那里去，也就是说,在宗教描述的天国里(不管事实上它是多么虚幻),小女孩会“走向新年的幸福中去”。

但是,按照上述教师在教案里的解答,“幸福”变成了反语,其“真正的意思是受罪和死亡”。正是因为抱着这种理解,所以教师在文章的结尾只体会出作者的一种感情即“对小女孩悲惨命运的同情,对黑暗社会的强烈不满”。这种解读的确是简明易懂,但是由于它只从课文中剥离出一部分内容来进行分析,其解释已经不能涵盖全篇课文提供的整体艺术形象,所以是难以让学生认同的。

《卖火柴的小女孩》的蕴含如果只有“对小女孩悲惨命运的同情,对黑暗社会的强烈不满”的话,安徒生就不该用作品的大半的篇幅去写小女孩看到的“美丽的东西”,更不该在结尾写什么“然而没人知道她曾看见了多么美丽的东西,也没人知道她在怎样的光明中和她的老祖母飞走了,飞进新年的快乐中去了。”我相信,《卖火柴的小女孩》的这部分笔墨在宣泄作家的创作欲求方面所发挥的作用,绝不亚于那些描写小女孩的悲惨生活的笔墨。

对于《卖火柴的小女孩》这样思想、情感十分复杂的文学教材,即使面对大学学生也是难以全部讲“懂”的,所以,面对小学生更不要像上述教案的编写者那样,企图全部讲“懂”。这也是一种辩证法:你想全部讲“懂”,学生反而不懂了;而当你不想全部讲“懂”即让学生有所不懂时,学生反而弄懂了——原来《卖火柴的小女孩》还有很多、很深的意味需要自己今后去体会。其实,小学生还是能够在情感上感受、体验作品的艺术氛围的,这有些像小孩子置身于祷告中的教堂,虽然他们不懂宗教的教义,但是那种庄严、肃穆的氛围却是能够渗透到他们的心理之中的。

有些教师不仅对文学教材的整体内容的讲述上追求全部讲“懂”,而且在文学词语上也在力求讲“透”。比如,教师在讲诗歌

《春天》时，就提出了这样的问题："你怎样理解'那么听话'的呢？你能换个说法吗？"教师显然是想通过这种问题的设计及解决，进一步帮助学生理解诗中的词语，以培养语感，这无疑是很好的初衷。在教案中，对可以替换的说法，教师是这样拟定的："冰雪非常听话"，"冰雪很听话"，"冰雪真听话"。其实，"非常""很""真"这几个词都不能替换"那么"一词，因为把它们放在《春天》这首诗中，无论是在语音还是语义的功能和效果上，都不如"那么"好。如果教师设计这个问题是为了在语感上对不同的词语进行比较，教学效果就可能会向积极的方面转化。

在文学教材的词语教学中，教师不能为了教"懂"而离开具体的语境，把词语的含义限定在词典式的解释之中。对那些可意会而难以言传的词语，可以不让学生"懂"到能够解释清楚的程度。比如，没有必要指导学生把"活泼"解释成"生动自然，不呆板"，把"激动"解释成"感情因受刺激而冲动"。这种以词解词的做法往往费力不讨好。鲁迅在《人生识字胡涂始》一文中曾说过这么一段话——

例如我自己，是常常会用些书本子上的词汇的。虽然并非什么冷僻字，或者连读者也不觉得是冷僻的字，然而假如有一位精细的读者，请了我去，交给我一枝铅笔和一张纸，说道，"您老的文章里，说过这山是'峻嶒'的，那山是'巉岩'的，那究竟是怎么一副样子呀？您不会画画儿也不要紧，就钩出一点轮廓来给我看看罢。请、请、请……"这时我就会腋下出汗，恨无地洞可钻，因为我实在连自己也不知道"峻嶒"和"巉岩"究竟是什么样子，一经切实考查，就糟了。此外如"幽婉"，"玲珑"，"蹒跚"，"嗫嚅"……之类，还多得很。⑨

其实，鲁迅并非说他真的不懂那些词语，因为所谓不懂，只是意义表达程度上引起的概念的模糊，看起来不明白，讲起来不清楚，但人们都能“意会”。因此，理解词语时，也有必要像对待作品意义那样，采取让学生有所懂有所不懂的态度，运用模糊化手段，放手让学生去“意会”，这样，学生对词义的掌握就活了，阅读速度加快了，阅读量增大了，语文水平也就得到了提高。

我感到，在语文文学教材的阅读教学中，许多教师的阐释欲望过于强烈，想让学生学到更多知识的态度过于积极，对“懂”与“不懂”理解得过于机械，这样一种阅读教学姿态是很难切合语文文学教材的自身规律的。我们已经知道文学教材首先是文学，它和文学作品一样，具有模糊性，正是因为这种模糊性，给文学教材这个美丽的新娘披上了朦胧的面纱，于是，在有所懂有所不懂的教学姿态下，学生正可以怀着各自的情感和想象去感受文学那美丽迷人而又神秘莫测的魅力。在这样一种过程中，学生获得的将是活跃的、灵动的、综合的语文能力。

水至清则无鱼。也许对文学教材的阅读而言，有所懂有所不懂是谓真懂。

---

①朱炳昌:《小学语文教案・一年级下》，4~5 页，北京，北京师范大学出版社，2000 年版。

②别林斯基:《新年礼物。霍夫曼的两篇童话和伊利涅依爷爷的童话》，见周忠和编译:《俄苏作家论儿童文学》，215 页、262 页，郑州，河南少年儿童出版社，1983 年版。

③④《小学语文学习词典・五六年级》，北京，中国致公出版社 1998 年版。

⑤［英］罗宾·乔治·科林伍德著：《艺术原理》，161~163页，北京，中国社会科学出版社，1985年版。

⑥⑧朱炳昌：《小学语文教案·六年级下》，61~62页，北京，北京师范大学出版社，2000年版。

⑦［苏联］阿·托尔斯泰：《儿童读物》，见周忠和编译：《俄苏作家论儿童文学》，郑州，河南少年儿童出版社，1983年版。

⑨鲁　迅：《鲁迅全集》（第6卷），296页，北京，人民文学出版社，1981年版。

第二辑

儿童文学与小学语文教育

儿童文学与小学语文教育

前　言

儿童文学产生的重要原因之一是儿童教育的需要，而儿童文学一经产生，更是一直与儿童教育发生着天然而紧密的联系。在语文教育领域，儿童文学与小学的联系更是密不可分。“儿童文学与小学语文教育”这一表述，其实包含着两者的互动关系。本文只是从儿童文学在小学语文教育中所发挥的重要作用这一个动向来加以论述，而问题意识的背景和立论的依据则主要是中国的小学语文教育的现实。

一、优秀的儿童文学是小学语文教材的基本内容

在中国，从清末开始到民初，新式现代学校开始取代旧式私塾，从那时起，刚刚诞生的儿童文学便取代了“四书”、“五经”这些儒家经典以及《三字经》等蒙学读物，成为现代小学语文教科书的主体。这种教材体制一直延续至今。儿童文学又被称为“小学校里的文学”，它与小学语文教育、教学就是一体两面的关系。离开儿童文学，小学语文教育、教学就难以成立。

根据大略的统计，在目前中国小学语文教科书中，文学性教材大约占到85%左右，其中，除去古代诗歌，则基本上是典型的儿童文学作品（如儿歌、儿童诗、童话、寓言、儿童故事、儿童散文、

儿童小说）以及采用适合儿童的语言、艺术表现即具有儿童文学色彩的作品（散文、故事）。儿童文学成为小学语文教材的主体这一现实，自然要求小学语文教师的知识结构中应该具有比较系统、完备的儿童文学修养。但是，遗憾的是，在中国，接受过儿童文学知识教育的小学语文教师的数量实在很少。儿童文学知识的空缺，是导致小学语文教师素质低下的一个十分重要的因素。

教科书中的儿童文学，应该是优秀的作品，它应该同时具备艺术性、趣味性和语文教育价值。以这样的标准来衡量，虽然儿童文学已经成为小学语文教材的基本内容，一些教材还在不断修订、改进,但是就我目光所及,水准依然不能令人十分满意。缺少名著（包括对名著的大量删削），艺术上缺斤少两，缺乏趣味性，想象力、幻想力薄弱，这些问题依然有待解决。我认为，解决这些问题，首先要改变教材编写队伍中没有一流的儿童文学作家和一流的儿童文学研究者参加这一现状。

二、儿童文学应该成为小学语文教育教学的一种方法

儿童文学对于小学语文教育的重要意义不仅在于提供了教学的主体内容，而且更在于可以为科学的小学语文教育提供基本的教育教学方法。而恰恰是对儿童文学的这一作用和价值，小学语文教育领域普遍缺乏自觉的意识。可以说，如果小学语文教育不能从儿童文学中汲取教育思想和方法，就无法完成作为小学语文教育的题中之义的文学教育。

语文教育应该致力于健全人性的养成。在中国的语文教育改革中，语文教育的人文性越来越受到重视。优秀的儿童文学中所蕴含的生态的整体性的人生观正是语文人文教育思想的源头活水。尤其

是在功利主义的应试教育这场洪水还在威胁童年生态环境的现状下，儿童文学的童年生态观念已经成了改变成人本位的儿童教育观念的根本性力量。

儿童文学不仅是小学语文教育的内容，而且还应该成为小学语文教育的方法。所谓儿童文学的方法，我以为主要可以归纳为感性化和趣味化这两种方法。

我在拙著《小学语文文学教育》一书中提出了“儿童研究先于语文教育研究”这一观点。在思考小学语文教育教学方法时，对小学儿童心灵状态、思维特征的认识依然是问题的出发点和立论的依据。在小学阶段的儿童的思维过程里，直观、想象、描述是其主要和主导的形式，也就是说，小学儿童的思维的主要形式是形象思维。感性化的儿童文学恰恰契合了小学儿童的这一思维特征。

卢梭曾经指出：“用理性去教育孩子，是洛克的一个重要原理；这个原理在今天是最时髦不过了；然而在我看来，它虽然是那样时髦，但远远不能说明它是可靠的，就我来说，我发现，再没有谁比那些受过许多理性教育的孩子更傻的了。在人的一切官能中，理智这个官能可以说是由其他各种官能综合而成的，因此它最难于发展，而且也发展得迟；但是有些人还偏偏要用它去发展其他的官能哩！一种良好教育的优异成绩就是造就一个有理性的人，正因为这个缘故，人们就企图用理性去教育孩子？这简直是本末倒置，把目的当作了手段。”①

别林斯基也表达过与卢梭相似的观点：儿童读物的“正面的、直接的影响都应当集中于儿童的感性，而不应集中于他的理性。感觉先于认识；谁没有感觉到真实的东西，他就不能理解也不能认识它。在儿童时期，感性和理性是处于根本对立的状态，二者是互不相容的，是一方要排除另一方的；优先发展儿童的感性能使他们了解生活的丰富、和谐及诗意；优先发展儿童的理性会使他们心灵中绚丽的感情花朵凋谢枯萎，使他们身上说教的杂草蔓延生长。儿童的智慧一旦陷入空洞的抽象之中，它在大自然和现实生活的生机勃勃的现象里所看到的只能是丧失掉精神和实质的僵死的形式和为它而下的逻辑定义，它是一个触之只能损坏牙齿的腐烂的胡桃壳。”②

小学儿童语文学习能力的特征是长于感受、感悟，但是短于理性分析。因此，小学语文教育教学应该拒斥抽象、概念的理念化方法，而采取儿童文学的那种形象、具体、直观、整体的感性化方法。事实上，语文教师如果遵循儿童文学的艺术原则，遵循文学教育的科学规律，其语文教学所采取的自然是感性化的方法。

在儿童教育中，片面性当然是有害而无益的。小学儿童期固然是开发和培养感性的最佳时节，不过，在这段时期，理性的培养也是不能撂荒的。尽管如此，小学儿童理性的培养也要在他们成长到一定的合适年龄之后，主要依靠学校教育中的以智力教育为目的的课程来完成。另外，在事实上，开发、发展儿童感性能力的小学语文教育也是在为儿童下一步的理性能力的发展奠定着根基和搭建着桥梁。

教育方法当以兴趣为本，这是教育理论所认定的一项原则。皮亚杰的学习认知理论所指出的完整的思想活动必须遵循的次序的第一个环节就是“求知兴趣的唤起”。讲述缺乏趣味性的教材，是无法采用趣味化的教学方法的，从而也是难以唤起学生求知兴趣的。而趣味性恰恰是儿童文学的重要特质之一。富于趣味性的儿童文学会将深谙儿童文学魅力的语文教师引向趣味化教学之路。

除了教育教学方法，在具体的教材处理、教学设计方面，儿童文学也会在教学中发挥引导和启发作用。儿童文学是一种有别于成人文学的独特的文学样式，具有自身的艺术形式和语言表现。一个语文教师如果能体味并抓住作为教材的儿童文学的艺术形式和语言表现的特征，并且想在语文教学中把这些内容传达给小学生的话，他所拥有的儿童文学理论知识，将引导、启发他采用与特定的儿童文学教材相契合的教学方法和教学形式。比如，讲授一首儿歌与讲授一篇童话，采取的教学方法当然会有所不同；讲授一篇民间童话与讲授一篇作家童话，处理教材的方式也应有所不同；童话和寓言，故事和小说，都对教师提出不同方法上的要求。

在小学语文教育教学中，应该不应该，能不能建立起系统的“儿童文学方法”？我认为，这是一个值得小学语文教育理论工作者和实践工作者认真思考和探索的重要课题。

三、儿童文学是接续儿童文化与学校文化的桥梁

1997 年，挪威的音乐学教授让 – 罗尔 · 布约克沃尔德在中国出版了音乐艺术教育论著《本能的缪斯——激活潜在的艺术灵性》。在这本令人耳目一新、深受震动的著作中，布约克沃尔德提出了“本能的缪斯”是儿童与生俱来的生存性力量和创造性力量这一论断。对儿童与学校之间的关系，布约克沃尔德说出了一个惊世骇俗的观点：“我认为，问题的焦点在于，在充满缪斯天性的儿童文化和毫无缪斯情趣的学校文化之间，存在着强烈的冲突。学校是一种从事系统地压抑儿童天性活动的机构。”[③]他还以形象的比喻，揭示了这种冲突、压抑造成的严重后果：“孩子们对缪斯充满了渴望，这种渴望在他们来到这个世界之前就被深深地培植在他们生命的胚芽里，又在与父母、兄弟姐妹们的相处中，在与其他小朋友的游戏中得到加强；但是现在，这种渴望突然与强大的约束力量相遇，而且

这种力量似乎处处与它作对。许多孩子在他们童年的早期像小鸟一样可以快乐地在天空中自由地飞来飞去，他们把自己想象成许多不同的角色，从满脸污垢的小捣蛋鬼，到展翅高飞的雄鹰。可是，几年学校生活之后，他们大多数再也不能像鹰一样自由飞翔了，他们已变成了缪斯天性意义上的残废人。”④

布约克沃尔德的这一观点是在研究西方学校教育的基础上得出的，但是，中国的学校教育的现状也不幸被这一观点所言中。如何解决儿童文化与学校文化之间的冲突，消除学校对儿童的压抑，布约克沃尔德提出了“保持从学前儿童文化到学校文化转换的连续性”这一主张。

我认为要想“保持从学前儿童文化到学校文化转换的连续性”，小学对以儿童为本位的儿童文学的思想和艺术形式的全面接受，是一条必经之路，也是一条康庄大道。

我曾经这样论述过儿童文学的“儿童本位”的特征：“儿童文学何以是儿童本位的文学？儿童是独特文化的拥有者，儿童与成人在存在感觉、价值观和人生态度方面存在着许多根本的区别。儿童文学创作与成人文学创作的一个根本不同是儿童文学作家必须解决好与儿童的人际关系问题，即作家必须以作品与儿童建立起亲密、和谐的人际关系。作家既不能做凌驾儿童之上的教训者，也不能做与儿童相向而踞的教育者，而只能走入儿童的生命群体之中，与儿童携手共同跋涉在人生的旅途上。因此，作家的儿童观应该以儿童为本位。

何为儿童本位的儿童观？不是把儿童看作未完成品，然后按照成人自己的人生预设去教训儿童（如历史上的教训主义儿童观），也不是仅从成人的精神需要出发去利用儿童（如历史上童心主义的儿童观），而是从儿童自身的原初生命欲求出发去解放和发展儿童，并且在这解放和发展儿童的过程中，将自身融入其间，以保持和丰富人性中的可贵品质，我将这种形态的儿童观称为儿童本位的儿童观。儿童文学作家在这种儿童观的观照下创作的儿童文学就是儿童本位的文学。”⑤

就我所见，在成人所创造的与儿童相关的文化中，还没有任何文化像儿童文学这样深层、有效地处理好了成人与儿童之间的关系。儿童文学是立于儿童生命空间的文学，是儿童文化的表现者、激发者、倡导者，其价值观立于对儿童文化肯定、张扬的立场上。这样的儿童文学正是接续儿童文化与学校文化的桥梁。

四、儿童文学可以帮助语文教师保持孩提时代的传统，成为具有缪斯灵性的人

在学校文化对儿童文学的接受中，语文教师不仅是不可缺少，而且是最为关键、最为重要的媒介。在接受、教授儿童文学的过程里，教师也是一个受教育者。导入儿童文学的内容和方法的小学语文教育，对教师提出了新的更高的要求，即教授儿童文学的教师必须是具有缪斯灵性的人。语文教师仅仅理解和尊重儿童们的缪斯天性是不够的，他还要向儿童学习，以保持孩提时代的传统，成为具有缪斯灵性的教师。这样的教师，才有可能通过儿童文学的教学，实现语文教育的“生态化”。

个体的人的精神生命并不是随着年龄的增长而一直进化、上升，而是会倒退、下降。特别是在感性生命方面，情感力、感受力、想象力都会因为生命力的衰退和经验的磨蚀而变得迟钝。如何相对地保持情感力、感受力、想象力的丰沛，英国的浪漫派诗人们如华兹华斯、布莱克等早就指出了一条路——重返童年。

别林斯基曾经说过："凡是写得好的儿童文学作品都可以让成人也能够心满意足地读完，并且他读完便恍惚回到自己的童年时代。"其实，儿童文学在帮助成人重返童年的过程中，最重要的不是帮助成人回忆起童年（靠这种回忆，成人只能回到拟似的童年），而是帮助成人接受童年的价值观，恢复童年的感知方式，在心性上重返童年。

教育是关怀心灵的工作。一个语文教师如果不能走进儿童的心灵世界，他的语文教育工作很难收到成效。想通过"了解"儿童来走进儿童的心灵世界是远远不够的，要走进儿童的心灵世界，必须与儿童形成对生命、生活的"共感""交感"。也就是如布约克沃尔德所说的，"教师们在自己的生活中，必须将儿童文化的最基本特征尽可能地转化为一种充满活力的现实"。[6]"自发性、创造性、缪斯能力、即兴创作天赋、幽默、机智、热情、职业特性与天真的奇才、自信与引导自信的能力……如果学校的艺术性要想得到有效的加强，这些都是必须通过有力的措施在教师中培养的品格。"[7]

自发性、创造性、缪斯能力、即兴创作天赋、机智、幽默、热情、天真的奇才、自信，这些品格在孩子的身上丰富地保持着，这些品格也可以在教师的身上培养或是某种程度地唤醒。在培养教师这方面的品格上，儿童文学是一所最好的学校，安徒生、马克·吐温、凯斯特纳、林格伦、诺索夫等儿童文学作家是最好的老师。

在目前中国的小学语文教育领域，真正的儿童文学化还远远没有实现。在教育教学的内容和方法方面，在语文教师的品格、素质方面，小学语文教育与儿童文学的每一个疏离，都会给小学语文教育的发展带来深刻的负面影响。小学语文教育的深入变革，必须与小学语文教育的儿童文学化紧密地联系在一起来进行。

（原载于新加坡《华文学刊》2004年第1期）

①[法]卢梭:《爱弥儿》,89~90页,北京,商务印书馆,1978年版。

②[俄]别林斯基:《新年礼物。霍夫曼的两篇童话和伊利涅依爷爷的童话》,见周忠和编译《俄苏作家论儿童文学》,河南少年儿童出版社1983年版。

③④⑥⑦[挪威]让-罗尔·布约克沃尔德:《本能的缪斯——激活潜在的艺术灵性》,121页、123页、146~147页,上海,上海人民出版社,1997年版。

⑤朱自强:《儿童文学的本质》,16~17页,北京,少年儿童出版社,1997年版。

儿童文学分级阅读的五项原则

一、儿童文学分级阅读：理论方法的重要性

近年来，小学语文教育领域越来越关注、重视儿童文学。儿童文学具有的珍贵的语文教育价值，被越来越多的人所认同。对于很多小学语文教师来说，已经解决了“教什么”的问题，今后所面对的更多的是“怎么教”这一问题。

本文所探讨的儿童文学分级阅读的方法,就是针对的“怎么教”这一问题。儿童文学的分级阅读，既包括了小学儿童的课外儿童文学阅读，同时也包括小学里的语文课堂上的儿童文学阅读教学。本文研究的主要是语文课堂上的儿童文学阅读的分级问题。

目前的小学语文学科的研究非常需要理论方法，特别是在儿童文学教育教学这一问题上。我认为，小学语文儿童文学教育教学研究，应该尽快进入一个方法论的阶段。什么是方法论？简单地说，就是自觉地用某种方法来观察事物和处理问题。方法论会对一系列具体的方法进行分析研究、系统总结并最终提出较为一般性的原则。进行方法论研究，就需要进入理论的层面。

理论是什么呢？按照爱因斯坦的说法，理论决定着我们所能观察的问题。美国文学理论家乔纳森·卡勒在他的《文学理论入门》里说：“一般说来，要称得上是一种理论，它必须不是一个显而易见的解释。这还不够，它还应该包含一定的错综性……一个理论必须不仅仅是一种推测；它不能一望即知；在诸多因素中，它涉及一

种系统的错综关系；而且要证实或推翻它都不是一件容易事。”[①]卡勒针对福柯关于“性”的论述著作《性史》一书说：“正因为它给从事其他领域的人以启迪，并且已经被大家借鉴，它才能成为理论。”[②]举阐释儿童文学的话语为例，“儿童文学就是大人写给小孩子看的文学”就不是理论，而是“显而易见的解释”，“儿童文学是现代文学”、“儿童文学是儿童本位的文学”则是理论，因为它们“不能一望即知”“涉及一种系统的错综关系”，“要证实或推翻它都不是一件容易事”。

我认为，目前我们对儿童文学分级阅读（在语文课程标准中体现为分学段阅读）的认识，在整体上是语焉不详、理据不明的，原因盖在于缺乏理论上的方法论研究。

分级阅读的理论原则的确立，应该以小学儿童在语文学习中应该发展的能力为依据。从文学阅读能力的发展这一着眼点看，我认为，小学儿童需要发展的能力有四大项：感受力、想象力、理解力、分析能力。关于这四项能力的培养，不同的学年段，可以有培养的侧重点：低学段重点培养感受力和想象力，涉及理解力；中学段重点培养感受力、想象力和理解力，涉及分析能力；高学段培养感受力、想象力、理解力和分析能力。

二、儿童文学分级阅读的五项原则

我在思考、处理小学语文儿童文学的分级阅读问题时，根据我对小学儿童的语言、心理发展状况的了解，对儿童的阅读状况的了解，对文学的语言、对儿童文学的各种文体的研究，特别是根据我所建构的小学儿童在语文学习中需要发展的能力，总结、提出了体现语言形式、文体形式的次序、规律、结构的五项原则：从口语到书面语；从韵文到散文；从“故事”到“情节”；从“形象”到“意象”；叙事在先，写景、抒情、议论在后。

下面就对这五项原则逐一进行简要论述。

1. 从口语到书面语

为什么针对小学儿童的儿童文学分级教学要从口语到书面语？理由很明确，书面语难于口语，书面语的掌握要以口语为基础。

关于口语与书面语的区别，维果斯基说：“在言语中，还有其他重要的功能区别。其中一个区别是对话和独白之间的区别。书面言语和内部言语代表独白；而在大多数情形中，口头言语则代表对话。”③“在书面语言中，由于声调和主语知识均已排除，我们被迫使用更多的词，并要确切地使用这些词。书面言语是最精心组织的言语形式。”④“口语的速度是不利于系统阐述的复杂过程的——它没有时间细细琢磨并选择。对话意味着直接的未经事先沉思的发声。它由一些回答和巧辩组成；它是一系列反应。比较而言，独白是一种复杂的结构；可以从容不迫地和有意识地进行语言的精心组织。”⑤

对儿童（其实成人也是如此）来说，掌握书面语要比掌握口语难很多。维果斯基在《思维与语言》一书中指出了两个原因：书面语的“最初发展也需要一个高水平的抽象。它只是在思维和意象中说话，缺乏口语的乐感、表达力和抑扬顿挫性”，“书写还要求儿童进行深思熟虑的分析活动”，“书面言语的所有这些特征解释了为什么它在学龄儿童身上的发展远远落后于口语的发展。这种不一致源于儿童十分熟悉自发的、无意识的活动，以及缺乏抽象的、深思熟虑的操作技能”。⑥

所以，在低年级要用口语形式的文体的学习，为儿童从口语能力向书面语能力发展搭建桥梁。如果列举具体文体，有儿歌、民间文学（生活故事和童话）、口语叙述的创作故事（比如洛贝尔的“青蛙和蟾蜍”系列、新美南吉的幼儿童话等）、图画书等。

2. 从韵文到散文

这里所说的散文是广义的概念，指非韵文的作品，如故事、小说、散文（狭义）。不是说“散文”（比如故事）不可以在低年级出现，而是说要重视韵文的阅读，重视语言的节奏韵律，韵语的学习要优先考虑。这符合语言学习规律，因为对儿童而言，“韵语”“易于常言”。

维果斯基说：“歌和散文这两种形式在功能上十分不同，在它们所采用的手法上也十分不同。按照洪堡的说法，诗歌和音乐不可分割，而散文则完全有赖于语言，并受思维支配。结果，诗歌和散文均有其自己的措辞风格、语法和句法。这是极为重要的概念，尽管洪堡和后来进一步发展他的思想的人都未能充分认识到它的涵意。”⑦散文“受思维支配”，而诗歌，特别是儿歌却更诉诸儿童的感知。

周作人说：“儿初学语，不成字句，而自有节调，及能言时，恒复述歌词，自能成诵，易于常言。盖儿歌学语，先音节而后词意，此儿歌之所由发生，其在幼稚教育上所以重要，亦正在此。”⑧“儿歌的浅易性还表现在易记易唱上。儿歌的篇幅一般都很短小，即使有的篇幅较长，也往往或采用顶针修辞格，或使用反复的手法，或重复相同的语法结构以及词性相同、词义相近的语汇，因此还是好记好唱。”⑨

我们可以举《生了白胡子》这首民间儿歌为例。“一个小小子，／年纪刚十五，／不种庄稼不读书，／就出门去学打鼓。／打鼓怕使力，／便去学做犁。／做犁眼眼多，／就去学补锅。／补锅难得铲，／就去学补碗。／补碗难钻洞，／就去学“关公”。／“关公”难打仗，／就去学放羊。／放羊怕爬山，／又去学种田。／种田怕日晒，／去学做买卖。／买卖做不来，／去学当秀才。／秀才难教书，／又去学宰猪。／宰猪猪不死，／啊！／生了白胡子。”这首诗涉及到很多内容，如果不用韵语形式，很难将其记住，但是，一用韵语，就一生二,二生三，下面的内容自然就牵连出来了。韵语的语文学习功能和效率简直令人惊叹。

3. 从“故事”到“情节”

从“故事”到“情节”这一原则，针对的是叙事性作品的分级问题。在小学阶段，叙事性作品主要包括故事、小说以及叙事的散文。我在“故事”一词上加了引号，意在表明这个“故事”不是作为叙事性作品的故事，即它不是一个文学体裁的概念，而是与“情节”一样，是叙事作品的一个形式元素。

英国小说家 E. M. 福斯特在《小说面面观》中论述了“故事”与“情节”的区别：“现在，我们该给情节下个定义了。我们曾给故事下过这样的定义：它是按照时间顺序来叙述事件的。情节同样要叙述事件，只不过特别强调因果关系罢了。如‘国王死了，不久王后也死去’便是故事；而‘国王死了，不久王后也因伤心而死’则是情节。虽然情节中也有时间顺序，但却被因果关系所掩盖。又例如：‘王后死了，原因不详，后来才发现她是因国王去世而悲伤过度致死的。’这也是情节，不过带点神秘色彩而已。这种形式还可以再加以发展。这句话不仅没涉及时间顺序，而且尽量不同故事连在一起。对于王后已死这件事，如果我们再问：‘以后呢？’便是故事，要是问：‘什么原因？’则是情节。这就是小说中故事与情节的基本区别。”⑩

我认为，在讨论儿童文学分级阅读中的“故事”和“情节”这两个叙述形式的概念时，基本可以采用佛斯特的上述观点。不过，讨论故事与小说这两种不同文学体裁中的“故事”与“情节”的区别，仅仅挪用佛斯特在单纯讨论小说时得出的结论，则嫌简单了一些。

让我们以故事《糖块》的“故事”和小说《万卡》的“情节”为例，把讨论进一步发展一下。

在日本作家新美南吉的故事《糖块》中，事件是依时间的顺序来安排的：母子三人上船——武士上船——孩子们为争糖块而争吵——吵醒武士——武士拔刀走来——武士把糖块劈成两半，分给孩子——武士重新回去打盹。作家在构思时，显然把精力和着眼点用在了讲一个什么样的故事上面，而不是用在怎样讲一个故事上面。作家似乎从事件的叙述中隐退了，换句话讲，作家的叙述策略（如果存在的话）与事件的展开本身接近于重合，作家对事件的叙述没有分离成一种形式。

俄罗斯作家契诃夫的《凡卡》是短篇儿童小说中的名篇，被收入了多种小学语文教材。这篇小说的主轴并不在凡卡给乡下爷爷写信这件具体事情上，这件事本身支撑不起小说来。除了写信，小说中写了太多的“事”，这些“事”互相之间并没有直接联系。必须有一个有力的东西把这些“事”黏合并支撑起来,使它们变成情节。我认为，这个有力的东西就是凡卡的心理活动——想回到爷爷身边的愿望。凡卡这些心理活动又是由信里对城里学徒生活的描绘和写信时对乡下生活的回忆支撑起来的。小说的这样一种艺术效果来自作家煞费苦心的叙述策略。作家在构思时，精力和着眼点不是放在讲一个什么样的故事上面，而是放在怎样讲故事上面。

如果一篇作品，作者只是意在把事件按照现实生活中的本来面貌讲述给读者，它基本上就属于“故事”，它往往出现在故事文体之中。如果作者面对事件首先和主要考虑的是如何讲述事件，那它就基本上会成为一篇小说，作者为安排事件所设计的后置、添枝加叶、设置玄机、倒叙等，就成为小说的“情节”。

从“故事”到“情节”，意味着作品的结构由单纯到复杂，内容由明晰到隐含，还牵涉到从事件到人物、从类型到典型、从行动到心理等文学表现问题。需要说明的是，这里的单纯和复杂、明晰和隐含、事件和人物、类型和典型、行动和心理之间，并没有谁优谁劣之分，在儿童的语文学习的特定阶段上，它们都有同等重要的价值。对它们的先后顺序的排列，呈现的是儿童语文学习的阶段性和规律性。

从文体顺序来看，低年级是故事、民间童话、图画书；中年级是更加复杂的文学童话（比如四年级可以讲安徒生的《丑小鸭》）、以讲故事为主的小说（如诺索夫的短篇小说）、图画书；高年级，可以讲心理描写的小说，如《一串葡萄》（有岛武郎）、《凡卡》（契诃夫）、《上锁的抽屉》（陈丹燕）、《牛桩》（曹文轩）、《走在路上》（梅子涵）等。

4. 从“形象”到“意象”

从“形象”到“意象”这一原则，主要针对的是儿童文学中的诗歌作品。理解从“形象”到“意象”的用意，需要具有儿歌与儿童诗，儿童叙事诗与儿童抒情诗、哲理诗的区别意识。

我们各举一首儿歌和儿童诗为例，做一具体说明。

《小西瓜》是这样写的：“小西瓜，圆溜溜，／红瓤黑子在里头。／瓜瓤吃，瓜皮丢，／瓜子留着送朋友。”这首儿歌的“形象”是生动的，同时又是直接而具体的。儿歌的“形象”的特点常常是对印象的白描，是一种客观的形象或情景。

但是，儿童诗就有不同了。“柠檬／一定是想到远方去。／薄薄地切一切，／就会明白柠檬的心。／薄薄地切一切，／滚出来好多个车轮。/散发着好闻的香味儿，/车轮，车轮，车轮。/柠檬/一定是想到远方去！”这是日本的畑地良子的儿童诗《柠檬》，收入日本的小学语文教材。同是表现水果，《柠檬》这首诗所具有的就不是“形象”，而是“意象”。这一意象不是纯然客观的，它是在托物言志，借景抒情；它包含着一个主观的思想：“柠檬/一定是想到远方去！”另外，“薄薄地切一切，/滚出来好多个车轮”，这也是富于个性的主观的感受和想象力。“想到远方去”——这是柠檬和一个隐含的抒情主人公的物我两忘的境界。

理解儿歌的“形象”，还有儿童叙事诗的“形象”，和理解儿童抒情诗、哲理诗的“意象”，需要的是不同的心智状态。在小学阶段，体现从“形象”到“意象”的文体顺序是：儿歌——儿童叙事诗——儿童抒情诗、哲理诗。

5. 叙事在先，写景、抒情、议论在后

叙事在先，写景、抒情、议论在后这一原则针对的是多种文学体裁的分级问题。

为什么要叙事在先，写景在后？因为孩子越是年龄小，越是喜动不喜静。我认识一个小学一年级孩子，他随父母出门旅行，带着自己养的小螃蟹，不看风景，就与小螃蟹玩。很多孩子去了公园，不看盛开的花朵，而去观察地上的蚂蚁，追逐飞舞的蝴蝶。叙事在先，写景在后还有一个原因，就是叙事靠近口语，而写景使用的是书面语。《秋游》是小学二年级（上册）课文。孤立地看，《秋游》的语言看似简单，可实际上，是低年级学生难以组织的书面语。

抒情也是比叙事后发展的一种能力。有的教材，在低年级就有浓烈抒情的儿童诗，容易使年幼儿童产生不自然的情感。对于儿童教育来说，不当的激情、不自然的矫情、不理性的煽情都是有害的。

给低年级学生的作品也要有感情，但是不必“抒情”，比如《去年的树》，并不直抒胸臆。

依据议论在后的原则，寓言就不应该放在中、低年级，而是应该放在高年级来教，因为寓言是说理，而且是很特殊的说理方式，理解这种说理方式,需要等到小学儿童发展出较高的抽象能力之时。

按照叙事在先，写景、抒情、议论在后这一原则，大致的文体顺序应是：故事、童话在先，散文在后；儿歌在先，儿童诗，特别是抒情的儿童诗在后；散文中，叙事散文在先，写景、抒情的散文和夹叙夹议的散文在后；寓言放在高年级。

三、结语：理论需要实践来检验

文学是有意味的形式。以上我所论述的儿童文学分级阅读的五项原则，涉及的无一不是儿童文学的“形式”问题。包括儿童文学在内，只有对文学阅读进行“形式”分析，才能把语文教育、教学落实到实处。我通过上述五项原则，对儿童文学阅读进行“分级”，希望能够理出儿童文学教学从选文到教法的前后顺序和递进的规律，进而建构一个有机的、有序的、完整的儿童文学阅读教学的结构。我认为，按照这五项儿童文学阅读的“分级”原则，就不容易出现目前的小学语文教材所出现的选文和教学设计上的盲目、混乱和颠倒。

我希望这个“分级”的阅读结构具有普遍的合理性，可以成为普遍的原则。当然，一切理论都要作为“工具”拿到实践中去检验，以证明其有效性。有效，就会成为“真理”。

（本文以《儿童文学分级阅读：指向能力与素养的发展规律》为题，发表于《人民教育》2014 年第 22 期，发表时略有删节）

①②［美］乔纳森·卡勒：《文学理论入门》第3页，第7页，译林出版社2013年1月。

③④⑤⑥⑦［俄］列夫·谢苗诺维奇·维果斯基：《思维与语言》,156~158页、109~111页、155~156页，杭州，浙江教育出版社，1997年版。

⑧周作人：《儿歌之研究》，见钟叔河编订：《周作人散文全集》（第一卷），585页，南宁，广西师范大学出版社，2009年版。

⑨朱自强：《儿童文学概论》，第169页，北京，高等教育出版社，2009年版。

⑩［英］E.M.福斯特：《小说面面观》，75~76页，广州，花城出版社，1984年版。

论儿童文学立场的语文教材观

一、语文教材非儿童文学化典型案例解析

当然不能说目前的儿童文学语文教材中一点真正的儿童文学都没有，但是，在整体形象上，语文课本中编入的儿童文学教材似是而非。有些作品看起来像是儿童文学，其实却不是真正的儿童文学，因为它们缺乏真正的儿童文学所具有的趣味性、艺术性、思想性，因而缺乏语文教育的价值。

我这里想通过具有代表性、典型性的儿童文学教材来展开讨论。

美国作家艾诺·洛贝尔“青蛙和蟾蜍”故事系列是儿童文学经典作品，其中的故事《等信》具有很高的知名度。可庆幸的是它进入了小学语文教材编写者的视野；可叹的是，它在被选入教材的过程中遭受到编选者横切竖砍的删改，被异化成了非儿童文学的作品——

小雨蛙等信

兔子先生来了又走了。小雨蛙很失望，因为没有人写信给他。小树蛙知道了，回家就写了一封信。第二天早上，小树蛙到小雨蛙家去，他说：“你今天会收到信啊。”可是小雨蛙不相信。到了中午，兔子先生真的送信来了。小雨蛙拍着手说：“真的有我的信。”他打开信念着：“小雨蛙，你好吗？写这封信给你，希望你天天都快乐，

祝你天天开心，小雨蛙上。九月十七日。”小雨蛙看完信说：“这是我收到的第一封信。”小树蛙说：“这也是我第一次写信啊。”他们都开心地笑了。

（小学《国语》二年级上册，台湾康轩文教事业版）

寄给小青蛙的信

小松鼠和小青蛙是邻居。小松鼠看见小青蛙一脸不高兴地坐在井边，就问他：“青蛙，你有什么事不开心呢？”

青蛙说：“我天天坐在这里等朋友的信，可是一封也没有，我很伤心。”

小松鼠听了青蛙的话，马上回家，写了一封信。信封上写着：“松树林 5 号，青蛙收。”

小松鼠跑出屋，碰到蜗牛，对蜗牛说：“蜗牛大叔，请你替我把这封信送到青蛙家，好吗？”

“好呀！”蜗牛乐意地说，“我马上去。”

小松鼠跑到青蛙家，青蛙正躲在房间里哭呢。小松鼠劝他说：“别难过，今天你一定会收到好朋友的来信的！”

“不，不会的！”青蛙说。

小松鼠跳上窗户，看见蜗牛还在弯弯曲曲的小路上爬行。“一定有！因为是我给你寄了一封信呀！看！信在蜗牛大叔那里，他来了！”

“谢谢你！”小青蛙高兴极了，飞一样跳到蜗牛面前，接过信，立刻打开大声念：“亲爱的青蛙，我要告诉，我是你的好朋友，我天天想念你……”

（小学《语文》三年级上册，上海教育出版社版）

熟悉原作的人都知道这两篇教材变得多么面目全非。将一千二百字的原作删改之后的教材，只剩下二百字和五百字，不仅流失了丰富的思想、艺术含量和珍贵的语文信息，变得短、小、轻、薄，而且充满了阅读障碍，难以构成真正富有成效的学习。下面谈谈这两篇教材存在的几个问题。

第一，情境的模糊、混乱。这是两篇教材共同存在的问题，尤以《小雨蛙等信》严重。“兔子先生来了又走了。小雨蛙很失望，因为没有人写信给他。”兔子先生到哪儿来了？从哪儿走的？地点模糊不清。为什么“兔子先生来了又走了”，小雨蛙就“很失望”？因为没有清晰交代原因，读者只有莫名其妙，要到读了下文的“兔子先生真的送信来了”，才知道兔子先生是干什么的。“小树蛙知道了，回家就写了一封信”，小树蛙是怎么知道的呢？仍然没有明晰的交代。

在《寄给小青蛙的信》里，小松鼠见到青蛙是在“井边”，他“马上”跑回家，写了一封信，交给蜗牛大叔去送，接着，他本该到井边找青蛙，可是却直接到了“青蛙家”，而在原作里，地点一直是在蟾蜍的家里。我认为，教材没有必要安排“井边”这一场景。另外，小松鼠和小青蛙本是“邻居”，却有送信的蜗牛“还在弯弯曲曲的小路上爬行”这样的描写，这两个“邻居”离得是不是太远了。

我觉得在小学二三年级的语文教材中，时间、地点、人物、事件，这些要素一定要写得非常具体、清晰，学生才能够理解，才易于记忆。

第二，缺乏生动、细腻的心理过程描写。在原作中，青蛙对朋友蟾蜍的关心是通过行动，特别是通过心理细节来表现的。他写好信，交给蜗牛后，就跑到蟾蜍家，把午睡的蟾蜍叫起来等信，他“望望窗外”，“蜗牛还没有到”，“又望望窗外，蜗牛还没有到”，再“望望窗外，蜗牛还是没有到”。蟾蜍奇怪了，问“你为什么老是往窗外看？”青蛙说，“因为我在等信哪”。结果，给蟾蜍的信，却变成了自己在等，青蛙想让好朋友开心的急切心情跃然纸上，儿童的心理世界清晰地展现在读者眼前。但是，很遗憾，在删改的教材中，这些能够培养学生细腻的感受性的极有价值的语文学习资源都流失了。

第三，教材失去了原作的幽默感和趣味性。按照皮亚杰的学习认知理论，在学习的过程中，第一个环节就是学习兴趣的唤起。使用没有情趣、没有趣味的教材，想让孩子产生语文学习的动机和兴趣，是很困难的。诗有“诗眼”，其实，文章也有“文眼”。《等信》的文眼就在蜗牛身上。青蛙的“急”和蜗牛的“慢”，两者形成了鲜明的对比、强烈的反差。有了这种对比和反差，幽默感和情趣就出来了（同时，人物的性格和关爱主题也得到了凸显）。可是，《小雨蛙等信》把蜗牛换成了兔子，《寄给小青蛙的信》把原作“等”了四天才等到，改成了“飞一样跳到蜗牛面前，接过信，立刻打开”，原作的意趣全失，变成了劣作和平庸之作。

总而言之，删改后的这两篇教材（特别是《小雨蛙等信》）是难以预测和理解的，缺乏趣味性的文章，其语文教育价值与儿童文学原作相比有天壤之别。

我在《小学语文文学教育》一书中，曾经指出小学语文教材在改写《丑小鸭》《小蝌蚪找妈妈》等儿童文学名作时出现的严重失误，提出了“当不改则不改”、“改写者必须是业内高手”、“态度必须负责而谨慎”三个原则。洛贝尔的《等信》就是进入教材时“当不改”的作品，一改就是错。

二、语文教材非儿童文学化选文问题

删改儿童文学作品，这只是小学语文教育非儿童文学化的表现之一，除此之外，在选文上也存在严重问题。通过对大陆、香港、台湾的教材的研究，我认为，小学语文教材对儿童文学资源的利用主要存在两大问题：

1. 儿童文学的文类不全、资源流失的问题

譬如说民间童谣、民间童话在小学语文教材中是普遍的缺失。这是一个非常大的失误，因为民间童谣、民间童话既拥有独特的、儿童所喜闻乐见、易于接受的语文价值，又是民俗、历史、传统文化的重要载体。

譬如说对待幻想文学的暧昧态度。我们现在不仅提倡素质教育，还倡导创新性教育，要培养孩子的想象力，可是，小学语文教材却不够重视幻想文学的价值。小学语文教材里出现的基本都是拟人童话。拟人童话除了小狗小猫讲话，并没有超越现实的幻想要素。我认为出现这一状况与现行小学语文教育理念有关，目前小学语文教育是以灌输知识为本，具有知识至上主义或者是理性至上主义的色彩。如果是以培养想象力、创造力为本，那么，就必须多选入《神笔马良》这类幻想故事。

还有幽默文学的缺失。幽默是人的一种可贵的精神品质，应该在童年时代就植根在孩子们的心中。我们的教育的一个重要失误就是永远板着脸孔，表现在语文教材上就是太严肃，把幽默文学排除在外。

还有动物文学的缺失。也许有人说，小学语文教材不是有《野生的爱尔莎》这样的课文吗？可是对一个长篇作品进行缩写，最后

变成一篇几百字的课文，还能说它是动物文学吗？为什么不选择篇幅合适的动物文学进入教材呢？动物文学是生态文学。有了文学的生态教育，语文教育的人文性，就更为完整和深入。

总之，我粗略算了一下，儿童文学的文体应该不下二十种，但是，在小学语文教材中儿童文学的文体却十分有限。

2. 儿童文学经典、优秀作品的缺失。

现有教材，表面看起来儿童文学的数量不少，但是，很多篇章是似是而非的“教材体”儿童文学。所谓教材体儿童文学是指教材编写者根据自己的某种儿童文学感觉，为教材编写的文章，其中也包含删削的儿童文学名著。语文教材应该选入的是自然天成的美文。小学语文教材的编写者，应该到浩如烟海的儿童文学作品中，去精心挑选文体、篇幅都合适的经典、优秀作品，直接收入教材，以改变目前小学语文教材“短小轻薄”的不良现状。

三、儿童文学在语文教材中被“异化”的原因分析

（一）对儿童文化的理解存在问题

我认为，在人类为儿童创造的所有文化中，儿童文学最和谐地解决了儿童与成人之间的矛盾和冲突，因此，在小学语文教育中运用儿童文学，可以为儿童文化与成人文化的和谐融合搭建宽阔的桥梁。但是遗憾的是，我们的语文教材编写观念往往背离儿童文化，使孩子们的语文学习出现障碍。

儿童文化是天真的文化，儿童文学是天真的艺术。但是，《小雨蛙等信》违反了这种天真。譬如说，为什么要把邮差由蜗牛改成兔子？我觉得这是用大人的理性的、功利的、知识的逻辑来看待事

物所造成的。兔子跑得快，当然应该当邮差；蜗牛那么慢，怎么能当邮差呢？这反映了语文教育中，成人的逻辑和孩子的逻辑之间的冲突，这也是两种不同文化的冲突。

不要以为儿童文化的“天真”是浅陋的、没有价值的。尼采的精神三变一说中就认为，人在变成坚忍的骆驼、富于勇气的狮子之后，还要变成幼儿，因为幼儿的天真无邪可以开创一切。面对《等信》这样的作品，我们成人的确应该学一学青蛙的“天真”。

（二）对儿童语文学习能力的判定存在问题

从乔姆斯基、史蒂芬·平克这些顶尖语言学家的著作中，我们知道，儿童是天生的学习者，有巨大的语文学习潜能。语文教育就是要致力于使用有学习效率的好文章，把儿童的语文潜能激活。

《等信》在台湾和大陆的教材中被删节成二百字和五百字，恐怕是因为教材编写者认为二年级和三年级的小学生不能阅读长度为一千二百字的文章。可是，在儿童文学化程度很高的日本的小学教材中，是全文一千二百字悉数收入的。这体现了对儿童阅读能力的不同评价。在儿童的阅读现实中，未上学的五六岁的儿童以听大人讲述的方式阅读一千多字的故事是毫无问题的，然而在语文课堂的学习中，我们却低估儿童的阅读能力，教学不是向上提升，而是向下俯就。

另外，教材的短小轻薄恐怕还与应试教育的打算有关，因为短文章好背，字和词都能学会，容易评估，容易应付考试。

将删改教材和原著两相对比，显而易见的是篇幅长的原著容易学习和理解，因为它具有具体的情景，有鲜明的性格、幽默的情趣、可预测的情节。

（三）自下而上的文章观

刘勰的《文心雕龙·章句》篇中有“夫人之立言，因字而生句，积句而为章，积章而成篇。”当代的语文教育研究者接受了这种自下而上的文章观：“文章是由字组词，由词组句，由句组段，积段成篇的。”

自下而上的文章观对教材编写有着深刻的负面影响。如果认为文章首先是由字组成，有了字就能组成文章，就会按照选定的生字、生词来拼凑文章。这不符合好文章的写作规律。事实上，在这种文章观之下，产生了所谓的教材体的“文章”。教材编写者根据需要写进教材的生字、生词去编写文章，于是不自然的、缺乏灵性的文章才纷纷出来。

当代阅读学理论认为文章是自上而下的。也就是说，文章的生成是先有要表达的意义（思想、情感等），这个意义高高在上，统领着语言的任何安排，从而使文章成为有意味的、完整的形式。

在学习生字、生词方面，如果选入的自然文章是符合小学生的思想、情感和生活经验的，那么，就会把阅读所需要的基本的字词纳入语文学习。

针对目前小学语文教材中存在的上述问题，我认为，要取得语文教材编写的进步，至少有两项重要的工作要做。

第一，应该为人文性注入新的元素，即将儿童文化中对儿童认知生活、精神成长有重要作用的人文元素，注入语文教育教学之中，使语文教材真正具有儿童特点。应该重视成人文化与儿童文化的有机融合，使小学语文教育教学成为成人文化与儿童文化互动融合的和谐的场域。

第二，应该强化儿童文学经典意识，学习自然文章。要注重选取自然的经典和名作，学习自然天成的优秀文章。经典和名作的最重要的资源就是儿童文学。从文体上来说，儿童文学有儿歌、儿童诗、童话、寓言、故事（历史名人故事、生活故事、动物故事）、小说（现代小说、动物小说、科幻小说）、散文、传记、游记、日记、科学小品等等，如果综合开发利用，是语文教育最为丰富、有效的资源；另外，在古今中外的成人文学中，也存在着适合儿童理解和接受的、具有高度艺术性的作品，如果站在小学儿童审美经验和能力的立场上，经过精心筛选，会使小学儿童在语文学习中，及时领略人类思想、艺术的精华。

（原载于《语文教学通讯》2010 年 1C 期）

小学语文教材中的儿童诗歌简析

一、语文教材中的儿歌评价

我对人民教育出版社出版的小学语文教材做过统计，里面收入十首左右儿歌。如果以儿歌的艺术特质和标准来衡量，这些儿歌既有艺术性较高的,也有艺术性明显不足的。即使艺术性较高的儿歌，也存在着这样或那样的瑕疵。

下面是第一册中的儿歌《雪地里的小画家》：

下雪啦，下雪啦！
雪地里来了一群小画家。
小鸡画竹叶，小狗画梅花，
小鸭画枫叶，小马画月牙。
不用颜料不用笔，
几步就成一幅画。
青蛙为什么没参加？
它在洞里睡着啦。

这是一首创作儿歌。它采用儿童喜闻乐见的拟人手法，将自然的生活现象升华至艺术境界，并不露痕迹地将知识融入艺术点染之中，颇具特色。我以为，这首儿歌的瑕疵在于韵律和节奏上存在明显的不和谐。我们一眼就能发现，儿歌的第二句“雪地里/来了/

一群 / 小画家”，三、二、二、三这样的音尺安排，已经破坏了儿歌整体上的音乐性。另外，儿歌的题目也尽量要求简洁、概括、富于节奏感，而《雪地里的小画家》的题目则冗长、拖沓，似乎改为“小画家”或干脆就以“下雪啦”为题，更像儿歌的题目。

同是第一册收入的儿歌《小小的船》，如果以儿歌的音乐性这一标准来检验，则可以清晰见出其中的瑕疵。

弯弯的月儿小小的船。
小小的船两头尖。
我在小小的船里坐，
只看见闪闪的星星蓝蓝的天。

作为儿歌，它在韵律、节奏上的磕绊、拗口是不言自明的。比如，创作儿歌时，定语后面的“的”字，基本上是不宜使用的，在特殊情况下使用这个“的”字时，也一定要以不损害节奏感为原则（北京传统儿歌《雪花儿酪》就是成功使用“的”字的例子：“玉泉山的水，/ 护城河的冰，/ 吃在嘴里沙沙棱棱。”）。另外，《小小的船》各句间音尺也对得不够整齐，这无疑影响了韵律的和谐。

其实对这首儿歌的前两行（第一行的句号用法，叫人莫名其妙）稍加斟酌，改成“弯弯月儿像小船，/ 小小船儿两头尖。”其音乐性效果就大不一样。

儿歌《小小的船》不仅在音乐性方面存在瑕疵，而且在儿歌的艺术表现和趣味性方面也存在一定的问题。想象一个孩子（“我”）坐在了月亮上面，这样的构思应该说很有可取之处。可是，一旦乘上了月亮小船，却“只看见闪闪的星星蓝蓝的天”，这就毫无新奇感和想象力了（而且坐在月亮上，能否看见“蓝蓝的天”也大可怀疑，因为据说人们在陆地上看到的蓝天，实际上是地球表面的大气造成的结果）。如果将后两句改为："我在小小船上坐，/摘下星星一串串。"是不是会引起一年级小朋友的更多一点兴趣呢？

《小小的船》这篇短短的课文却引起了我一连串的思考。首先，为小学生，哪怕是年幼的一年级小朋友编选或创作文学作品作为教材时，必须给予儿童人格以相当的尊重，绝不能因为面对的是年幼的儿童，就以为可以草率为之，应付了事。其次，要做好教材的文学作品的选编或创作工作，必须对小学阶段的儿童的审美能力有一个正确的评价。我在《本能的缪斯：儿童研究》这一篇文章中曾说过，儿童是具有欣赏优秀文学作品的审美能力的，儿童的审美能力与成人的审美相比，有独自的特点，因此，教材的编写者应该调动自己的全部艺术才华。再次，小学语文教材里的文学作品的编写工作，应该由我们这个社会最优秀的分子来完成。所谓最优秀的分子就是既有一流的文学创造力，又洞悉儿童心灵世界和深知教育规律的作家特别是儿童文学作家，也就是像当年为俄国儿童编写识字课本的列夫·托尔斯泰那样的人。

二、语文教材中的儿童诗简析

在评价小学语文教材中的儿童诗时，当毋忘它也是诗，也应该以诗歌的艺术标准来加以衡量，而绝不能因为是教材，是写给年幼儿童的，就可以降低艺术标准。

从我所接触到的教材中的诗歌来看，虽然也有《囚歌》《我的"自白"书》这样的既体现尊贵人格，又充满激情的撼动人心的诗作，但是，也有一些诗歌诗味寡淡，艺术平庸，诗中的情感生活距离儿童的心灵世界比较远。

《蒲公英的种子》是收入小学一年级语文教材的一首诗，全诗如下：

> 我是蒲公英的种子，
> 有一朵毛茸茸的小花。
> 微风轻轻一吹，
> 我离开了亲爱的妈妈。
> 飞呀，飞呀，
> 飞到哪儿，
> 哪儿就是我的家。

是一首以拟人的手法写成的咏物诗。基本的内容是说，“我”（蒲公英的种子）长大成人，离开妈妈，走到哪里，就以哪里为家。从诗歌的语气、情绪来体察，“我”是愿意接受这样的生活的。

那么，这首诗可以为小学一年级儿童理解和接受吗？

儿童教育应以儿童的心理为依据来展开，儿童的语文教育也当如此。三百年前，从事儿童教育的人就已经看到，儿童“五六岁时，方离襁褓，未脱孩心，眷眷堂前，依依膝下，乃其天性本真，……”① 今天的小学一年级的儿童年龄正在六七岁，虽然时代、生活发生了巨大变化，但是，六七岁的孩子对母亲的依赖之心应该没有根本的变化。这个年龄儿童的成长是伴随着心理不安的，如果是一个健康的家庭，母亲应当是消除其心理不安的重要存在，不管是因夫妻离异，还是因疾病灾祸造成的母亲离开儿童，都会给儿童的心灵留下创伤。这样看来，《蒲公英的种子》一诗所表现的情感生活，就不仅距离小学一年级儿童的生活经验十分遥远，而且还与儿童的情感愿望相背离。

如果想将表现孩子与母亲之间的情感生活的诗歌作为小学低年级语文教材的话,我认为不应该选择《蒲公英的种子》这样的作品,而应该选择《世上只有妈妈好》这样的作品。我想,面对《世上只有妈妈好》这样的作品,孩子们会产生深深的情感共鸣,语文课上的文学教育会落到实处。

给小学儿童的儿童诗不仅在思想感情上应该贴紧儿童的心灵,而且艺术表现上也应该是对儿童充满魅力的。

《跳伞》是二年级语文书上的一首短诗:

姐姐的胆子真大,
敢从飞机上跳下!
蓝天上飘满了五彩的花朵,
也不知道哪朵是姐姐的花。

应该说,这首诗所表现的题材对二年级儿童不无吸引力,但是,以诗歌艺术的尺子衡量,却不能不说,这是明显偷工减料的作品。诗里除了把降落伞暗喻为花朵,就找不到任何具有想象力的语言表现。因为没有想象力,这首诗是苍白无味的。

诗歌是最需要锤炼语言的一种艺术样式。古人作诗,为得佳句,"吟安一字句,捻短数茎须","两句三年得,一吟双泪流"。杜甫的"为人性僻耽佳句,语不惊人死不休"的诗风,也成为现代诗人的艺术追求。给小学语文教材选取诗歌,也要把好语言关。但是,我看到的语文书里的诗歌,在语言的锤炼方面,还短缺很多功夫。二年级教材中《看浪花》这首诗可以让人感觉到,诗人在创作时是想发挥想象力的,诗人把"一束束浪花"比喻成"问号""稻穗""马鬃",却总是让我感到有些牵强和不自然,尤其是"一束束浪花像彩绸/

万里海疆铺彩霞”这样的比喻，大而无当，意象间失去了内在的联系。

之所以在小学语文教材里很难找到艺术性很高的诗歌，我想原因恐怕在于编写者对小学阶段的儿童持有一种偏见：他们还无法欣赏艺术性很高的诗歌。其实，正如我在第一辑所论述过的，儿童在天性上是与艺术相亲近的，他们具有健全而独特的审美能力。如果以儿童的审美能力为出发点，我们既可以为他们创作出艺术价值很高的诗歌（这一点早已经被中外的优秀儿童诗人的创作所证实），也可以在作为遗产的诗歌宝库中为他们找到珍品。关于后者，我想以具体作品来说明。

天上的街市

郭沫若

远远的街灯明了，
好像是闪着无数的明星。
天上的明星现了，
好像是点着无数的街灯。

我想那缥缈的空中，
定然有美丽的街市。
街市上陈列的一些物品，
定然是世上没有的珍奇。

你看，那浅浅的天河，
定然是不甚宽广。
我想那隔河的牛郎织女，
定能够骑着牛儿来往。

我想他们此刻，
定然在天街闲游。
不信，请看那朵流星，
是他们提着灯笼在走。

这首诗写于 1921 年，现在已经成为中国现代新诗的代表性名篇。这首诗的语文教育价值早已被人们发现，长期以来，一直作为初中语文教材被广泛使用。我在这里提出的思考是：为什么这首诗被选入了中学语文教材而不是小学语文教材？编选者是不是认为小学儿童没有能力欣赏这样优美的诗歌呢？以我之见，最能感受这首诗的艺术魅力的，应该是小学的儿童而不是初中的少年。

诵读这首诗，我们都会惊叹诗人新奇的想象力。这一想象力的特色也很明显，它是童话式的，诗人将想象力奇特的民间童话加以演绎和发挥，创造出了令人神往的“天上的街市”。文学的阅读与欣赏也和人们对事物的认识规律一样，如果阅读者的审美心理的结构不能与作品的艺术结构形成同质同构的状态，读者对文学作品的审美就不能取得最佳效果。《天上的街市》之所以更适合小学儿童更确切地说是小学四五年级的儿童，就是因为这个年龄阶段的儿童的想象力还鲜明地保持着童话色彩（相比之下，初中的少年，由于生活经验以及自然科学知识的增多，童话思维能力已经不及小学儿童）。为了说明这个问题，我们来看看这个年龄的儿童自己创作的诗歌。

太阳和月亮

台湾大里国小　赖宜君

太阳非常怕他的老婆——月亮，
但偏偏又爱喝酒，

每到黄昏，
就偷偷喝起酒来，
喝得满脸通红。
到了晚上，
喝醉了，
怕被月亮发现，
就躲起来睡觉，
害月亮找了他一整夜，
都找不到。

彩　虹

台湾大里国小　林韵文

枫叶有红色的笔，
落日有橙色的笔，
月亮有黄色的笔，
山峦有绿色的笔，
小河有兰色的笔，
大海有靛色的笔，
玫瑰有紫色的笔，
下过雨后，
他们会把自己的笔
交给太阳先生，
让太阳把天空
被雨水洗得褪了色的发带
重新涂上颜色。

台湾的小学语文教育与大陆相比，一个重要的特色是特别重视对小学生诗歌欣赏和创作能力的培养。在众多教师的努力下，孩子们写出了很多富于想象力的作品。我在台湾的台东师范学院儿童文学研究所任兼职教授期间，授课的硕士生班的学员陈景聪老师送给我一本他编着的书《张开想象的翅膀——教小朋友写童诗》，上面的两首童诗就选自其中。这两首诗与《天上的街市》相比，艺术表现方面的稚嫩是显而易见的，但是，其童话式的想象力却与《天上的街市》有着相通之处。

我想，如果我们将《天上的街市》这样的诗歌精品视为合适的小学语文教材的话，再看小学语文教材中的有些诗歌，其艺术上的平庸、浅薄就更为明显。一个人在饮食方面的口味标准有很多是由他小时候的饮食经验决定的，同样，一个人欣赏文学艺术的品位与他童年时代阅读的作品的优劣具有直接的关系。所以，应该在小学时代，通过语文课的学习，把那些最能代表中华民族语言的精华的诗歌，像种子一样植入孩子们的心田，以使他们的缪斯心性蓬勃地生长。

①崔又尚：《幼训》，见徐梓、王雪梅编：《蒙学要义》，太原，山西教育出版社，1991 年版。

小学语文教材中的童话评价

就我所看到的小学语文教材中的童话作品而言，虽然其中也有《小蝌蚪找妈妈》《小马过河》这样的比较优秀的作品，但是，如果总体衡量，童话部分的水准是不如人意的。透过教材，我感到在编写者的指导思想里，存在着重视道德教育和知识灌输，忽视幻想力和想象力的培养这一倾向。

选入小学语文教材的童话作品应该是完全意义的艺术品，因此，也应该用完整的童话艺术的标准来检验。在中国最早开始研究童话的周作人曾指出："盖凡欲以童话为教育者，当勿忘童话为物，亦艺术之一，其作用之范围，当比论他艺术而断之，其与教本，区以别矣。故童话者，其能在表见，所希在享受，撄激心灵，令起追求以上遂也。其余效益皆属副支，本末失正，斯昧其义。""童话之用，见于教育者，为能长养儿童之想象，日即繁富，感受之力亦益聪疾，使后日能欣赏艺文，即以此为之始基。"①周作人没有明言道德教育和知识教育，从他的论述可以看出，两者显然"皆属副支"。

但是，在小学语文教材的一些童话里，道德教育和知识教育却由"副支"变成了正本。我们读一读《美丽的公鸡》这篇课文——

从前有一只公鸡，他自以为很美丽，整天得意扬扬地唱："公鸡公鸡真美丽，大红冠子花外衣，油亮脖子金黄脚，要比漂亮我第一。"

有一天，公鸡吃得饱饱的，挺着胸脯唱着歌，来到一棵大树下。他看见一只啄木鸟，就说："长嘴巴的啄木鸟，咱们俩比一比，到底谁美。”啄木鸟冷冷地说：“对不起，老树长了虫子，我要给他治病。”公鸡听了，唱着歌，大摇大摆地走了。

公鸡来到一个果园里，看见一只蜜蜂，就说：“鼓眼睛的小蜜蜂，咱们俩比一比，到底谁美。”蜜蜂冷冷地说：“对不起，果树开花了，我要去采蜜。”公鸡听了，又唱着歌，大摇大摆地走了。

公鸡来到一块稻田边，看见一只青蛙，就说：“大肚皮的青蛙，咱们俩比一比，到底谁美。”青蛙冷冷地说：“对不起，稻田里有害虫，我要捉害虫去。”公鸡见谁也不跟他比美，只好往回走。

在路上，公鸡碰到一匹驮粮食的老马，向老马说了自己和啄木鸟、蜜蜂、青蛙比美的事。他伤心地问老马：“老马伯伯，我要跟他们比美，他们为什么都不理我呢？”老马说：“因为他们懂得，美不美不光看外表，得看能不能帮助人们做事。”

公鸡听了很惭愧，再也不去跟谁比美了。他每天天不亮就喔喔喔地打鸣，一遍又一遍地催人们早起。

帮助别人做事是一种好品德，在文学作品中表现这样的品德是应该的，但是，遗憾的是，这篇童话却并不能以这样一种品德“撄激心灵”。我曾经将《美丽的公鸡》读给上初中的儿子听，儿子的评价是：“故事做作，没有人情味，可以看出作者也是一个做作、死板的人。”我认为，这一评价是有道理的。《美丽的公鸡》不仅以道德教育为正本，而且还以道德教育作为全部创作的出发点和唯一的目的。这是一篇典型的主题先行的概念化的作品。作品中没有温暖的同情，只有冷冷的教训（我们可以回想一下啄木鸟、蜜蜂、青蛙的态度，尽管他们在作者那里是道德的美好化身，但是并没有给我留下好感）；没有灵动的想象力，只有僵硬的观念。

童话中有益的思想、情感只有融化在富于想象力的故事、生动丰满的艺术形象之中时，才能对读者产生“撄激心灵”的效果，才能在读者心灵的田园开花结果。作为例证，我想到了日本作家新美南吉的童话《去年的树》。

去年的树

有一棵树，它和一只小鸟是非常要好的好朋友。小鸟整天在这棵树上唱歌，树整天聆听小鸟的歌唱。

可是，寒冷的冬天已经临近，小鸟不得不与树分别了。

“再见了。明年请你再回来，让我听你的歌声吧。”

“好啊，你等着我吧。”

小鸟说着，向南方飞去。

春天回来了，田野和森林里的冰雪融化了。

小鸟又飞回到它的好朋友——去年的那棵树身边来了。

可是，究竟是怎么回事呢？去年的树不见了，只有树桩留在那里。

“这里的树到哪里去了？”小鸟问树桩。

树桩说：“伐木人用斧头把它砍倒，然后运到了山谷那儿。”

于是，小鸟向山谷的方向飞去。

山谷那儿有一座很大的工厂，里面发出“吱嘎吱嘎”的锯木头的声音。

小鸟落在工厂的大门上，问道：“大门先生，你知道我的好朋友——树怎么样了吗？”

门回答说：“是树吗？它在工厂里被锯成小木棍，做成火柴，卖到了那边的村子里。”

于是，小鸟又向村子的方向飞去。

油灯的旁边有一个小女孩。

小鸟问她："请问，你知道火柴在哪里吗？"

小女孩告诉小鸟："火柴烧没了，可是，它点燃的油灯还在燃烧着。"

小鸟盯盯地注视着油灯的火苗，然后为火苗唱起了去年的那支歌。火苗微微地摇晃着，似乎心里十分高兴。

唱完那支歌，小鸟又盯盯地看了火苗一阵，然后飞走了。

这篇童话我是与《美丽的公鸡》同时讲给儿子朱小鹤听的，讲述之前，对这两篇作品，我没有表露任何倾向性意见。朱小鹤对《去年的树》的评价是："感情不做作，故事非常自然，有很深刻的、耐人寻味的内涵。与《美丽的公鸡》相比，一看就是两个层次的人写的。"

我也曾经与已经上小学四年级的左旭讨论过《去年的树》。我问："小鸟为什么要给火苗唱歌？"她回答说："因为火苗就是小鸟的朋友。"我又问："小鸟为什么给火苗唱去年的那支歌呢？""因为小鸟飞走时，答应了还要给树唱这支歌。"我相信，在左旭作出上述回答时，她已经感受到了《去年的树》所蕴含的思想和情感。

新美南吉创作《去年的树》时，无意对任何人进行道德教育，对友情的渴望，对人与人之间心灵的沟通的渴望，是新美南吉当时的强烈精神需求。他把自己的愿望变成故事，读者通过阅读这个故事，会产生与他相同或相似的愿望。在这个故事里，虽然道德教育既不是出发点，也不是目的，但是在结果上却收到了实实在在的效益，正所谓"有心栽花花不开，无心插柳柳成行"。

与道德教育（其实，在一些童话中，已经变成了道德教训）一样，小学语文教材也存在着急切灌输知识的倾向。我并没有主张文学作品不能包含科学和知识的意思，因为文学作品中是否包含科学和知识，这本身其实与作品的优劣无关，儒勒·凡尔纳的科幻小说，谁能说不是优秀的文学作品。问题的关键在于文学作品纳入科学和知识的内容，是出自于文学的选择还是出自灌输知识的选择。如果是出自文学的选择，如凡尔纳的《海底两万里》《格兰特船长的儿女》等科幻小说，如低幼图画故事名著《蓝孩子和黄孩子》(美国，雷奥·雷昂尼著)，在作家对人的精神世界的观照下，在作家想象力的驱动下，科学、知识，都成了文学中熠熠发光的一部分。反之，如果是出自灌输知识的选择，作品就会缺少对人情人性的关切，而出于功利目的被作者特写放大(同时也被孤立化了)的科学和知识很轻易就把文学的想象力挤到不显眼的角落，有时甚至干脆令其出局了事。

小学语文教材里的许多童话都包含着说教甚至教训的倾向，对此，孩子们也清晰地觉察到了，比如，在我和左旭一起读完《美丽的公鸡》这篇童话后(左旭还由这篇童话联想到了《骄傲的孔雀》)，就有这样的对话——“我们二年级时学的课文(指童话故事)都是告诉我们要这样做，不要那样做的。”我问道：“那你喜欢这样的故事吗？”“喜欢。”“为什么？”“因为要改正缺点啊！”

与左旭的这番对话，令我很受震动。她显然是把自己带入了童话之中，与童话中的那些“小猫”、“小狗”同化了。我认为，左旭对童话的这种解读在小学生中具有普遍性。也许有的教育者为教育意图被孩子们接受而感到高兴，但是，我的看法却与此相反，我为天真的孩子们感到深深的不安。

通过文学作品的阅读让孩子们改正缺点，这不仅是许多童话编写者打的算盘，而且许多小学语文教师也愿意这样做。我在自考生毕业论文指导和答辩工作中，与小学语文教师讨论教材中的童话作品时，经常听到教师对那些教训性童话的支持和认同。孩子们有了缺点当然要改正，但是，把文学作品当成劝善规过的工具，这样的文学教育就从根子上错了。文学在本质上，给人带来的不应该是心灵的压抑，而应该是心灵的解放。当孩子们看到语文书上的这些“公鸡”和“小猫”（其实就是儿童自己），不是有这样的缺点，就是犯那样的错误，不是遭这样的训诫，就是得那样的教育的时候，儿童被强化的不是自卑心理吗？孩子们在故事中看到自己的同类浑身缺点，自己的自信心又怎么会得到鼓励呢？包括童话在内的儿童文学作品总是过分注意、强调或夸大儿童的弱点、缺陷、错误，这对儿童心理健康不利。因为对儿童所做的心理测量清楚地表明，当一个疲惫的孩子受到赞扬时，他会产生一种明显的新的向上力量；相反，当孩子受不到赞赏或受到批评时，他们现有的能力也会戏剧性地减退。我们的教育应该让儿童在早年生活中就体验到成功，感觉到自己的价值。但是，我认为，面对我们的简直可以称为“羞耻文学”的那些儿童文学作品所描绘的形象，儿童读者极易产生自卑感，沮丧，失去自信，从而降低自己的能力，在身心发展过程中出现障碍。

我认为，将童话作为教训儿童改正缺点的工具的做法，源于教育者对自己的自以为是和对儿童的不信任这种心态。在这样的心态下，教育者（包括童话编写者和学校教师）不可能摆正与儿童之间的关系。

我在拙著《中国儿童文学与现代化进程》中说过这样的话：“我有一个很大的疑惑或者说有一个很大的不满，这就是为什么人们一讲到儿童文学的教育功能时，教育的目标总是指向儿童，而从不指向成人自己呢？我们读安徒生的《皇帝的新装》，当听到一个孩子戳穿全城的大人自编自演的自欺欺人的骗局时，你能说安徒生是在教育儿童吗？其实，许多世界儿童文学名著，如马克·吐温的《汤姆·索亚历险记》和《哈克贝利·费恩历险记》，巴内特的《小公子》，斯比丽的《夏蒂》,埃克絮佩里的《小王子》,米切尔·恩德的《毛毛》,凯斯特纳的《两个洛蒂》等等。从中应该受'教育'的并不是儿童而是成人,可是为什么从来不见我们的某些儿童文学作家和研究者说儿童文学是'教育成人的文学'呢?我想原因大概在于某些儿童文学作家和研究者并没有将自己看作是与儿童一起跋涉、探索于人生道路上的同伴,没有意识到在儿童文学中(当然也在生活中),成人作家与儿童是在做双方面的相互赠予,而是把自己当成了'教师',以为成人在创作儿童文学时可以像学校教师在教室里教小学生一加一算式一样,能够随时把一切人生的大道理教导给儿童。如果不是持着这种'教师'心态,怎么会在那里不厌其烦地大讲'教育儿童''教育儿童'呢?

"成人作家的确应该通过儿童文学来'教育'(我更愿意用帮助、引导、激发这些语汇)儿童。但是,这可与教师在教室里教给小学生知识这种教育有本质的不同,因为对人生的真知灼见的获得并不以年龄和经验来保证。儿童文学作家在用儿童文学教育儿童之前,必须首先'教育'自己。无论是儿童文学创作还是儿童文学研究,都绝不是仅仅知道道德上的几个观念,儿童心理上的几个常识,而对生活的真义却一知半解的人可以随便伸手操持的。儿童文学正因为面对的是天真纯朴的儿童,'教育'者(作家)才越要谨慎小心,莫让儿童这块有珍贵价值的璞玉毁在自己手里。从这个意义上讲,我认为,儿童文学作家和研究者今后可少谈'教育儿童',而多去'教育'自己。当你真的经历了'成长'的风霜雨雪的磨炼,经历了颠沛坎坷的人生的摸爬滚打,从中获取了丰富的人生智能和经验,能够真实地观照人的本质和生活的本质,对它们有了真正的迷惘和清醒,你肯定会放弃'教育儿童'这一教师立场,而愿意把自己看作是与儿童共同探索人生的儿童的朋友或同路人。而恰恰在你不想'教育'（与鲁兵的'教育'相同）儿童的时候，你的文学成了'教育'（与鲁兵的'教育'不同）儿童的文学，即对儿童心灵的成长具有帮助、引导、激发作用的文学。"②

我认为，我在这里提出的儿童文学作家与儿童之间的关系，也应该是语文教材的编写者、语文教师与学生之间的关系。不讲教训是文学的一个原则，也应该是语文文学教育的一个原则。千万不能将语文教科书变成道德教科书或行为规范手册，俄国批评家别林斯基在一百多年前说过的话仍然值得我们从事语文教育的人听取："望大家莫把自己的注意力花在消除孩子们的缺点和恶习上，重要的是多费点心血，用富于生命力的爱来充实孩子们的心灵，因为有了爱，恶习就会消失。"③

在童话教材中偏重道德教育、知识灌输，幻想力和想象力就必然遭到削弱甚至放逐，因为幻想力和想象力是对说教的冲破，是对知识的超越。我在介绍童话类型时说过，超人体童话是童话的幻想质感最强的一种类型。童话教材的幻想的贫弱，就体现在几乎没有选入超人体童话（小说童话就更不用说了，教材编选者似乎连这一文体意识都没有）这一事实上。教材里的童话几乎是清一色的拟人体童话，像《神笔马良》《渔夫和金鱼的故事》（童话诗）这类超人体童话简直是凤毛麟角。我感到，教材的编选、编写者似乎在躲避超人体童话。

探究童话教材中幻想的贫弱乃至缺失的原因，不能将目光停留在教材的编选、编写者身上，而是要对中国文化的深层进行挖掘。中国文化中是存在着重实际而黜玄想这种因子的。儒家的鼻祖孔子早就说过："敬鬼神而远之，可谓知矣。"④记载孔子言论的《论语》这样描述孔子："子不语怪、力、乱、神。"孔子的这种以不言鬼神为"知"的思想对后来中国的幻想型文学创作产生了很大的消极影响。

在中国，古代神话、传说一直没有得到很好的搜集、整理。鲁迅在《中国小说史略》中指出："中国之神话与传说，今尚无集录为专书者，仅散见于古籍，而《山海经》中特多。"⑤后来茅盾研究中国神话，进一步发现，"中国神话不但一向没有集成专书，并且散见于古书的，亦复非常零碎，所以我们若想整理出一部中国神话来，是极难的"。⑥

确如茅盾所言，今天我们能从《山海经》《庄子》《楚辞》以及诸子著作典籍中搜寻到的古代神话、传说实在只是吉光片羽。如果与荷马史诗这样的希腊神话传说相比较，中国的神话传说之不发达更为显眼。究其原因，鲁迅举出日本的中国文学研究者盐谷温的观点说："中国神话之所以仅存零星者，说者谓有二故：一者华土之民，先居黄河流域，颇乏天惠，其生也勤，故重实际而黜玄想，不更能集古传以成大文。二者孔子出，以修身齐家治国平天下等实用为教，不欲言鬼神，太古荒唐之说，俱为儒者所不道，故其后不特无所光大，而又有散亡。"⑦（鲁迅语中"说者"即指盐谷温）

神话、传说与童话创作有着渊源关系。作为中国文化传统的儒家思想中的以实用为教、不欲言鬼神的观念也势必阻碍以幻想为基本特征的童话在语文教育中的应用。"五四"前后，小学语文教科书大量采用儿童文学作品，其中多有猫狗说话的故事，"五四"运动刚一退潮，就有讲文化史的教授指责小学教科书尽是猫狗说话，可笑地说读了这样的教科书，会变成猫化狗化畜生的国民。到了二十世纪三十年代初，国民党湖南省政府主席何健咨请教育部改良学校课程时，又攻击小学语文教科书中的"鸟言兽语"，而初等教育专家尚仲衣也撰文认为，"鸟言兽语"就是神怪，低年级读物采用"鸟言兽语"是语文教育的倒行逆施。鲁迅对这种言论曾批判说："对于童话，近来是连文武官员都有高见了；有的说是猫狗不应该会说话，称作先生，失了人类的体统；有的说是故事不应该讲成王作帝，违背共和的精神。但我以为这似乎是‘杞天之虑’，其实倒并没有什么要紧的。孩子的心，和文武官员的不同，它会进化，绝不至于永远停留在一点上，到得胡子老长了，还想骑了巨人到仙人岛去做皇帝。”⑧

虽然今天的语文教科书正名正言顺地采用着拟人体童话，即是说，“鸟言兽语”已经不再成为问题，但是，超人体童话的缺失表明在语文教科书编选者的观念中，对童话里超自然的分子，比如能使人如愿以偿的宝物和呼风唤雨的魔法等，依然怀着戒备、躲避的心理。语文教科书这种不敢越现实生活和科学实证的雷池一步的童话观，毫无疑问地错过了培养、发展小学儿童的丰富、旺盛的幻想力的良机。

语文教育对儿童们的价值观的建立具有莫大的影响力。我在与左旭讨论《美丽的公鸡》时，她就说，那都是二年级以前的课文，我们现在应该学习像《“绿色的办公室”》这样描写真事的课文，其语气里分明潜藏着对童话的疏远和轻视的态度。这种态度在相当程度上，是小学语文教科书的童话观施加影响的结果。因为教科书不仅躲避超人体童话，而且进入三四年级以后，童话文体几乎一下子就消踪匿迹了。

我认为，我们的教科书中的童话不仅在整体上艺术水准不高，而且品种单一。超人体童话的缺少，小说童话的缺席使小学儿童在语文学习中，既缺少体验奇异的幻想世界的机会，又过早地与童话文体告别了。我们应该改变语文教育中的一种观念，即认为当儿童获得了一定的科学知识，知道童话里的幻想世界并不存在之后，就不必让儿童再接触童话。

英国作家刘易斯创作了著名的系列小说童话《纳尔尼亚国历险

记》，其第一部《狮子、女巫和衣橱》的开头，写了战争期间为了躲避战乱，彼得、苏珊、艾德蒙和璐茜四个孩子来到伦敦一位老教授的家中，老教授住的房子非常古老，传说有许多离奇的故事在这里发生。有一天，四个孩子在这个结构复杂的大房子里“探险”，结果最小的璐茜走进一个衣橱时，进入了另一个奇异的幻想世界。还没有上学的璐茜相信进入的那个幻想世界是真实的，但是，年龄大些的彼得和苏珊不相信璐茜的话，决定去问老教授——

“但是，教授先生，您的意思是——有可能存在另一个世界——就在那间屋子，就在那个衣橱里？”彼得问。

“是的，极有可能！”老教授说着摘下花镜，擦了擦镜片，嘴里还念念有词，“我真怀疑在学校里，那些教师都教给孩子们些什么？”他不住地摇头叹息。

老教授显然对使孩子们失去幻想的惊异力量的学校知识理性教育深感不满。

我介绍这个故事，是想说，在学校教育中，不能将知识的学习与幻想精神的培养对立起来。幻想这一人类的可贵品质需要终其一生来守护，同样，童话这一以幻想为生命的艺术品，也是人一生的恩物。

正是在这个意义上，我们需要重新认识童话的语文教育价值，重新建立应用童话的标准和方法。

---

①周作人：《童话研究》，见钟叔河编：《周作人文类编》（第五卷），长沙，湖南文艺出版社，1998年版。

②朱自强:《中国儿童与现代化进程》,422~423页,杭州,浙江少年儿童出版社,2000年版。

③[俄]别林斯基:《新年礼物。霍夫曼的两篇童话和伊利涅依爷爷的童话》,见周忠和编译:《俄苏作家论儿童文学》,郑州,河南少年儿童出版社,1983年版。

④《论语·雍也第六》。

⑤⑦鲁　迅:《中国小说史略》,见《鲁迅全集》(第九卷),18页、21页,北京,北京人民文学出版社,1981年版。

⑥茅　盾:《神话研究》,65页,天津,百花文艺出版社,1981年版。

⑧鲁　迅:《〈勇敢的约翰〉校后记》,见《鲁迅全集》(第八卷),北京,人民文学出版社,1981年版。

寓言与小学语文教学

一、寓言的艺术特征

德国寓言作家莱辛在论文《论寓言的本质》里说：“要是我们把一句普通的道德格言引回到一件特殊的事件上，把真实赋予这个特殊的事件，用这个事件写一个故事，在这个故事里大家可以形象地认识出这个普遍的道德格言，那么，这个虚构的故事，便是一则寓言。”[①]

莱辛的话告诉我们，在实质上，寓言是以抽象概念通过具体故事反映现实，是理性认识的感性式的表现，是抽象概念的具体化。

寓言有以下几个特征：

1. 教训性

十七世纪法国著名的寓言诗人拉·封丹曾说：“我使唤动物来教训人类。”虽然拉·封丹的寓言诗并非都是动物，但是却的确每一首都意在“教训人类”。

寓言必有所“教训”，或宣讲一个道理，或阐发一个理念，或寄托一个讽喻，寓言作者无不想将自己的意思和想法当作绝对正确的结论要求读者接受，于是，我们看到，寓言的结尾或开头常常推出格言式的结论，劝善惩恶，论说道德。

2. 比喻性

寓言是一种象征型艺术。黑格尔在《美学》中把寓言划归为“比喻的艺术形式：自觉的象征”。

拉·封丹曾说，一个寓言，可以分为身体和灵魂两部分，所述说的故事好比身体，所给予人的教训好比灵魂。寓言正是由喻体和本体两部分组成：所叙述的故事是寓言的喻体，所阐明的教训是寓言的本体。

巧譬善喻是寓言的一大特征。但是，寓言的比喻与一般修辞的比喻不尽相同。一般的修辞上的比喻没有故事情节，设譬的目的在于增强言辞的表现力和论理的说服力，而寓言中有人物、情节，作者是把整个寓言所包含的事件（故事）当作一个比喻来凸现“教训”的。

3. 精练性

寓言一般都写得简洁，可以说，寓言是叙事性文学中最简短的一种样式。

寓言的故事十分单纯，它紧紧围绕着寓意来进行。作为喻体的故事中有人物形象，但是都比较简括，往往只抓住其性格中最本质的一点，用粗线条勾勒，不做细致的刻画；故事中的事件也不展开，不枝不蔓，不被周到地描述，更没有悬念和细节。

对语文教育工作者来说，还需要了解的一点是，对寓言将抽象概念具体化这种创作思维，有的人评价并不高。歌德就说：“诗人是从一般中寻取个别呢，还是在个别中领悟到一般呢？这两者有着巨大的差异。从前一类诗人中诞生出寓言，在这里个别只被视作一般的比喻和实例；而后一类诗人才真正具有诗的性质，诗人叙述个别现象时，并不想到也不提到一般。但是谁能生动地领会它所描绘的个别现象，谁也就会同时领会到一般，绝不是在这之后才有意识或认识到这一点。”[②]歌德否认寓言诗人“真正具有诗的性质”。

主张艺术即直觉的意大利美学家克洛齐甚至认为，寓言是“反艺术的”——“寓言的不可克服的困难是众所周知的，同样，其冷淡的、反艺术的特征也是大家知道并可以普遍感到的。寓言是外部的拼凑，是两种心灵活动的平常而随意的并列，即概念或思想和意象的并列，由此，这个意象就必须表示那个概念。不仅艺术意象的一元性没有由此得到解释，而且，故意造成了二元性，因为在这种并列之中，思想仍是思想，意象仍是意象，两者之间毫无联系，以至于在凝视意象时，尽管毫无不利因素（实际上还有着有利因素），我们还是忘记了概念——而在考虑概念时（同样有着有利因素），我们又驱散了多余而令人生厌的意象。”③

二、寓言与儿童文学

我们在许多儿童文学概论性著作中都能看到论者将寓言作为儿童文学的一种重要体裁来给以论述，其实，正如我曾指出过的民间童话并不直接就是儿童文学一样，寓言也并不直接就是儿童文学。

寓言是民间文学的一种体裁，它与民间文学的其他体裁，比如神话、传说、民间童话一样，是儿童文学的源流之一。对这个问题，我们通过著名的《伊索寓言》可以看到很清楚。

《伊索寓言》自产生之后的两千多年之间，一直被当作教育儿童的文学性教材，而儿童文学诞生以后，《伊索寓言》也不断地被重新讲述，以各种形式面向儿童读者出版。但是，这样的事实并不能证明《伊索寓言》本身就是儿童文学。为什么呢？原因只有一个，就是它的教训性。日本的儿童文学作家、评论家上野瞭这样分析《伊索寓言》的教训性：“友情是尊贵的，欲望应该抑制，野心必须打消……伊索的故事在反复地展示它的教训。可是，教训是什么东西呢？……教训束缚人类的各种可能性，强迫人类按照特定的方式生存。教训确认的是在已经形成的社会结构和习惯中吃亏最少的处世技巧。以教训为先导，在教训那里寻求依靠，在这种观念的底层是将现存世界作为合理的存在而肯定和接受的思想方法。应该有的、必须有的新的世界被排除掉了。与现实应该按照人的需要被创造出来相反，人却因为现实的要求而被改造，贯穿于伊索寓言中的，就是这种僵固的世界观。欲望、野心、没有自知之明……在这些教训的名目下，人类奔放的发展性被否定了。教训否定的是人类超越束缚自己的现存世界的幻想力。”④

对儿童文学来说，教训性给儿童带来的压迫是双重的，即一方面束缚儿童想超越既存现实的幻想力，一方面使儿童成为训诫者——大人的附属品。在这个意义上，作为教训的工具的寓言不可能直接成为儿童文学。

反对将文学作为教训的工具的周作人从儿童文学立场出发，也对寓言这一文体于儿童是否相宜发出怀疑：“《伊索寓言》向来被认为启蒙用书，以为这里边故事简单有趣，教训切实有用。其实这是不对的。于儿童相宜的自是一般动物故事，并不一定要是寓言，而寓言中的教训反是累赘，所说的都是奴隶的道德，更是不足为训。”⑤周作人指出的《伊索寓言》所宣扬的“奴隶的道德”，只要读一读《野鸽和家鸽》《女主人和女奴们》《蛇的尾巴和身体》等，就能看得很清楚。

因为《伊索寓言》存在着上述问题，所以，在今天，当人们面向儿童讲述《伊索寓言》时，就一定要进行现代的转化：一方面选择那些孩子感兴趣的将动物拟人化的故事，一方面将这些故事尾巴上的格言和教训完全删去。

由于寓言的教训性与儿童文学的解放儿童心灵和幻想力的性质相抵牾，在西方儿童文学创作中，寓言是已经衰萎的文体，但是，相对而言，在中国儿童文学创作中，寓言却一直比较发达，这种反差是具有启示意味的，它令我们看到了中国儿童文学的一种集体无意识——对说教和教训的执着。对中国儿童文学的这种特殊性，小学语文教育工作者应该具有清醒的认识。

三、小学儿童解读寓言的特殊性

我在前面论述儿童的审美与成人审美的不同时曾说过，儿童的审美是一种超越理念的审美。儿童的这种超越理念的审美在欣赏寓言作品时，产生了与成人十分不同的解读方式。

《乌鸦和狐狸》这则寓言因为被收入小学教科书，所以在儿童读者中知名度极高。你若是问孩子们："你喜欢谁？"肯定许多孩子会说："喜欢狐狸。""为什么？""狐狸聪明，乌鸦真傻。"但是，关于这个故事的教训，克雷洛夫是这样说的："关于阿谀拍马的卑鄙和恶劣，不知告诫过我们多少遍了；然而总是没有用处：拍马屁的人总会在我们的心里找到空子。"可见儿童读者的反应完全与作家的意图相反，寓言的教训理念不能被儿童的审美意识结构所同化。可你能说是儿童在审美中出现了差错吗？不能。为什么？让我们来听听儿童文学评论家刘绪源的分析："事实上，儿童喜欢狐狸，不喜欢乌鸦，那是因为他们喜欢机智不喜欢愚笨浅陋，喜欢成功不喜欢上当受骗。当成人费心劳神地将作品中的人物分成正面的与反面的，可以仿效的与必须防止儿童效法的时候，孩子们却能透过这种知性的划分，以审美的方式穿透到这些形象的内部，从中攫取合于自己心性的、积极而有趣的部分。……在文学的审美中，美是不会欺骗人的。或者，也可以说，儿童的自然的选择，总是有其合理性，它们总是迎向未来的。"[⑥]卢梭曾在《爱弥儿》中对孩子们"一方面嘲笑乌鸦，而另一方面却非常地喜欢狐狸”这种阅读态度显得十分紧张和警惕（原来卢梭也有陈腐的时候）——“对于你想纠正或防止的缺点，他们不仅满不在乎，而且还偏偏喜欢为非作恶，以便从别人的缺点中得到好处。”⑦对此，刘绪源有不同的解释——“孩子们不是不知道欺骗是一种坏的行为，当他们在游戏中抢着担任狐狸的角色时，他们分明知道这只是一种游戏，而不会在生活中也同游戏中一样去行骗。儿童演狐狸并没有功利的目的，他们绝不是真要去吃乌鸦嘴里的肥肉，而仅仅只是为着好玩。这就是儿童与狐狸的本质区别。”⑧

儿童在寓言阅读中出现的对作家教训理念的背叛是一种非常普遍的现象。克雷洛夫有一则寓言名为《特利施卡的外套》，全文如下——

特利施卡发现外套袖管的肘部磨破了：“行，那不费什么时间。几根线，一只针，一缝就成！”他把袖管儿截下四分之一，补在肘部。外套好好儿的，跟新的一模一样，只是袖管儿短了四分之一。得了，得了，就是短点儿，穿着又何妨呢？

可是瞧啊，街上的人都在嘲笑他。“嘿，我又不是傻瓜，”特利施卡说道，“我一定使他们立刻停止嘲笑。我自有办法补救！谢天谢地！我会把袖子拼得比原来还要长哩！”

他把下摆截下来，补好了袖管儿。虽然他穿了件古怪的外套，虽然一般的外套都要比他的长得多，可是特利施卡却得意扬扬。

这可不是独一无二的事例。我曾看到好些老爷们，开头把事情弄糟了，然后又来挖肉补疮——可是瞧一瞧吧，难道他们就漂亮了吗？他们正穿着特利施卡的外套哩！

可是对这篇寓言孩子们怎么看？“孩子们怎么也理解不了作者仿佛想在这篇寓言里刻画倒霉的地主和笨拙的主人，与此相反，孩子们认为特利施卡才是主人公，是童话式的机灵的裁缝，他碰到一件又一件的倒霉事儿，但每次都能用更机灵巧妙的方法摆脱窘境[9]。”儿童文学评论家方卫平在评价儿童的这种寓言解读方式时，赞赏之意溢于言表：“看，本来是充满讽喻意味的文本，在儿童读者的接受视野中竟变成了一个充满快乐的故事！……儿童读者对寓言文本的接受偏离和背叛表现了他们独特的审美眼光和接受兴趣。是的，他们对特利施卡的欣赏和喜爱简直妙不可言。”[10]

《蜻蜓和蚂蚁》是克雷洛夫的另一篇寓言。“孩子们觉得这篇寓言中蚂蚁的道德说教很生硬，很乏味，他们都同情蜻蜓，虽然已到夏天，但它的日子过得逍遥自在。他们并不同情蚂蚁，觉得蚂蚁庸庸碌碌，令人讨厌。也许，孩子们对寓言做这样评价并非那么不公正。的确，如果克雷洛夫认为寓言的力量是在蚂蚁的说教上，那为什么整篇寓言写的全是蜻蜓和它的生活，而只字不提蚂蚁的贤明的生活呢？也许，孩子们的感情在这里回答了寓言的构思——孩子们清楚地感到，这篇不大的故事的真正主人公是蜻蜓，而非蚂蚁。”[11]

儿童不愿意按照作家的教训理念的规定去理解作品，他们知道文学文本和文学接受都是无比的丰富，他们完全有权利按照自己的审美方式去发现作品无限的可能性。在儿童读者这里，寓言的教训被无视，进入儿童眼里的只是那有趣的故事。

小学儿童解读寓言的特殊性还表现在其阅读理解中不能纳入理性思维。处于小学阶段的儿童，特别是中年级以下的儿童，逻辑思维能力还没有形成，因此，他们对《刻舟求剑》《守株待兔》《揠苗助长》一类寓言的寓意很难进行抽象性的概括。语文教师在讲授这些课文时，如果硬要求孩子们去分析、提取那个普遍的教训，恐怕是费力不讨好的。

---

①见《古典文艺理论译丛》第七辑第 135 页。

②[德]歌德 :《箴言和回忆》,转引自公木着 :《先秦寓言概论》,174 页，济南，齐鲁书社，1984 年版。

③[意]克洛齐 :《美学原理 · 美学纲要》，224 页，北京，外国文学出版社，1983 年版。

④[日]上野瞭 :《从寓言时代走向故事时代——伊索、贝洛、迪福、格林、安徒生》，见日本儿童文学者协会编 :《儿童文学读本》(日文版)。

⑤周作人 :《关于伊索寓言》，见钟叔河编 :《知堂书话》(下卷)，海口，海南出版社，1997 年版。

⑥⑧刘绪源 :《儿童文学的三大母题》，182~183 页，北京，少年儿童出版社，1995 年版。

⑦[法]卢梭著 :《爱弥儿》，133 页，北京，商务印书馆，1978 年版。

⑨⑩方卫平 :《文本与接受》,《浙江师大学报》1994 年第 6 期。

⑪[苏联]维戈茨基 :《艺术心理学》，163 页，上海，上海文艺出版社，1985 年版。

小学语文教材需要儿童文学化

近年来，多家出版社在频频出版老课文。读过张元济、叶圣陶、丰子恺等一代大家编写、校订、绘画的小学语文教科书，我深有感触。多少年来，我们已经再难见到著名作家、艺术家、教育家为小学生编写教材了。

为什么会频频出版过去的老课文，仅仅是为了怀旧吗？如果是，为什么会怀旧？我想，乡愁的情感并不是全部的理由，一定还因为过去有过去的好才会怀旧。

想到今天的教科书，我不禁担忧起来。即将高考或高考后的学生集体撕毁教科书的事情，时有耳闻。把教育引向了狭路的功利主义的应试教育是造成学生厌学的根本原因之一，其中，语文教科书是否也负有一定的责任？今天的小学语文教科书，再过几十年，一百年，人们还会不会像对待叶圣陶、丰子恺编绘的《国语课本》（开明书店版）这样，把它摩挲在手、珍藏于心？

毫无疑问，在2001年颁布的小学语文新课标的指导下，小学语文教育教学改革在教材、教法、课程、课外阅读指导等多个方面逐步深入展开，取得了不少成绩。我认为，从语文教育的现场来看，这一轮的语文教育改革的一大走向就是从儿童文学中汲取资源和方法。而越是将小学语文教育与儿童文学进行深度融合，就越发能看出小学语文教育存在的更多问题。

这一次，我们把关注的焦点投注在了小学语文教材上面。2009年7月28日至30日，我们七个关心、思考小学语文教育，真诚地想为小学语文教育变革做点事情的人，聚集在扬州，进行了为期两天半的对谈。七个人中，有一线的小学、中学语文教师，有研究儿童文学、语文教育的大学教授和学者。我们当然承认，被讨论到的教材也有优点，也有成绩，但是，我们这次对谈的主要意图是针对教材中存在的较为严重的问题。我们想指出这些问题，以期引起讨论。在我们看来，为小学生提供语文学习范本和学习方法的教科书，是不该出现这种问题的。我们的出发点是为了进一步提升小学语文教材的水准，而不是为了否定什么人，否定什么教材。虽然涉及具体问题，必然会涉及到具体教材的篇章，但是，我们的宗旨是就事论事，讨论问题。

我认为，思想性、艺术性、趣味性、语文教育价值是衡量小学语文教材选文的四个标准。如果按照这四个标准衡量，现行的几种主流教材是存在不少问题的。其中，主要问题可以大致归纳为以下几点。

1. 在人文性上，缺乏儿童本位的教育理念，较少考虑到儿童文化的人文性，因此，与小学生的心灵常常相隔膜

挪威音乐教育家让－罗尔·布约克沃尔德曾指出，充满缪斯天性的儿童文化与学校文化之间存在着矛盾和冲突。我认为，在人类为儿童创造的所有文化中，以儿童为本位的儿童文学最和谐地解决了儿童与成人之间的矛盾和冲突，因此，在小学语文教育中运用儿童文学，可以为儿童文化与成人文化的和谐融合搭建宽阔的桥梁。但是遗憾的是，我们的语文教材编写较少考虑到，有时甚至背离儿童文化的人文性，其结果往往使学生的语文学习出现障碍。

2. 轻视小学儿童的语文学习能力

从乔姆斯基、史蒂芬·平克这些语言学家的著作中，我们知道，儿童是天生的学习者，有巨大的语文学习潜能。语文教育就是要致力于使用有学习效率的好文章，把儿童的语文潜能激活。

然而，在小学语文教材中，显示出低估儿童的阅读能力的倾向，“短小轻薄”的教材不是向上提升，而是向下压抑。比如，儿童文学名篇《等信》在台湾和大陆的教材中被删节成二百字和五百字，恐怕就是因为教材编写者认为二年级和三年级的小学生不能阅读长度为一千二百字的文章。可是，在儿童文学化程度很高的日本的小学二年级教材中，是全文一千二百字悉数收入的。这体现了对儿童阅读能力的不同评价。

3. 儿童文学经典、优秀作品的缺失

现有教材，表面看起来儿童文学作品的数量不少，但是，很多篇章是似是而非的教材体儿童文学。所谓教材体儿童文学是指教材编写者根据自己的某种儿童文学感觉，为教材编写的文章，其中也包含被删削的儿童文学作品。语文教材应该选入的是自然天成的美文。小学语文教材的编写者应该到浩如烟海的儿童文学作品中，去精心挑选文体、篇幅都合适的经典、优秀、典型的作品，直接收入教材，改变目前小学语文教材“短小轻薄”的不良现状。

4. 持着自下而上的文章观

刘勰的《文心雕龙·章句》篇中有“夫人之立言，因字而生句，积句而为章，积章而成篇”。当代的很多语文教育研究者接受了这种自下而上的文章观，认为“文章是由字组词，由词组句，由句组段，积段成篇的”。这对教材编写有着深刻的负面影响。如果认为文章首先是由字组成，有了字就能组成文章，就会按照选定的生字、生词来拼凑文章。这不符合好文章的写作规律。事实上，在这种文

章观之下，产生了所谓的教材体的“文章”。教材编写者根据需要写进教材的生字、生词去编写文章，于是不自然的、缺乏灵性的文章纷纷出来。

当代阅读学理论认为文章是自上而下的。也就是说，文章的生成是先有要表达的意义（思想、情感、愿望等），这个意义高高在上，统领着文章语言、结构的整体性安排，从而使文章成为有意味的、完整的形式。

5. 课文后的练习、思考题存在着教学目的不明，甚至逻辑混乱的情形

每一篇好作品必有其奥妙，有其独特的经络、脉搏。阅读教学就要抓住这些经脉，展示文章特色，指向明晰的语文教学目的。但是，有时，由于教材选入的文章的语文价值不够，缺乏独特的艺术风格，所以，课后习题往往不知所云；有时，编写者不会解读文章，作品的语文教育、语文学习指向是朝东，他却领着学生往西。这些问题，我们在对谈中讨论了一些具体事例。

解决上述问题的根本方法在哪里？在于强化文学教育理念，尤其是强化儿童文学教育理念。小学语文教材需要儿童文学化。所谓儿童文学化，不是指教材选入的都得是儿童文学作品，教材需要选入应用文、说明文，古代、现代的诗文，而且质量要高。儿童文学化是指小学语文文学教材的主体、核心应该是儿童文学，选文应该是自然的、真正优秀的儿童文学，并且采用与儿童文学相契合的文学教学方法。

如果导入经典、优秀的，同时具有语文教学的典型性的儿童文学，并采用与之相契合的教学方法，上述问题都将迎刃而解。

儿童文学成为这次关于教材讨论的核心话题。儿童本位成为我们七个人所共同主张的语文教育理念，语文教材编写理念。这是我们为中国的小学语文教育进一步深化改革所设定的主要方向。

小学语文教育事关儿童的心智成长，事关人的健全素质的养成，是一个民族的百年大计、千年大计。我们怀着拳拳之心，坦诚陈述自己的观点。我们欢迎批评，并愿意与关心、热爱语文教育的同道继续把讨论深化下去。

（该文为《小学语文教材七人谈》一书的序言，
又载于《文汇读书周报》2010 年 5 月 14 日）

回到原点

——论小学语文教育的儿童文学化问题

语文教育研究首先要解决对儿童的认识问题。对儿童的认识，是儿童阅读、语文教育研究的立论根基。儿童的心灵是什么？儿童的心灵不是一张白纸，也不是一个空空的容器，因此儿童教育（包括儿童阅读和语文教育），不是教育者单方面从外部进行的灌输。儿童的心灵是一颗有着饱满生命力的种子，或者是如福禄培尔所说，是一根葡萄藤，给葡萄藤带来葡萄的不是园丁，而是葡萄藤本身。面对一颗种子，就必须考虑到这颗种子发芽、开花、结果需要怎样的土壤、阳光、雨露和肥料，因此语文教育是以儿童的心灵发展为本位的，对其内部生长力的激活。

我的朋友，儿童文学学者方卫平教授曾经讲过，他的儿子两岁多的时候，边穿衣服边随口吟唱："小麦子，穿裤子，穿不进……"唱到这儿没词了，但是他本能地知道，还没有唱完，还要填字，而且要用三个字，于是他唱的是"小麦子，穿裤子，穿不进，嗯嗯嗯"。这说明，两岁多的孩子，对语言创造，已经有了很好的形式感。小麦子创作的就是一首完整的、有韵律感的儿歌。

幼儿的语言是充满文学性的语言。看到大人用刀切菜，他会说："刀在走路。"看到夜雨中手电筒发出的光束，他会说："光被雨淋湿了。"看见一只蝴蝶，他会说："落下一片雪。"很多年幼儿童的语言表现，都说明儿童具有语言本能，儿童是最优秀的语文学习者。

面对这么优秀的语言学习者，语文教育、语文学习本应是快乐和轻松的，但是我们眼前的现实却是，教师们感到语文难教，孩子们感到语文难学。如此反常的现象，其背后的深层原因是什么呢?

我认为，根本原因在于我们的语文教育不是顺应儿童的天性、儿童的文化并以此为资源，而是与儿童的天性、儿童的文化发生了激烈的、根本性的冲突。我在此试举几例。

《蒲公英的种子》是收入小学一年级语文教材的一首诗，全诗如下：

我是蒲公英的种子，/有一朵毛茸茸的小花。/微风轻轻一吹，/我离开了亲爱的妈妈。/飞呀，飞呀，/飞到哪儿，/哪儿就是我的家。

一年级的孩子在读这首诗时，会将自己与诗中的“我”同化，可是孩子们能理解“我”的情感和价值观吗?小学一年级的孩子还是眷眷堂前、依依膝下的年龄，“离开了亲爱的妈妈”，怎么竟然还“飞到哪儿,哪儿就是我的家”呢?可见这首诗所表现的情感生活，与一年级儿童的情感愿望是完全相背离的。

《蒲公英的种子》是违背儿童文化的不好的教材，下面我们再看看错误的教法。

现行小学语文教材中有一首儿童诗，题名为《春天》：

春天对冰雪说了什么，/冰雪那么听话，都化了。/春天对小草说了什么，/小草那么听话，都绿了。/春天对花儿说了什么，/花儿那么听话，都开了。

我看到一本由“著名小学语文教师”编写的《小学语文教案》，其中教授前两行诗时提出了“冰雪为什么会融化”这一问题，而给出的答案则是“春天到了，天气暖和了，所以冰雪都化了”。

“冰雪为什么会融化？”如果我们感受和体验诗歌本身所提供的意境，回答当然应该是：在万象更新的季节，冰雪听从了春天发出的召唤。但是教案编写者被知识至上主义蒙住了文学审美的眼睛，以理性的思维，否定了文学的想象和情感的逻辑，把本来应该是欣赏一首诗歌的生动的文学教育课，变成了传授知识的自然课，可是就是那一点点自然知识的枯燥传授，对孩子们来说，也是类似雨过送伞的行为，因为那点知识孩子们早已无师自通了。在如此教法中，孩子们的缪斯天性中蕴含的语文能力，非但得不到发展，反而被扼杀了。

上述错误的教法并非是孤立和偶然的现象，事实上，在一些主要被作为样板的观摩课中，错误的教法也屡见不鲜。出现这样的问题，最根本的原因是语文教育对儿童的心性、儿童的文化没有正确的理解。如何解决语文教育与儿童文化的冲突呢？我认为全面导入儿童文学的资源和方法，实现小学语文教育的儿童文学化，是一条根本的途径。因为，儿童文学不仅具有丰富、珍贵的语文教育价值，而且优秀的儿童文学中蕴含着成人与儿童的和谐、亲密的关系。

我所说的优秀儿童文学，当然不是教材里那些“短”“小”“轻”“薄”的儿童文学，那些模仿儿童文学的似是而非的“教材体”的儿童文学，而是真正优秀的、甚至经典的儿童文学！由七千多字缩写成四五百字的《丑小鸭》不是儿童文学，由一千五百字缩写成四百字的《小蝌蚪找妈妈》也不是儿童文学，“教材体”儿童文学也不是儿童文学。

美国作家洛贝尔的系列儿童故事《青蛙和蟾蜍》是经典儿童文学，其中的《等信》是知名度颇高的作品。值得庆幸的是它进入了小学语文教材编写者的视野；可叹的是，它在进入中国大陆和台湾的教材时遭受横切竖砍的删改，由一千二百字变成了二百字和五百字，被异化成了非儿童文学的作品，不仅流失了丰富的思想和艺术含量，变得短、小、轻、薄，而且充满了阅读障碍，难以预测和理解，缺乏趣味性，难以构成真正富有成效的语文学习。

篇幅所限，这里只能举出改写教材的一个问题。台湾教材《小雨蛙等信》把原作中送信的蜗牛改为了兔子先生。诗有“诗眼”，其实，文章也有“文眼”。《等信》的文眼就在蜗牛身上。青蛙的想帮助朋友的“急”和蜗牛送信的“慢”，两者形成了鲜明的对比、强烈的反差。有了这种对比和反差,幽默感和情趣就出来了(同时，人物的性格和主题也得到了凸现)。可是,《小雨蛙等信》把蜗牛换成了兔子，原作的巧思和情趣趣全失，变成了劣作。这样的教材是无法激发孩子们语文学习的兴趣的。

耐人寻味的是，日本的语文教材与台湾教材一样把《等信》收入小学二年级下册，但是对原作却只字未动，原样收入，体现了另一种儿童文学观、阅读理念和语文教育理念。在我看来，日本的小学语文教材实现了比较充分的儿童文学化，其很多做法和经验值得我们借鉴和吸取。

我坚定地认为，目前的小学语文教育改革面临的最重要的课题，就是从优秀、经典的儿童文学那里开发真正的资源，探讨新的语文教材编写理念和儿童文学的文学教育方法。一句话，中国的小学语文教育只有从儿童文学中汲取资源和方法，充分实现儿童文学化，才能走上一条康庄大道!

(此文为作者在“第三届中国儿童阅读论坛暨亲近母语国际教育研讨会”上讲演文章的删节稿)

(载于《语文教学通讯》(小学刊)2007年第5期。)

“小学语文教材批判引发的系列思考”之一：

《开明国语课本》能否拯救今日小学语文教材

十二年前，我承担教育部一个项目，其研究成果出版时名为《小学语文文学教育》，这是我正式涉足小学语文教育研究。在这本书里，我批评了某些小学语文教材和教法的非文学倾向，提出文学教育是小学语文教育教学的主体理念。近些年来，我在倡导小学语文文学教育理念、呼吁小学语文教材教法儿童文学化的同时，对一些教材进行着批评。2009 年 7 月，我和王荣生、徐冬梅等七位关注小学语文教育现状的学者和一线教师，就几种主流小学语文教材存在的问题，站在批评的立场，进行了历时三天的分析讨论。这场对谈内容整理成《小学语文教材七人谈》一书，于 2010 年付梓出版。同年，《救救孩子：小学语文教材批判》出版，与《小学语文教材七人谈》相比，这本书在媒体的热情宣传下，引起了社会的广泛关注。

就在对现行小学语文教材的批判方兴未艾之际，民国国语教材也开始进入媒体和公众的视野，引发了媒体的热议，受到了公众甚至一些学者的热捧。目前受到关注和好评的民国国语教材，主要是上海科学技术文献出版社于六年前出版的号称影印本的《世界书局国语读本》《商务国语教科书》《开明国语课本》三种。现在，已有研究者、出版人指出，上述三种教材并非是真正对原书的影印，而是做了重新编排，并且出现了许多讹误。

在三种教材中，得到最高评价的是叶圣陶撰文、丰子恺作画的《开明国语课本》。时为上海教育版小学语文教材副主编的徐根荣就在该书的序中例举了《太阳》《小猫姓什么》《绿衣邮差上门来》

等精彩课文之后，说："作为现行小学语文教材的编写者，我不禁对《开明国语课本》的编写者肃然起敬。开明课本均出自叶圣陶先生的手笔，有的是创作，有的是再创作。课本中的文字采用学生喜欢的手写体，全部由丰子恺先生亲笔书写。丰先生还给每一篇课文精心绘制了插图，插图不仅仅是文字的说明，而且起到了启发思考和想象的作用，图画与文字融为一体，相得益彰，使教材锦上添花。一个是大作家，一个是大画家，他们能为小学教材倾注这么大的精力，这在中外教材编写史上不说绝无仅有，也恐怕是很少见的。"诚如徐先生所说，我们在现行的小学语文教材编写队伍里，已经无法觅得如此水准的编写者了。

《开明国语课本》在出版六年后得到公众、专家、教师、媒体人的热捧，其最重要的背景是对现行小学语文教材的普遍不满。《开明国语课本》好，现行语文教材差，是很多媒体报道和相关人士发言的共同认知。

那么，《开明国语课本》能够疗治现行教材的弊病吗？对这个问题，我的回答是：既能又不能。

我们先来说《开明国语课本》能够疗治今天的"教材病"。

即使在时隔八十年之久的今天来看，《开明国语课本》都编写得好，因为它具有在今天依然先进、端正的教育理念。作为教育家，叶圣陶和丰子恺都持有儿童本位的儿童观。1921年，叶圣陶在《晨报》副刊上连载《文艺谈》（共发表了四十则），其中就说道："我想我们不能深入儿童的心，又不能记忆自己童时的心，真是莫大憾事。儿童初入世界，一切于他们都是新鲜而奇异，他们必定有种种想象，和成人绝对不同的想象。……文艺家于此等处若能深深体会，写入篇章，这是何等地美妙。"丰子恺的儿童本位思想更是来得彻底。他在《告母性》一文中说："人间最有灵性的是孩子。"他又在《漫画创作二十年》中说："我向来憧憬于儿童生活。……觉得成人大都已失本性，只有儿童天真烂漫，人格完整，这才是真正的'人'。于是变成了儿童崇拜者……"叶圣陶和丰子恺把这种儿童本位的儿童观投射到小学语文教材的编写工作中，编写出了具有儿童本位色彩的生动的教材。

我在为《小学语文教材七人谈》作序时指出，现行教材"缺少儿童本位的教育理念，较少考虑到儿童文化的人文性，因此，与小学生的心灵常常相隔膜"，"儿童本位成为我们七个人所共同主张的语文教育理念，语文教材编写理念。这是我们为中国的小学语文教育进一步深化改革所设定的主要方向"。在《开明国语课本》中，既蕴含着儿童本位的理念，也蕴含着许多儿童本位的编写实践，当然能够疗治缺少儿童本位理念的"教材病"。

《开明国语课本》之所以能疗治"教材病"，除了它的儿童本位的教育理念，还有它所采用的儿童文学这一方法。这个问题极为重要，极为根本。在我所读到的关于《开明国语课本》的发言，似乎都没有看到这套教材与儿童文学的一体两面的关系，没有意识到教材所以成功，并对当下的教材编写具有深刻的启示意义，是因为它采用的是儿童文学这一方法。

1980 年，上海的少年儿童出版社向一些著名儿童文学作家约稿，编辑出版了《我和儿童文学》一书。叶圣陶撰写了与书名同题的《我和儿童文学》一文，他在历数自己的儿童文学作品时说道："在儿童文学方面，我还做过一件比较大的工作。在 1932 年，我花了整整一年时间，编写了一部《开明小学国语课本》，初小八册，高小四册，一共十二册，四百来篇课文。这四百来篇课文，形式和内容都很庞杂，大约有一半可以说是创作，另外一半是有所依据的再创作，总之没有一篇是现成的，是抄来的。"可见，叶圣陶的《开明国语课本》实际上也是他的儿童文学创作。叶圣陶这样编写小学语文教材，是出自他的明确的小学语文教材观："给孩子们编写语文课本，当然要着眼于培养他们的阅读能力和写作能力，因而教材必须符合语文训练的规律和程序。但是这还不够。小学生既是儿童，他们的语文课本必得是儿童文学，才能引起他们的兴趣，使他们乐于阅读，从而发展他们多方面的智慧。当时我编写这一部国语课本，就是这样想的。在这里提出来，希望能引起有关同志的注意。"

这里需要强调一点，小学"语文课本必得是儿童文学"，并非是叶圣陶一人之见，而是当时小学教育界的普遍共识。世界书局1933年版《国语新读本》的主编、语文教育家吴研因撰写的《清末以来我国小学教科书概观》（1935年）一文就说："民十左右又有人提倡儿童文学，他们以为儿童一样爱好文学，需要文学，我们应当把儿童的文学给予儿童。因此，儿童文学的高潮就大涨起来，所谓新学制的小学国语课程，就把'儿童的文学'做了中心……据教育部去年拟了问题发交各省市小学教育界研究的结果，小学教育界仍旧全国一致地主张国语课程，应当把儿童文学做中心。"我们看民国的小学国语教科书的编著者，也不能不对"把儿童文学做中心"一语表示信服。除了《开明国语课本》的叶圣陶、丰子恺，编辑中华书局《新小学教科书国语读本（初小）》的黎锦晖，编辑中华书局《新编初小国语读本》的吕伯攸，编辑商务印书馆《基本教科书国语》的沈百英，编辑青光书局《高小国语读本》的赵景深以及为其做校订的周作人，都是知名的儿童文学家。

比较民国国语教科书，特别是比较《开明国语课本》，还真不能说我们的现行教科书编写是"把儿童文学做中心"。这不仅表现在编写队伍中几乎没有真正能够把儿童文学与小学语文教育有机地整合为一体的语文教育专家，而且表现在教材严重缺乏优质的儿童文学资源，而是收入了大量似是而非的、短小轻薄的所谓教材体“儿童文学”。今天，如果想从《开明国语课本》中取得借鉴，却不能发现其源头活水就是儿童文学，则不能说我们已经真正体认了这套教材的价值，也就不能疗治现行教材的弊病。

最后再说说《开明国语课本》又不能疗治今天教材的弊病这一问题。

可能有人会问，这不是与前面的观点自相矛盾吗？我要解释的是，如果面对《开明国语课本》，我们主要是学其神（儿童本位的理念和儿童文学的方法），而不是仿其形，那么它对今天的“教材病”就有很好的疗治作用，相反，如果我们只是照搬其形，简单模仿，那么就无法从根本上帮助我们解决今天教材存在的问题。简洁地说，今天我们说小学“语文课本必得是儿童文学”，“应当把儿童文学做中心”时，这个“儿童文学”已经不是叶圣陶八十年前凭一己之力所创作、改写的儿童文学，而是又经过了近一个世纪蓬勃发展的整个的世界儿童文学。八十年前和八十年后的这两个儿童文学已经完全不可同日而语了。另外，课文全凭叶圣陶一己之力创作、编写，对于教科书来说，资源还是有很大的局限，语感、用语风格也较为单一，即使用作课外阅读，对今天的孩子的阅读来说，也显得陈旧、肤浅了。还要指出的是，上海科学技术文献出版社编辑出版的《开明国语课本》并没有忠实呈现原作的原貌，甚至出现了十分严重的错误修改，比如把很多分行的诗歌体排成了散文体，把分成数段的文排成了一段。这种错误，对于教科书的编辑来说，是不可原谅的。

梳理历史，以求借鉴，这对我们反思、纠正现行教材存在的问题是有重要帮助的。但是，回溯历史，需要我们放出理性的眼光，进行主体性思考，这才不至于出现新的迷失。

（载于《中国教育报》2011 年 2 月 17 日）

“小学语文教材批判引发的系列思考”之二：

“儿童本位”：改革小学语文教材的一剂良药

就儿童的天赋而言，语言学习并非难事。在日常生活中，几乎所有的幼儿都能在短短的几年里，掌握某一种语言的复杂系统，自然学会说话，能做自我表达。可是，上了小学，语文学习却突然变得难学了，这里面虽然有从口语向书面语转变所带来的一定困难，但是更为根本的原因之一应该出自现行小学语文教材。语文教材的编写是受语文教育理念左右的，因此，要从根本上解决问题，需要对语文教育理念进行深入的检讨和反思。

一、语文教育应该采取“成人的标准”，还是“儿童的标准”

对于认识当下语文教育的现状，知名学者王富仁曾经阐述了一种颇为引人思考的观点。这位关注中小学语文教学改革实践的学者曾在一篇文章中谈到，自己当初“所设想的，是一种儿童本位的教育”，但是，当“对中小学语文教学有了较为细致的思考之后，我才感到，我原来的一些想法是不太切合实际的”。他之所以转变，是因为认识到：“教育永远是一个完整的过程，而作为一个完整过程的学校教育，它永远不是也不可能是以儿童为目的的。它首先考虑的是现实社会的存在和发展，是一代代的儿童成长为什么样的成年人的问题。也就是说，它的标准是成人的标准，而不是也不应该是儿童的标准。”由“成人的标准”这一立场出发，他提出了自己的“强制”“灌输”的教育理念：“总之，不论是学校教育，还是家庭教育，只要是教育，就带有强制性，就不仅仅依靠儿童当下的趣味。教育是灌输性的，不主要是自然生长性的。”（王富仁：《呼唤儿童文学》）

应该说，王富仁的这种教育理念在学校教育中，包括小学语文教育教学的现场，是具有一定的普遍性的。我认为，目前小学语文教材出现的很多问题和弊端，其根源都来自这一理念。这种“成人的标准”的理念，把语文学习与儿童的语文能力对立起来，忽视儿童在语文学习中的能动性和自发性，是没有创造性、前瞻性的教育理念。

那么教育的标准，或曰教育的本位应该放在哪里呢？自卢梭的《爱弥儿》“发现儿童”以来，就有一种与“成人的标准”相对立的儿童教育思想，那就是杜威所说的，“儿童是起点，是中心，而且是目的。儿童的发展、儿童的生长，就是理想所在。只有儿童提供了标准”。（杜威：《儿童与课程》）

王富仁对“儿童本位”立场的否定，一个原因是他对“儿童本位”存在着理解上的片面和偏颇。杜威早就阐述过，“儿童的标准”并不就是“仅仅依靠儿童当下的趣味”，而是重视对儿童的兴趣和“冲动”的引导：“儿童已经具有旺盛的活动力，教育上的问题在于怎样抓住儿童的活动并予以指导。通过指导，通过有组织地使用，它们必将达到有价值的结果，而不是散漫的或听任于单纯的冲动的表现。”（杜威：《学校与社会》）教育取“成人的标准”，看似重视成人教育者的作用，实质却是在消解其作用，因为，“强制”“灌输”的教育最为简单、容易，封建私塾里的“戒尺”和盲颂枯记就是这种教育，但是，它恰恰不能发挥教育的“育人”作用。反而是取“儿童的标准”的教育，对成人教育者的要求更高，因为这不仅要求教师要有关于教育的知识和训练，而且更要求“教师必须具有对儿童的同情心和关于儿童的天赋本能的知识”。（杜威：《儿童与课程》）“成人的标准”和“儿童的标准”这两种相对立的教育的区别在于：前者只要求技能；后者则不仅要求技能，更在其之上，要求教育者具有洞悉儿童心灵、引导儿童成长的方法。只会技能，就只有采取“强制”“灌输”的方式；技能和方法两者皆能，就使教育成为杜威所强调的对于成长的“指导”。与技能相比，方法显然解决的是教育的根本问题。

正如我们的社会需要“以人为本”来建构“和谐社会”一样，我们的儿童教育、学校教育，就本文的论题来说，我们的小学语文教材，应该站在“儿童本位”的立场上，以建构和谐的小学语文教育教学。

二、现行小学语文教材以儿童为本位了吗

我当然承认，现行小学语文教材并非一无是处，但是，它们所存在的问题很多，而且有的问题是根本性的。众多的问题可以归结为一点，那就是非“儿童本位”的立场。这种非“儿童本位”的立场主要表现在以下几个方面。

1. 低估儿童的语言能力和审美能力

杜威说：教育的“第一个应该注重之点，是儿童在没有教育之前，有一种天生成的本能，情性和冲动。教育就应该以这些东西为依据，为基础，不然便没有教育可施”。（杜威：《教育哲学》）如果承认这一观点，小学语文教育要以儿童的哪些天赋能力为教育的基础呢？

首先是语言本能。从乔姆斯基、史蒂芬·平克这些语言学家的

著作中，我们知道，儿童具有语言本能，是天生的学习者，有巨大的语文学习潜能。因此，语文教育就是要致力于使用有学习效率的好文章，把儿童的语文潜能激活。

其次是缪斯（艺术）本能。从让－罗尔·布约克沃尔德的《本能的缪斯》、加登纳的《艺术与人的发展》、迪萨纳亚克的《审美的人》等著作中，我们知道，儿童是天生的诗人，儿童期正处于文学期，对文学有敏锐的感悟能力。因此，小学语文教育就是要用优质的文学作品，发展儿童的文学审美能力（在人类的智慧中，文学的形象思维是高级的智慧）。

然而，小学语文教材在整体上，显示出低估儿童的语言学习能力和文学阅读能力的倾向，其标志就是收入了大量思想贫瘠、艺术粗劣的“短小轻薄”的教材体文章。这些教材，不是向上提升，而是向下压抑儿童的语言能力和艺术能力。比如，儿童文学名篇《等信》在教材中被删节成五百字，恐怕就是因为教材编写者认为三年级的小学生不能阅读长度为一千二百字的文章。可是，在儿童文学化程度很高的日本的小学二年级教材中，是全文一千二百字悉数收入的。这体现了对儿童的语言和艺术能力的不同评价。

2. 偏离与儿童语言发展相契合的语言系统

小学语文教育应该以儿童入学前的语言生活为语文学习的基础和资源。所谓儿童入学前的语言生活有两个方面：第一是生活中的实际交际语言（儿童文学语言混杂其中，起着作用）；第二是文本语言，即口语和书面的儿童文学作品的阅读经验。文本语言是小学语文教材最为直接的资源。如果离开这一资源，小学儿童的语言发展就会出现断裂。对儿童的语言发展而言，儿童文学是最为契合儿童天赋语文能力，最能激活这种能力的语言系统。

现有教材，表面看起来儿童文学作品的数量不少，但是，很多篇章是似是而非的“教材体”儿童文学。所谓教材体儿童文学是指教材编写者根据自己的某种儿童文学感觉，为教材编写的文章，其中也包含被删削的儿童文学作品。语文教材应该选入的是自然天成的美文。小学语文教材的编写者，应该到浩如烟海的儿童文学作品中，去精心挑选文体、篇幅都合适的经典、优秀、典型的作品，直接收入教材，以改变目前小学语文教材偏离与儿童语言发展相契合的语言系统的不良现状。

3. 违反儿童的整体性思维方式

刘勰的《文心雕龙·章句》篇中有“夫人之立言，因字而生句，积句而为章，积章而成篇”。当代的很多语文教育研究者接受了这种自下而上的文章观，认为“文章是由字组词，由词组句，由句组段，积段成篇的”。

自下而上的文章观对教材编写有着深刻的负面影响。如果认为文章首先是由字组成，有了字就能组成文章，就会按照选定的生字、生词来拼凑文章。这不符合好文章的写作规律。事实上，在这种文章观之下，产生了所谓的教材体的“文章”。教材编写者根据需要写进教材的生字、生词去编写文章，于是肢解的、拼凑的、缺乏灵魂的文章才纷纷出来，并且肢解的、机械的、离开语境的阅读教学和字词教学也由此产生。

但是，儿童的语言思维具有整体性的特征，在整体情境中，他对很多字词有不学而知的能力。即使是幼儿，当他说一个字时，往往并不是说一个词，而是表达一句话。当代阅读学理论认为文章是自上而下的。也就是说，文章的生成是先有要表达的意义（思想、情感、愿望等），这个意义高高在上，统领着文章语言、结构的整体性安排，从而使文章成为一个有机整体，具有意味和完整的形式。这种自上而下的文章才是适合儿童的整体性思维方式的。

4. 忽视儿童生命所拥有的有价值的人文性

儿童是一种独特文化的拥有者，儿童是我们人性的可贵品质的持有者，儿童的生命蕴含着有珍贵价值的人文性（比如真挚的情感、鲜活的感受力、丰富的想象力和旺盛的行动力）。人们常说，语文教育具有人文性。但是从现行语文教材里，我所体会到的基本上是成人文化的人文性（有的时候，教材还存在着思想性、价值观的问题，比如，《手捧空花盆的孩子》就把所有的孩子都推到了欺骗者这一道德审判席上），而儿童文化的人文性是缺失的。从选文来看，儿童所喜爱的自然、朴素的民间文学是缺失的，张扬儿童的幻想精神的幻想文学也是缺失的，儿童的心灵成长在教材中没有得到有深度的表现。在小学语文教材中，人文性应该是成人的人文与儿童的人文的有机融合，体现成人与儿童在人生旅途上携手前行的和谐关系，这样的语文教育才更能消除成人与儿童之间的隔膜，深入学生的心灵。

总而言之，我们的儿童教育、语文教育需要进一步“发现儿童”，不仅在理念上要确立，更重要的是要在语文教育教学实践中，贯彻“儿童本位”这一教育思想。对现行小学语文教材出现的种种问题，“儿童本位”的思想和方法能够治标治本。

（载于《中国教育报》2011 年 2 月 24 日）

"小学语文教材批判引发的系列思考"之三：

小学语文教育是语言教育还是文学教育？

本来语言教育与文学教育并不矛盾，但是，某些现行教材奉行的语文教育理念造成了两者的分裂，逼迫二者选一。而且，语文教育现场也呈现出重视语言教育，忽视文学教育的倾向，即如特级教师周益民在《小学语文教材七人谈》中所指出的，"现在小学语文界所谓主流的一个观点，就是小学语文课是语言文字课，以语言文字的学习为主"。

设这样一个题目，并不是我赞成二者选一，而是觉得沿着这一具有普遍性的问句进行思考和辨析，可以澄清小学语文教育在学理上必须正本清源的根本性问题，使小学语文教育真正名正言顺。

一、文学教育是小学语文教育的主体性理念

我想开宗明义地说，文学教育应该是小学语文教育的主体理念。十二年前我就开始思考这一问题，倡导文学教育是小学语文教育的主体理念。当时我做了一个教育部的教材项目"小学语文文学教育"，这个项目的两位评审专家是中国教育学会副会长李吉林和中国教育学会小学语文教学专业委员会理事长崔栾。我在项目研究中提出的"文学教育"这一小学语文教育的理念及其操作方法，得到了两位专家的充分肯定。在"审查意见"中，他们认为"文学教育"理念的提出，具有创新性和科学性："广大小学语文教师在阅

读教学中普遍缺乏文学教育的理念和操作。'文学教育'的提出，会引起小学语文老师对阅读教学新的思考,形成新的认识。""从'文学教育'入手，可以在小学阅读教学中，有效地实施素质教育，因为'文学教育'符合儿童身心发展以及学习语言的规律，符合小学阅读教学的规律。"

所谓文学教育，就是指在语文教育教学中，将儿歌、儿童诗、童话、寓言、故事、小说、散文、古诗等文学样式所具有的语言教育价值和人文精神，转化为学生的语文能力和人文能力的一系列过程和行为。在小学语文教育中，文学教育与语言教育是一张纸的两面，它们相互依存不可分离。

现行语文教材虽然从比例上看，文学作品占据了主体位置，但是，从所选作品的文学质地到组织语文练习的理念和操作方式，都距离文学教育尚远。如果文学教育不能成为小学语文教育的主体性理念，问题重重的小学语文教材就不能回到它应该站立的坚实的根基。

二、非文学教育，即是非语言教育

语言从来不是孤立的存在，没有不具有形式和内容的语言。语言是一个复杂的系统，语言学习是一种系统性学习。识字、解词都应该放在语境中，在阅读中完成，而不能孤立地学习。每个字词的意思，要根据它在文本中不断出现的位置，然后去揣摩猜测它的意思，往往是不学而会的，这是儿童学习字词的一种方式，就是在具体的语境里，通过阅读去学习。可是，我们的一些教材，字词却不在阅读中去教。

有一种现行教材有《秉笔直书》一文，这是林汉达写得不错的历史故事。但是，你看看关于它的教学是怎么设计的，“比一比，然后结合课文谈谈你对下列词语的理解：美言、谎言、直言、谣言、忠言”。我到课文中查了一下，这些什么什么言，除了“直言”在课文里面都找不到的，就是说，“美言、谎言、谣言、忠言”和这篇课文没有什么关系。可是，教材编写者还要求你“结合课文谈谈你对下列词语的理解”。还有的教材设计了“读读背背”这样的练习，孤立地让学生背成语，把“白衣天使”“玉洁冰清”“救死扶伤”“处变不惊”“万众一心”“众志成城”“含辛茹苦”“舍生忘死”等等，一一罗列出来。有的教材甚至下力气教学生孤立地记忆词组的 AABB（浩浩荡荡）、ABAB（溜达溜达）、ABB（黑黝黝）、ABCC（人才济济）一类结构。这真是在教无用的死知识，只是在白白浪费孩子的时间。写文章时，需要先考虑我要用个 AABB、ABB 或 ABCC 这种结构的词，然后再用吗？如果是这样，我相信，所有的作家都不会写作了。无论怎样了解词组的结构，或者把字典上的词全都背下来，如果没有在语境里理解过这些词，还是不能获得阅读和写作的能力。

你看，这就是一些教材编写者所理解、所实践的语言文字教育，它离开了具体的语境，离开了具体的形式，离开了语言系统，孤立地教一些僵死的词语和无用的“知识”。也许他们认为回到语境，那就是教文学了，把词语提取出来单独教，这才是教语言，是语言文字教学。但是这种做法，是非科学的，也不会奏效。维果斯基在《思维与语言》中就说：“实践经验也表明，概念的直接教授是不可能的，而且也是没有效果的。一位试图如此做的教师，除了空洞的言辞和儿童鹦鹉式地背诵外，一无所成。”他还举列夫·托尔斯泰教授农民的孩子学语文的例子，认同托尔斯泰的观点——“儿童们需要的是一个从普通语言的上下文（general linguistic context）获得新概念和词语的机会”。沿着托尔斯泰和维果斯基的在语境的阅读中学习语言这一思路，我们就必然回到文学教育的立场。

由于孤立地、机械地看待语言这一存在，很多教材编写的做法是尽量使“语言”简单化、平面化、明晰化。反映到语文的文学教材上，就是将文学矮小化。语文教材在文学上出现了简略化、压缩化、概念化的倾向，把文学本来特有的一个复杂的演进过程，发展的曲折和波澜，都给它删掉，认为这样好把握。还有，细腻的心理描写也都把它砍掉，复杂的性格也都不要，然后就剩下了非常简单化、平面化的语言文字。他们以为这样处理，儿童就容易掌握，容易学会。当然，所谓的容易，是我们教材编写者自己觉得容易，可是对小孩子来说反而更难了，因为，对处于文学期的儿童来说，一个故事里面丰富、细腻、具体的文学信息是更容易感受、体会，更容易理解、记忆的。不信，你可以做一个实验，把将洛贝尔的《等信》缩写成二百字的《小雨蛙等信》这篇台湾教材和一千二百字的原作都拿给二年级孩子，看看他们对哪个故事更有兴趣，对哪个故事有更清晰的记忆，能获得更多的语言信息。

三、文学教育是真正促进小学儿童语言发展的语言教育

我在《小学语文文学教育》一书中指出，文学教育包含三个层面：文学语言教育，想象力的培养，健全人性的养成。这三个层面本是不可分割的一个整体，但是由于本文的论题指向，这里专门讨论文学语言教育。

非文学教育即非语言教育。这句话也可以反过来说，文学教育即语言教育。不仅如此，文学教育还是一种真正促进小学生语言发

展的语言教育，最能将语文学习落到实处的语言教育。

理解上述观点，需要认识文学的语言是一种什么语言。我把文学理解为依靠形象思维的语言，借助想象力来表现人类在生存中所体验到的思想和情感的作品。文学的这种形象思维的语言对体现人类的本质力量极为重要。美国心理学家布鲁诺就认为，我们用逻辑和抽象的规则来认识物理的世界，用故事来认识人文的世界，而体现人类智慧的这两种文化不只是应该相互补充、相互协助，其中故事（形象思维）的智慧还是整个智慧的芽苞或种子。

正如故事智慧（即文学智慧）是人类文化中更高层面的智慧一样，文学语言也是高级的语言。“哥哥饿了 / 弟弟尿了 / 妹妹哭了 / 爸爸急了 / 妈妈说 / 我来了 / 我来了 / 大家都笑了”，这首童诗，以朴素的语言，寥寥数语就揭示家庭生活某一方面的本质，具有举重若轻，以四两拨千斤的语言智慧。这种高级的语言还有消解次序的特质——把儿时念诵的儿歌，放到文学博士的课程里，依然不减其语言的表现力。

有一种观点，认为文学是高深的，小学语文教育是大众教育，所以用一些日常实用语言，让学生学会对话、交际和简单写作就可以了，教文学也就教教阅读就行了，不必教文学那种有创造性的表达，教文学的这种表达，是精英教育。我认为所以有这种观点，是因为论者不了解小学儿童是处于文学期，他们是多么擅长文学性的表达。对小学儿童来说，文学（特别是儿童文学）是高级的语言，但并不是高深的语言，而就是他们的身边语言、生活语言。我举一个亲身经历过的事例。1994 年，我到南戴河去开会，会议结束后，我留住在一家海滨招待所里面。房间都是木板房，木板房不隔音，就听到隔壁那边有一批人大声说话，一直说到很晚很晚。隔壁一个小孩子的妈妈提意见，说怎么这么没有教养啊，双方就对吵起来了。

然后，那个小学二年级的孩子说话了，隔壁的阿姨啊，我们家的小狗,到了晚上都知道大家睡觉了,都不吵不叫了。那边的阿姨一听，马上就不出声了。这个孩子一语双关，但并不是在骂人，他只是运用情境联想，将他独特的感知，用文学化的语言表达出来，表明他的观点。我想在儿童的生活中，这种事例不胜枚举。所以，教文学的阅读、文学的表达，小学生反而容易学，就像幼儿学唱儿歌比学习日常交际语言更容易一样。在小学阶段,文学教育不是精英教育，而是名副其实的大众教育，是应对儿童的文学能力，指向所有孩子的普及教育。只有到了缪斯能力退化了的成人阶段，文学教育才可能具有精英教育的色彩。

文学的语言不仅是高级语言，而且还是具有丰富的包容性的语言。文学的语言是一种多样态的语言。如果去细细地分析文学的要素，就能看出，文学语言的教育也是具有多元功能的。虽然文学是整体感性的，但是，文学也有理性化的东西，小说、故事，甚至诗歌都有理性蕴含其中。而且有些文学作品对孩子来说，一方面带来阅读的乐趣，同时又进行思维的训练。比如说《小蝌蚪找妈妈》，其中没有对事物的认知的训练吗？它也是在讲事物的局部和整体的关系，一个整体的事物不是每一个局部的相加。图画书《我们的妈妈在哪里》《七只瞎老鼠》也都是典型的具有认知功能的作品，对培养孩子从局部到整体的认知是大有帮助的。包括儿歌，比如问答调《什么尖尖尖上天》，语句间的结构和场景都是重复出现的。看到重复出现的结构和场景，儿童读者的思维就会开始推论，就会利用前面出现的信息，猜出谜底。文学具有可预测性，它对思维是有引导性的，可以训练儿童联想、归纳、判断、推论的能力，而这些能力都与语言能力息息相关。

在结束本文的时候，我要做一点重要说明。在小学语文教材中，存在着两种语言系统，那就是文学性教材所体现的以形象思维为主要形式的语言系统和说明文教材所代表的以逻辑思维为主要形式的语言系统（这一语言系统与初中之后的议论文或者论说文形成对接）。我主张文学教育是小学语文教育的主体性理念，并没有排斥说明文教学的意思。在小学阶段，通过语文教育，培养儿童的逻辑思维能力的工作也是不能耽搁的。本文所谓非文学教育即非语言教育，文学教育即语言教育等等，均针对文学教材的编写和教学而言，这一用心还请读者明鉴。

“小学语文教材批判引发的系列思考”之四：

儿童文学：小学语文教育的主体性资源

近年来，我一直倡导小学语文教育（包括教材和教法）应该实现儿童文学化。需要解释的是，小学语文教材包括了文学作品、说明文、应用文，我所说的儿童文学化，既不是不要说明文、应用文，也不是不要古代文学、现当代文学和外国文学。儿童文学化是指：儿童文学应该成为小学语文教育(包括教材和教法)的主体性资源。从内容的数量上，儿童文学作品要占教材的大多数，要成为主体；从教学的方法上，儿童文学教学法要成为小学语文教学法中最为重要的方法。

我在此前发表的《〈开明国语课本〉能否疗治现行教材的弊病？》一文中指出："《开明国语课本》所以能疗治‘教材病’，除了它的教育理念是儿童本位，还有它所采用的儿童文学这一方法。这个问题极为重要，极为根本。”叶圣陶说过：语文课本必得是儿童文学，而在民国的一段时期，也的确“把‘儿童的文学’做了中心”。将《开明国语课本》与目前小学语文教材两相比较，不能不说，现行教材编写是存在忽视甚至轻视儿童文学这一倾向的，这是小学语文教育理念严重退化的表现，这一现象是令人遗憾和深思的。

我认为，我们目前需要下力气去做的，是需要重新认识儿童文学在小学语文教育（从教材到教法）中的主体性地位，以使小学语文教育回到它本应立足的坚实的基点上来。

一、为什么是儿童文学?

小学语文的文学教育有很多资源，我们不讲日常生活中的那部分资源，就是小学语文教材中，也有中国古代文学、现当代文学以及外国文学这些资源，可是，为什么唯有儿童文学能够成为小学语文教育的主体性资源？这应该有着诸多的深层的原因。我将其归纳为以下主要几点。

1. 儿童文学符合儿童本位的标准

我曾在此前发表的《“儿童本位”：改革小学语文教材的一剂良药》一文里，批评知名学者王富仁的教育的“标准是成人的标准，而不是也不应该是儿童的标准”这一观点，并援引了杜威的“只有儿童提供了标准”的观点，主张小学语文教育应该以儿童为本位。

小学语文教育为什么不能以成人为本位，而要以儿童为本位？思考这一问题，需要我们思考在教育中，儿童与学校之间的关系。

挪威的音乐教育家让–罗尔·布约克沃尔德说：“我认为，问题的焦点在于，在充满缪斯天性的儿童文化和毫无缪斯情趣的学校文化之间，存在着强烈的冲突。”“当生命的力量遇到学校的理性时，连续性就被打断了。孩子们对缪斯充满了渴望，这种渴望在他们来到这个世界之前就被深深地培植在他们生命的胚芽里，又在与父母、兄弟姐妹们的相处中，在与其他小朋友的游戏中得到加强；但是现在，这种渴望突然与强大的约束力量相遇，而且这种力量似乎处处与它作对。许多孩子在他们童年的早期像小鸟一样可以快乐地在天空中自由地飞来飞去，他们把自己想象成许多不同的角色，从满脸污垢的小捣蛋鬼，到展翅高飞的雄鹰。可是，几年学校生活之后，他们大多数再也不能像鹰一样自由飞翔了，他们已变成了缪斯天性意义上的残废人。”（让－罗尔·布约克沃尔德著：《本能的缪斯——激活潜在的艺术灵性》）沿着批判现实的学校的布约克沃尔德的思路去思考，理想的学校当然是能够消弭成人文化与儿童文化之间的矛盾冲突，在儿童文化与成人文化之间架设沟通的桥梁的教育设施。

无数事实证明，我们的语文教育（包括教材和教法）已经出现了成人与儿童之间的尖锐的矛盾冲突。解决这一矛盾冲突的唯一途径，就是语文教育回到“儿童本位”的立场上来。那么，要想使“儿童本位”的立场贯彻到小学语文教育教学的实践之中，使其落到实处，就不可不使用儿童文学这一无可替代的资源。

儿童文学是一个成人与儿童进行有深度的人生交流的世界。在成人为儿童创造的一切文化里，那些优秀的儿童文学，最好地解决了成人与儿童之间的关系。儿童文学如此得天独厚，是因为儿童文学拥有的特质。用周作人的话来说，就是“儿童的文学只是儿童本位的，此外更没有什么标准”。我也曾这样阐释儿童本位的儿童文学：“儿童文学创作与成人文学创作的一个根本不同是儿童文学作家必须解决好与儿童的人际关系问题，即作家必须以作品与儿童建立起亲密、和谐的人际关系。作家既不能做凌驾儿童之上的教训者，也不能做与儿童相向而踞的教育者，而只能走入儿童的生命群体之中，与儿童携手共同跋涉在人生的旅途上。

因此，作家的儿童观应该以儿童为本位。所谓儿童本位的儿童观既不是把儿童看作未完成品，然后按照成人自己的人生预设去教训儿童（如历史上的教训主义儿童观），也不是仅从成人的精神需要出发去利用儿童（如历史上童心主义的儿童观），而是从儿童自身的原初生命欲求出发去解放和发展儿童，并且在这解放和发展儿童的过程中，将自身融入其间，以保持和丰富人性中的可贵品质。儿童文学作家在这种儿童观的观照下创作的儿童文学就是儿童本位的文学。”（朱自强：《儿童文学概论》）

2. 儿童文学实现了两种人文的融合

小学语文教育要担负人文教育的职责，这几乎已经成为人们的共识。但是，我们所说的人文性，基本上是成人文化的人文性。且不说我们的小学语文教材里存在着很多与儿童的心理世界、情感世界以及价值观相冲突的成人文化的“人文”，即使是与儿童文化形成和谐关系的成人的“人文”，光有它，而缺失儿童文化的“人文”，小学语文的人文教育既是不完整的，也是不和谐的。

正是儿童文学实现了成人文化的人文与儿童文化的人文的有机融合，可以使儿童在保持自己人性的可贵品质的同时，在成人文化的人文的引导下，实现生命的成长。

有些研究者一直对“儿童本位”的儿童文学心存怀疑，认为主张儿童本位就是放任儿童的社会性成长，放弃成人的教育责任。其实这是对儿童本位思想的一种误识。作为儿童本位论的拥护者和阐释者，我认为，儿童文学中“儿童”和“成人”之间不是相向而踞，可以分隔、孤立，没有交流、融合的关系，而是你中有我，我中有你的生成关系。一旦儿童和成人这两种存在，通过文学的形式，走向对话、交流、融合、互动，形成相互赠予的关系，儿童文学就会出现极有能量的艺术生成。

而儿童文学作家作为葆有儿童心性的成熟的社会的人，其价值观在认同儿童价值观的基础上，以儿童的生命为内核为根基，向外扩展。扩展的部分是作家丰富的生活阅历和对人生的真知灼见，因而能引导着儿童进行生命的自我扩充和超越，以期创造出丰满而健全的人生，实现精神的成长。我所说的这样的儿童文学不胜枚举。

3. 儿童文学是激活儿童语言潜能的最佳语言系统

学术研究离不开常识，而常识是非常容易被忽略的东西。在小学语文教育中一个经常、普遍被忽略的常识是：儿童研究先于小学语文教育研究。我们的小学语文教材因为忽略了这个常识，因为对儿童的研究不下功力，所以，对小学语文教育的对象——儿童，一直语焉不详。

儿童的心灵不是一张白纸；儿童具有与生俱来的语言本能；儿童具有巨大的语言潜能；儿童的思维具有感性化、整体性特征；儿童具有缪斯心性，是天生的“诗人”等等儿童观上的观念，对我们的小学语文教材的编写理念和实践并没有产生具体而微的规定性作用。一言以蔽之,小学语文教材经常性地偏离它本应该走近的儿童。

儿童从一出生，其语言发展就需要有特殊的语言系统来刺激、激活和发展。婴幼儿看电视的新闻联播学不会语言，婴幼儿的语言要在“妈妈语”这一语言系统中发展。与婴幼儿的语言发展一样，小学儿童在接受语文教育时，也需要一种契合其语言能力和语言发展规律的语言系统。位于这一语言系统的核心和主体地位的，就是儿童文学。儿童文学是激活儿童语言潜能的最佳语言系统。

二、是什么样的儿童文学

可能有人要问，现行小学语文教材的多数篇章不是儿童文学吗？没错，看起来是有很多儿童文学。但是，此儿童文学非彼儿童文学。现行小学语文教材不是一点儿优秀的儿童文学都没有，可是，从总体上讲，存在着严重的儿童文学劣质化的问题。我把那些劣质的儿童文学称为教材体儿童文学、大幅度删节的儿童文学、文摘体儿童文学，总之，是似是而非的儿童文学。我们的教材，缺少的是经典的、优秀的、自然的、典型的儿童文学作品。而且这种现象，越是往高年级走，问题就越是严重。

今年年初，我与一批有才华也有志于改革小学语文教育的一批优秀教师探讨小学语文文学教育的相关问题。在面对儿童文学在文学教材中所占的比例这一问题时，我与其中一部分人的观点发生了分歧。他们不认同即使到了高年级，儿童文学仍然是文学教材的主体这一观点。他们认为，到了高年级，儿童文学只占到 30% 就可以了，个别人甚至说，儿童文学可以不要了。其中一位教师说道，我们不能用儿童文学这个玻璃罩子，把孩子与现实生活隔开。很显然，这位教师并不了解儿童文学，不知道儿童文学也有马克·吐温的《哈克贝利芬历险记》、斯坦贝克的《小红马》，不知道可以直接上低年级教材的新美南吉的《去年的树》，根本就不是所谓的“玻璃罩子”。

具有讽刺意味的是，我们的小学语文教材编写者，甚至我们的现行小学语文教材的批判者，其实对真正的优秀的儿童文学是相当隔膜的。我们的整个小学语文教育界，必须要从小学语文教育这一立场出发，谦虚地、认真地补儿童文学这堂课。这堂课不补好，小学语文教育改革会不得要领、经常碰壁，现行小学语文教材也不能取得长足的进步，现行教材的某些批判者也会在一些关键的地方露出马脚来。

当然，人们对儿童文学在小学语文教育中的价值和功能的怀疑，既与他们对儿童文学世界的隔膜和无知有关，也与目前对儿童文学所具有的语文教育价值和功能的研究不够扎实、不够深入有关。对儿童文学所拥有的趣味性、感性化、整体性、人文性、意义生成这些小学语文教育的核心要素和方法，还亟待进行落实到位的研究。

但是，我相信，只要我们愿意从小学语文教育这一立场和角度走近，进而走进儿童文学的世界，终将会看到儿童文学在小学语文教育方面，会的是十八般武艺，这样的儿童文学能够为小学语文教育开拓出一个广阔的世界。

"小学语文教材批判引发的系列思考"之五：

现行小学语文教材存在的主要问题辨析

应该承认，现行小学语文教材编写者也是想把教材编好，而且有的教材也在努力修订，显现出了进步。但是，语文教材的编写是一项公共事业，而且事关儿童的语言发展和心灵的成长这样的国家大事，全社会予以关注、批评不仅正常，而且非常必要。虽然小学生的语文能力并不是全靠语文教材的学习来提高的，但是，教材学习依然发挥着十分重要的作用。因此小学语文教材编写得好与不好，对小学儿童的语文学习的质量和能力的提高与否影响甚大。

我在《"儿童本位"：改革小学语文教材的一剂良药》一文中，已经指出了现行小学语文教材存在的"低估儿童的语言能力和审美能力"，"偏离与儿童语言发展相契合的语言系统"，"违反儿童的整体性思维方式"，"忽视儿童生命所拥有的有价值的人文性"等问题。应该说这些问题，都是属于非"儿童本位"的教材编写理念这个层面的问题。在本文中，我想从小学语文教材的具体操作层面，探讨其存在的问题，以期为其进一步改善、提高提供一些参考意见。

一、"教材体"课文导致语文学习的低质化、劣质化

我认为，现行小学语文教材的最大问题是选文的低质化、甚至劣质化。这一问题最集中地体现在短小轻薄的"教材体"课文上面。所谓"教材体"课文,是指教材中收入的不是发表之初的自然文章，而是专为收入教材而编写的课文，或者专为收入教材而进行大幅度

删改的作品，以及从某些品位不高的文摘杂志选入的不自然文章。

“教材体”课文主要存在两大弊病：一个是短小轻薄，一个是文意不通。

先说短小轻薄。现行小学语文教材在总体上都存在着篇幅太短的问题,而“教材体”的篇幅又尤其短小。比如,儿童文学名篇《等信》,原作一千二百字,在教材中被删节成五百字；安徒生的名篇《丑小鸭》，原作六七千字，在教材中被删节成五百字，可谓面目全非；还有一些专为教材编写的课文，有的短得几乎不能成文。不是说短文就没有好文章。新美南吉的《去年的树》只有短短的五百来字，却意味隽永，感人肺腑。可是“教材体”却不是《去年的树》这种短法。专为教材编写的短课文寡淡无味、毫无灵气，被大幅度删改的“丑小鸭”，早已经由枝叶婆娑的大树，变成了光秃秃的几根干枯的树枝。“教材体”的这种短小，是一种贫瘠，是思想性、艺术性上的轻薄状态。

与我熟知的日本小学语文教材相比，我们的现行教材，每册选入的课文太多，多得造成了杂乱，而选入的课文篇幅却又太短，即使到了六年级，篇幅也不过两千来字。这恐怕和我们崇拜数字而轻视素质的应试教育体制有关。相反，日本教材是每册篇幅少，但是篇幅长。我们删减成五百字，而且是放在三年级的《等信》，在日本是放在小学二年级上册，而且是将一千二百字一字不改，悉数收入的。也是放在二年级的名作《六兵卫，再坚持一下》，同样是一千二百多字的作品，充满了阅读的乐趣。故事所包含的儿童与成人的对比描写，生动的故事性，鲜活的儿童心理、愿望，浓郁的儿童情趣，这些丰富的蕴含，反而决定了这样的课文好教、好学。日本的教材，在中年级，《狐狸阿权》这一童话经典是五千来字，到了高年级，像《大造爷爷和大雁》这样的动物小说经典和《旗帜》

这样的儿童心理成长小说，篇幅还会有所增加。

很多情况下，好作品是需要一个足够大的空间来供作家施展才华的。经典的作品或者优秀的作品，它总有一个变化非常丰富的结构，有一个波澜曲折的展开，人物有着生动或者复杂的性格，乃至隐秘的心理，而这些都需要文章有足够大的容器。而且小学生的阅读能力的提高，也要求教材为他们提供能够展开深邃思想、复杂构思和丰富表现的有长度的课文。如果文章够经典、够优秀，阅读、鉴赏能力的提高和篇幅的长度（当然是在教材的限度之内）成正比，是不会有错的。俗话说，“宁吃鲜桃一口，不吃烂杏半筐”，我们的教材是应该考虑减少篇数，增加篇幅了。

再说文意不通。由于某些“教材体”的编写者没有足够的创作才华和资质，由于选自某些品位不高的文摘杂志的文章，其作者水平本就有限，于是出现了既背离生活真实也违反艺术逻辑的文意不通的课文。

有一篇课文叫《拥抱大树》，写的事情发生在美国纽约。一个人开了个餐馆，餐馆前面有一棵大树，他每天骑自行车去送外卖，回来就用铁链子把自行车拴在树上。他有一个邻居，偷偷打电话报了警，说有一个人损害大树。然后，有关部门不做调查就给开了罚单，罚款一千美金。主人公收到罚单后，就到开罚单的部门去表示悔过。有关部门念其是第一次犯错，就又把罚单取消了，改为惩罚他去拥抱一下大树。我认为，这篇文章缺乏法律意识和法律常识。有关部门先是不加调查就滥用法规，后来又以人情来代替法规。在法律层面上来说，这是非常奇怪、义理不通的一篇作品。还有，其实这件事情，邻居完全可以告诉餐馆主人，说铁链拴在树上会把树损坏的，一句话提醒一下就完了，没必要去打小报告。整个故事跟美国的国情和实际生活是不相符的。这是一个编造出来的虚假故事，是矛盾百出、逻辑不通的文章。这样的文章，对小学儿童的法律法规意识的培养以及思维方式的培养，是有负面作用的。

应该说，这种文意不通的课文的存在，并不是偶然现象。我们可以随手举出《鱼游到了纸上》《最珍贵的礼物》《自然之道》等一批课文出来。所以存在这么多文意不通的课文，问题之一出在没有重视从经典作家、优秀作家的自然发表的文章中汲取资源。

“教材体”课文的大量存在，导致了小学儿童的语文学习资源的严重低质化、劣质化。教育也是一把双刃剑，教育得好，孩子如小树沐浴春风雨露；教育得不好，孩子也如小树，可是在浊流污水下会枝干叶枯。我想，教材的编写者应该认识到“教材体”课文对小学儿童语文学习能力是起了一定的伤害作用的。

二、教学设计的盲目性、模糊性

小学语文教材的编写是不是一个系统性工程，有没有应该依循的语言学习的内在规律？

我听到一位知名的语文教育专家讲过：教材有一个符合规律的东西，编教材要符合这些规律，这种想法完全是虚妄的，根本没有这种东西。他还说，编教材，所谓的体系是不存在的，不能用一个逻辑的结构来规定。

语文教材的编写是没有结构和规律的随意性的事情吗？我对这种观点是有着朴素的怀疑的。语文学习没有规律吗？如果没有规律，为什么小学阶段不学习初中以后的议论文？如果没有规律，为什么小学低年级学生无法按照老师的要求，归纳出寓言的那个抽象的哲理或是警句？我还是想说，教材编写是有内在规律和逻辑的。比如，我认为，童谣一定是先于童诗来学习，故事一定要先于小说和传记来学习，说明文一定先于论说文学习。所以，在小学阶段，编写教材还是有一定文体上的层阶的。还有，如果语文教育中的人文精神是以儿童为本位的，那就要切合儿童的心智成长的阶段性。比如说，到了五六年级，我们是不是应该把一些具有深层心理的小说，那些可以表现自我意识觉醒，对自我困惑、反思的作品编选进来？所以，在精神层面也有一个阶段性的东西在里面。

我所看到的教材，在系统性规划方面是存在问题的。尤其是在文学教材的文体形式和艺术表现形式方面，教材设计的教学目的和教学策略定位不准、模糊不清。篇幅所限，我这里仅举一例。我们知道,单元的导语是对后面课文和学习的内容起导引、启示的作用。有一种教材的某个单元的导语是：“电影的发明使我们的生活变得更加丰富多彩，互联网的诞生拉近了你我的距离，我们就像生活在一个地球村里，科技使我们生活越来越精彩，而环境的日益恶化正破坏着我们的拥有，无休止地砍伐树木使沙尘肆虐，射杀鸟儿使害虫没有天敌，同学们，在学习科学文化时，也请你们关心环保，关心我们的家园吧。”可是这段导语所归纳的意思，与课文里面的内容简直是风马牛不相及。课文里有《爸爸，我恨死了你的猎枪》《去年的树》，还有《生死相依的海鸥》，这些课文是在表现环保和环境日益恶化这些问题吗？这种语文学习和训练怎么能帮助儿童学好语文呢？

教材中的很多教学单元，堆到一块儿的文章没有内在关联性，不能呈现不同的语文学习的功能，是混乱一片的。还有，在很多教材里面，总是把“继续学习有感情地朗读课文和默读课文”作为语文学习的重点，而设计不出来特定课文的特定的学习重点。我一直强调，语文的课堂教学要用学生能理解的方式做形式分析、讲解，这样才能帮助学生体会、把握语言表现的内在奥秘，把语文学习落到实处。可是，很多时候，教材后面的思考题，就是不往课文的风格、文章的结构等形式方面去分析，去引导。

如果教材编写者本身就对选用的课文所具有的语文学习价值、语文学习指向心中无数，别说整套教材，就是对具体单元，自然也无法进行体系性的把握了。

三、教学设计对教材学习功能的消解

教学设计本来是为了引导学生学习，强化学习效果的，可是，现行教材的一些设计却适得其反，消解了教材的语文学习功能。

有一篇课文，叫作《钓鱼的启示》，不止一本教材收录了这篇课文。父亲带儿子去钓鱼，到了半夜十二点才允许钓鲈鱼，但是，儿子在十点就把它钓了上来。爸爸让儿子把鲈鱼放了，说这就是规则。儿子委屈，好不容易钓上来的鱼，又没有人看到。但是没有人看到也不行，规则就是应该自觉遵守。应该说，这是一篇具有启示意义，值得认真讨论的文学作品。对这样一篇文章，应该从文学的层面入手，诉诸学生的思考，将最初的道德意识、人格这些东西传递到学生的心中。可是，有一种教材后面的阅读练习，设计的竟是为湖边的木牌写一则《钓鱼须知》，也就是要求写一篇说明性的、应用性的文章。我对此很难理解和接受，这和教材相悖了。这就叫南辕北辙，应用文的学习训练越多，离课文提供的有价值的语文学习资源越远，是消解教材的学习功能的。

前面讲到的《拥抱大树》，这篇课文的文后有这样的练习题："读下面的句子，找一个和带点词语意思相近的词语填在括号里。（1）丹尼尔大吃一惊，这才醒悟自己已经违反了国家有关绿化和保护树木的法律。"我就不明白设计这个练习是什么意思。找一个和"违反"

一词意思相近的词语,是认为这个词语能够代替“违反”这个词吗?如果它不能代替，那么你让学生凭空填一个相近的词语是什么意思呢?这种练习与课文阅读有任何一点点联系吗?这样的练习很容易使学生产生误解，以为意思相近的词都是可以相互替代的，可以换来换去的。如果做这个练习，首先给出一个语境，然后，比较“违反”“违背”等一些意思相近的词语的微妙差异，找出一个最为贴切的词语填进去，这个练习才是成立的。语感正是在这样的练习中培养出来的。

以上，限于篇幅，我主要从三个方面指出了现行小学语文教材在选文和教学设计方面存在的问题。其实，现行教材还存在着选文不够经典、不够典型，选文的价值观发生倾斜等等其他一些问题。应该说语文教材存在瑕疵是必然的，也是可以理解的，但是，出现这么多的失误、错误和大失水准，则确有尽快改进的必要。因为我们从事的是教育，面对的是孩子。

论儿童教育

第三辑

童年的诺亚方舟谁来负责打造

——对童年生态危机的思考之一

一

多年以来，我是带着深深的对“生”的困惑，思考着儿童、童年、儿童文学、儿童教育、儿童文化诸问题。也许永远是一种理想，我希冀通过对这些对象的思考来探寻自身“生”的路径。

近两年，这样一种“生”的追寻将我引到了一个使我心怀恐惧的问题面前。我的眼前常常出现绿水断流、草木枯萎、蓝天遮蔽、翠鸟不飞的场景。这不是自然生态的景观，而是人类生命中的童年生态的景观。我知道，这只是我的一场梦魇，但是，我又是多么害怕，一场大梦醒来，眼前是与梦魇一样的现实。

我们前所未有地处于一个容易使生命“存在”迷失的时代。我们今天的文化正处于危机之中。这种文化的危机性正如 1954 年诺贝尔和平奖获得者史怀泽所指出的，“它的物质发展过分地超过了它的精神发展。它们之间的平衡被破坏了”。[①]提出“敬畏生命”的伦理学观点的史怀泽认为，文化的本质并不是物质方面的成就，物质成就反而会给文化带来最普遍的危险：由于生活条件的改变，人大量地从自由进入不自由的状态。史怀泽说，“决定文化命运的是信念保持对事实的影响”，对此，他做了十分准确地比喻：“航行的出路不取决于船开得快慢，它的动力是帆或蒸汽机，而是取决于它是否选择了正确的航道和它的操纵是否正确。”[②]

我们的被物质主义、功利主义迷雾遮住双眼的文化大船出现了生命“存在”的精神迷失，它正在现代的核动力的推动下，迅速地远离荷尔德林所吟咏的可以“诗意地安居”的“大地”。作为历史概念而始终被成人社会假设的儿童和童年，处在今天的依然是成人本位的社会（与古代社会的儿童观一样，今天的社会的儿童观依然是成人本位的，所不同的只是，这个成人是一个人的人生阶段中的那个“成人”，家长及其教育者们拿着孩子们自己的将来的那个“成人”来压迫童年，剥夺童年的权利，而教育者们又完全是按照他们成人的今天的标准来预设孩子们的将来的那个“成人”的生活状态，所以本质上也是“父为子纲”）之中，更是命中注定地被这条精神迷失的快船拖向了危机四伏的海域。

给童年生态造成最为根本、最为巨大的破坏的是功利主义的应试教育（虽然政府已经提出施行素质教育等教育国策，但是，在教育的现场，教师和家长不仅依然而且变本加厉地奉行应试教育）。一个孩子，一个生气勃勃的生命来到这个世界，本来应该是为了享受自由、快乐的生命，体验丰富多彩的生活的，但是，孩子的生命的蓝天，却被几本教科书给遮黑了。周一至周五，从早到晚学习，周六还要到学校补课，周日安排家教，寒暑假也不能休息。教科书上的知识学习不仅成了中学生的几乎全部生活，而且这种学习生活已经蔓延到了小学甚至幼儿园里。在我所居住的城市里的一所幼儿园，从孩子两三岁开始就让他们学习汉字，教师夸耀地说，到上小学之前，可以让孩子学会两至三千个汉字，这样孩子就可以更早地读书、学习了。据说，这样的做法还是一个早期教育研究的科研项目。不是为了“存在”而学习，而是为了学习而“活着”，学习不是为了给生命带来精神充实和快乐，而是将生命变成了单纯学习的机器，这就是应试教育下的“学习”的本质。希望应试教育工作者

（当然包括家长）都来听一听真正的学者是怎么说的！“学者说：‘读书是精神层面的事，而学位、文凭却属于物质！为文凭而去学校的学子们啊！请别夸口说你们是去读书。’”③

本来，在由童年、青年、壮年、老年这四个阶段组成的人生过程中，每个阶段都各有其自身的价值和应该给以实现的愿望，但是现在，童年的权利被功利主义的应试教育残酷地剥夺了。家长和学校勾结起来，一心为了成人的“将来”而牺牲童年的“现在”。儿童文学的经典名著《长腿爸爸》中那位经历过生活磨难的孤女朱努沙·阿博特说过，“幸福的秘诀，那就是，生活在今天”。这样一个对孩子来说几乎就是常识的真理，已经为成人社会所遗忘。

接受西方的影响，中国对生态学这门学科也越来越关注，在文学界也有了所谓“文艺生态学”研究。但是，在我看来，生态学如果没有包含对人类的精神生态的关注，就不是完整的生态学，因为，人的精神本来就是自然的一部分。

商务印书馆出版的《现代汉语词典》中的“自然”一词有以下三个含义：①自然界，即大自然；②自由发展；不经人力干预；③表示理所当然。但是，在西文中，“nature”这个词的一个含义是指“大自然”，而另一个含义则是指“本性”。在美国独特而伟大的思想家、诗人爱默生的著作里，“大自然”与（人类的）“本性”是一致的：“这浩浩苍穹下的小小学童（指爱默生自己，本文作者注），明白了他与这博大的自然竟还是同根而生的。一个是叶，一个是花，他的每一条血脉里都涌动着他与自然的亲谊和感通。他与自然所同之根是什么呢？那不就是他灵魂的灵魂吗？……属于自然的美就是他属于他自己心灵的美。自然的规律就是他自己心灵的规律。……一句话，那古代的箴言‘认识你自己’与现代箴言‘研究大自然’最后成了同一句格言。”④如果我们联想到卢梭“重返自然”的思想、华兹华斯的浪漫主义诗学、海德格尔的存在主义哲学的绿色之思都是来自“森林”“湖畔”“黑森林小屋”的直接天启，就会对爱默生的上述话语信其为真。

从这个意义上考虑，关于自然的生态学理论就可能会给我们关于人类精神生命，尤其是关于童年生命的生态学思考以启发。

自然保护主义者的代表约翰·缪尔认为，大自然创造出动物和植物的目的，首先是为了这些动植物本身的幸福，而不可能是为了一个存在物的幸福而创造出其他动植物。我们尚未发现任何证据可以证明，任何一个动物不是为了它自己，而是为了其他动物被创造出来的。因此，动物具有天赋权利。他甚至宣称：“如果在野兽与高贵的人类之间发生了一场种族战争，那么，我很可能会支持动物。”⑤据此而论，人生的童年首先是为了自身的幸福而存在，同样具有天赋权利。另外，我们还知道，物种的发展水平越低，其儿童期越短；相反，物种的发展水平越高，其儿童期则越长。人类的儿童期最长，这是人类不断而又迅速进化的结果，也是人类获取的极大利益。漫长的儿童期成为人成长的根基和资源。今天的功利主义教育拼命缩略童年的做法，显然是在破坏人类在自然进化的过程中所形成的生命生态。

生态学伦理学还有一个观点：这一代人不能挥霍、破坏下一代人的自然资源。同样的道理，成人也不能拿一个孩子的童年生命阶段去做他另一个生命阶段的牺牲。这样抽空童年阶段生命的幸福以换取成年阶段生命的幸福的人生设定，是不合理的也是虚幻的。因为人生的各个阶段不是孤立的简单叠加，而是有着内在的接续性。一个在童年阶段没能获得品味生命之树结出的果子的滋味的人，怎么能期待他到了成年一下子学会体悟人生的况味呢？何况“天者不可测，寿者不可知”，如果天不假以其成年，人生所有的岂不只是空虚、无趣和缺憾？

如果我们要对童年负责的话，就要建立以童年为本位的童年生态学，倡导整体论的生态人生观。而这样的童年生态学必须包含人类个体之间的对于对方生命的敬畏，尤其要包含成人对儿童生命形态的敬畏，否则就不是我所期待的以童年为本位的童年生态学。

二

成人为什么必须敬畏儿童的生命形态？因为在儿童的自然的人生感受里蕴含着绿色的生态性。让我们来听一听一位日本作家讲述的一个故事。

有一天，一个非常有钱的人想要让他的儿子体会贫穷，就把儿子送到乡下的朋友家，好让他看一看世界上的人实际上是多么的贫困。

寄居在乡下的日子结束后，儿子回到家，父亲就问他：

“你知道什么叫作贫穷了吗？”

“嗯，很清楚了。”

“你了解到什么？”

儿子回答说：

“我们家的鸟笼里只有一只小鸟，有的农家却有狗和牛，还有好多只小鸟。”

“我们家里虽然有游泳池，可是那些人有长得看不见尽头的河流。”

“我们家的院子在晚上有明亮的电灯，可是那些人在晚上有满天的星星。”

“我们住的地面很狭小，而那些人住的地方可以一直扩展到很远。”

“我们有仆人的服侍，而那些人是在服务别人。”

“我们的食物必须花钱买，而那些人是自己种植。”

“我们家的四周有保护我们的墙壁，但是那些人有保护他们的朋友。”

听到儿子的话，父亲哑口无言。儿子又接着说：

“爸爸，谢谢你让我知道我们是多么贫穷。”⑥

这种能够自然感受人生真义的儿童出现在许多作家的笔下。马克·吐温的哈克利·费恩，这个不受时代的制约，只听凭自然、健康的本能而行动的少年，正是人类真正道德的化身。塞林格在揭露现代文明的荒诞时精心创造的“麦田里的守望者”这一保护儿童不跌入悬崖的意象，是出自少年霍尔顿的愿望，完全可以认为，霍尔顿在时代生活面前的迷惘，显示出的恰恰是超越那些在物质主义生活面前“对酒当歌”的成人们的一种清醒。米切尔·恩德的毛毛、林格伦的长袜子皮皮、凯斯特纳的洛蒂和丽莎，这些儿童形象都会给成人带来某种人生的启迪。

在中国文学史上，最深刻、最艺术化地表现出儿童生命的绿色生态性的当数鲁迅的小说名篇《故乡》。虽然二十世纪的二三十年代，许多作家如冰心、丰子恺等都曾大声地赞美童心，但是相比之下，只有鲁迅的“童心”不仅发出灵魂深处的肉搏的震颤，而且沾染着自身生活的摸爬滚打的泥土。对我来说，整个《故乡》就是鲁迅“失乐园”后的一声叹息。人生的乐园在那里？鲁迅以《故乡》中那个反复闪回的“神异的图画”告诉我们：人生的乐园就在童年！鲁迅在《故乡》中委委婉婉想说而说不出来的其实就是这句话。正是这句没有说出来的话，使《故乡》含蓄地蕴含了人类文学的一个重大而永恒的母题。由于人类目前非但没能解决成人自身的童年乐园的丧失问题，反而又造成了儿童自身的“童年的消逝”⑦，因此，鲁迅的《故乡》就更应该属于今天这个时代。然而，鲁迅以《故乡》发出的这一“天问”，在中国有几位作家在继续思考以期回答呢？

就像“自然”给人类既提供了物质资源也提供了精神资源一样，“童年”也是成人的物质资源和精神资源。于此不能不想起吟诵“儿童是成人之父”诗句的浪漫主义诗人华兹华斯。朱大可曾经这样“缅怀浪漫主义”：“在北欧阴郁而寒冷的车站，安徒生的容貌明亮地浮现了。这个用鹅毛笔写作童话的人，是浪漫主义史上最伟大的歌者之一，所有的孩童和成人都在倾听他。在宇宙亘古不息的大雪里，他用隽永的故事点燃了人类的壁炉。”⑧如果说安徒生以童话驱走的是人类内心的寒冷的话，那么，华兹华斯则是听凭儿童的指引，用诗歌找回了人类灵魂迷途中的光亮。

为什么“儿童是成人之父”？下面是华兹华斯的《颂诗：忆幼年而悟永生》（又名《永生颂》）中的诗句——

> 出生后，我们只是在睡眠和遗忘；
> 与我们俱来的灵魂，这生之星辰，
> 本安歇在别的什么地方，
> 这时候从远处降临；
> 我们并不曾完全地忘却，
> 并不曾抛却所有的一切，
> 而是驾着光辉的云彩，从上帝，
> 从我们那家园来到这里；
> 婴幼时，天堂展开在我们身旁！

在成长中的少年眼前，这监房的
阴影开始在他周围闭合，
而他却是
看到了灵光和发出灵光的地方，
他见了就满心欢乐；
青年的旅程得日渐远离东方，
可仍把大自然崇拜、颂扬，
仍有那种瑰丽的想象力；
这灵光在成人眼前渐渐黯淡，
终于消失在寻常的日光中间。

华兹华斯的诗句为我们描述了人的精神生命走向退化的宿命性。何以抗拒这一命运，华兹华斯指出了一条精神上的永生之路，即重返童年，回到生命的原初状态。我同时想到了给华兹华斯以影响的卢梭。也许是情绪化的表述，如果说十年前我还对卢梭的回到历史的零度状态的思想表示怀疑，那么，今天童年生态的严重恶化，已经使我竟愿意相信卢梭思想的合理性。

目前，我还无能理解华兹华斯童年观中的神学内涵（比如“前存在”理论），不过，儿童生命中蕴含着的想象力和感受性，的确是成人所应该敬畏并在自己的生命里继承和发展的。只有如此，成人方可保持精神生命的飞扬状态。尼采在《查拉图斯特拉如是说》曾表达精神三变的思想。他认为理想的人生精神境界应该是：最初表现为骆驼的形态，其特质是忍耐；随后骆驼会在千里沙漠的负重行旅中，突然变成狮子，其精神特征是战斗的勇气；不过，就是这种狮子也还有不足，它在什么时候一定要变成“幼儿”。尼采这里所讲的“幼儿”其实是幼儿的心性，这种心性能够完全天真无邪地开创一切。也就是说,成人应该从儿童的生命体中继承生命的创造性力量。

但是，成人社会似乎一直是儿童的“不肖子孙”，因为成人不但没有从儿童生命那里继承巨大精神财富的愿望，反而以学校文化压抑着儿童的生命力。布莱克，这位华兹华斯的同志，超时代地体验过我们今天所体验的现代文明的痛苦和失落的现代主义的预言者，早在两百年前，他就在《小学生》一诗中表现了枯燥、压抑的学校中儿童的“颓丧”心情（他本人就是拒绝接受正统的学校教育的叛逆者)。深悟儿童生命的自由天性的诗人写下了愤愤不平的诗句：“为了欢乐而出生的小鸟儿/怎能坐在笼中歌唱？”二百年后，浪漫主义的传人仍然在批判：“在充满缪斯天性的儿童文化和毫无缪斯情趣的学校文化之间，存在着强烈的冲突。学校是一种从事系统的压抑儿童天性的机构。”[9]说此话的挪威教授让－罗尔·布约克沃尔德描述了这样一个令我们感同身受的痛心情景：“当生命的力量遇到学校的理性时，连续性就被打断了。孩子们对缪斯充满了渴望，这种渴望在他们来到这个世界之前就被深深地培植在他们生命的胚芽里，又在与父母、兄弟姐妹们的相处中，在与其他小朋友的游戏中得到加强；但是现在，这种渴望突然与强大的约束力量相遇，而且这种力量似乎处处与它作对。许多孩子在他们童年的早期像小鸟一样可以快乐地在天空中自由地飞来飞去，他们把自己想象成许多不同的角色，从满脸污垢的小捣蛋鬼，到展翅高飞的雄鹰。可是，几年学校生活之后，他们大多数再也不能像鹰一样自由飞翔了，他们已变成了缪斯天性意义上的残废人。”[10]

写作那个丑小鸭变成白天鹅的动人故事的安徒生，如果看到儿童这在蓝天上飞翔的白天鹅又变成了鸭子，回到养鸭场里匍匐，还会在自己的肖像画上写下“人生是所有故事中最美的一个故事”这样的话吗？

三

我曾经在拙著《儿童文学的本质》一书中说过："对儿童观和儿童文学本质的探寻，不能仅仅从纯学问的立场出发，把它作为谋生的饭碗或者智力的操演形式，而是应该上升到通过对儿童文学本质的思考，追问自身的生存哲学的层次，即把自己的生命和灵魂投入到研究之中，在儿童文学的本质与自身的生存哲学或曰人生观之间，寻找到沟通之路。我相信，超然物外、隔岸观火的冷漠的研究态度，只能使研究者远离儿童文学本质的真髓。"⑪

这番话表述的是我在学术上的追求和理想，而实现它需要保持学术思想和生活实践的一重性。下面我要讲的是我的个人经验（在许多学术领域，都有个人经验变成研究范畴的事例），我认为它对本文探讨的童年生态问题具有特殊意义，因为如果没有这一经验，我很可能不会像现在这样执着地思考童年生态问题，并且在一定程度上将思想付诸行动。

1984 年，我成为一个男孩的父亲。至今，每当我听到录音中儿子幼年时的声音，看到录像里儿子童年、少年以及今日的身姿，内心中都会充满幸福，并且带着依稀的乡愁回忆往昔欢乐的时光。我一直在论著里、课堂上批判孝道而张扬亲情，我以自己的亲身体验，信奉"五四"时期周氏兄弟的主张：联系父子的本应是"天性之爱"，是"亲善的情谊"而"并不用恩"。在儿子成长的过程中，如果说有"恩"的话，也不是什么"养育之恩"，而是我对生活感恩的心情，因为他给我的人生带来了无数真切的幸福和欢乐。另外，在我的儿童文学研究中，儿子的成长姿态、读书经历，也给我的儿童文学感悟和一些具体观点以直接的启发。

出于对儿子的爱，作为儿童本位理论的鼓吹者，我希望他拥有一个快乐的童年。他童年时代的许多游戏，许多体育运动，如足球、乒乓球、游泳、滑冰、滑雪等，我和妻子都经常参与其中。在一个孩子成长的过程中，不可避免地会出现弗洛伊德所揭示的“快乐原则”与“现实原则”之间的冲突。但是，在我的儿子朱小鹤这里，这种冲突简直是难以调和。大约从小学四五年级开始，自我意识日渐觉醒的朱小鹤越来越表现出对学校应试教育的不适应。先是作为“三好学生”和班长的他已经无法忍受班主任的强制甚至是蛮横的教育方式（这是应试教育必然采取的），接着又对学校填鸭式的教学方法和一些无趣的教材以及更无趣的教材阐释产生了抵触，不仅学习成绩迅速滑坡，而且失去了学习的兴趣，他发光的眼神一天一天地黯淡了下去。

其实，他的这种冲突也是我的童年观与无条件地归顺不合理现实的应试教育之间的冲突。我想，在游戏、体育运动、读闲书（在这一点上，朱小鹤所喜欢的童话作家郑渊洁也是“罪魁祸首”之一，因为就是他，用其作品表现着“长大成就再辉煌，没有童年的人生也是不完整的人生”的主张）中充分品尝到生命、生活的自由和快乐的孩子都是很难适应违反学习本质的应试教育的。应该说，在此之前，我的童年观虽然是明确的，但也是漂浮而没有根基的。在我的意识里，考上一个不错的大学应该是儿子的不错的前程。当这个前程出现危机的时候，我马上乱了阵脚，出于对儿子前途的担忧，我违心地做出了向应试教育归顺的选择。但是，已经为时过晚，我的监督、强制都没有奏效。那段日子，我们父子间失去了以往的亲和，不断冲突、危机四伏。

在此期间，朱小鹤也在苦苦地探寻着自己的人生之路。由于不堪学校应试教育的了无生趣，他在初中时多次郑重提出辍学的要求。1999年元旦前一天，他十分认真、严肃地对我和妻子说："只要我活得快乐，哪怕我是个捡破烂的又有什么关系呢？"此语分明表现出他不妥协的非功利主义的人生观，同时也蕴含着对成人社会（包括当时的我自己在潜意识里）所信奉的物质主义人生价值观的置疑。当时我已经年过不惑，但是，在此之前，我对人生并没有真正的"疑惑"和"解惑"的过程。朱小鹤的话给我以巨大的震动。我意识到，不仅是学校，而且还有我自己，已无能力教导孩子如何正确地选择自己的人生道路了。因为自己的爱子如此坚决地思考、选择着自己的人生之路，我才终于告别了从前议论人生特别是童年生态问题时的"局外人"姿态，真正将自己的生活实践置于对人生和童年生态问题的思虑之中。我想努力放弃潜在的面对儿童教育和童年生态问题的二元论立场，比如，理论上强调游戏之于童年是重要而不可或缺的，行动上却要采取学习优先于游戏的做法；口头上高谈精神飞扬的重要，行为上却拜倒在物质主义的石榴裙下。

从初中起，朱小鹤渐渐表现出对音乐的特殊而又浓厚的兴趣。从他说出那番关于"快乐"的言论后，经过反思的我们彻底支持了他的选择。他走上了一条抵制学校应试教育的学习之路（其实这也是出于无奈，因为学校的应试教育体制，根本没有给学生的个性学习和发展留有起码的时间和空间）。最初他只是想做一名歌手，当我们主张他做一个能够创作音乐的歌手时，他又开始学古典吉他，后来学电声吉他，又加上架子鼓、木琴。在自己选择的自主学习中，朱小鹤表现出巨大的学习热情和勤奋、吃苦精神。弹吉他的手指起了血泡，打鼓的双臂练到僵直。学习仍然是艰苦的，但是已经不再是受难，而变成了释放生命能量的一种满足和快乐。朱小鹤重新明亮起来的眼神和每天昂扬的精神状态证明着这一点。现在，朱小鹤是一个心地善良、心理健康、快乐生活的人。他已经对自己的人生选择负起了责任，并一天天地成长进步着。

只有对精神意义上的人生追求，才可以做到不以成败论英雄。无论朱小鹤将来是就读大学的音乐专业，还是高中毕业后背起吉他浪迹天涯，不论是声名显赫还是默默无闻，我们，还有朱小鹤本人都会以平常心来接受天意的安排。可以用尽全力去追求自己的由衷理想，并且在这追求中获得了充实而快乐的精神生活，难道这还有什么可以遗憾的吗？

在朱小鹤的成长过程中，我对功利主义的应试教育对童年生态的破坏有了真切的实感，而我耳闻目睹的其他许多孩子的生存状态又使我看到童年生态遭普遍破坏的灾难性。“儿童是祖国的未来”不能是一句空喊的口号。我不相信压抑儿童生命力、剥夺儿童生命实感的功利主义的应试教育能承诺给我们的民族一个生气勃勃、创造无限的未来。这并非耸人听闻——被破坏的童年生态里，潜藏着我们这个民族将面临的严重的精神危机。

功利主义的应试教育的大洪水还在一浪一浪地汹涌而来，童年可以避难的诺亚方舟谁来负责打造？！

（载于《中国儿童文化》第 1 辑（创刊号），
浙江少年儿童出版社 2003 年 12 月）

---

①②［法］阿尔贝特·史怀泽：《敬畏生命》，44~45 页，上海，上海社会科学出版社，1996 年版。

③蔡志忠：《童年的哲学·学习的哲学》，上海，三联书店，2001 年版。

④［美］R·W·爱默生：《自然沉思录》，70~71 页，上海，上海社会科学出版社，1993 年版。

⑤转引自曹明德:《从人类中心主义到生态中心主义伦理观的转变——兼论道德共同体范围的扩展》,《中国人民大学学报》,2002 年第 3 期。

⑥[日]古川千胜、柴琉璃子:《世界曾经是乐园》,乌鲁木齐,新疆人民出版社,2002 年版。

⑦关于"童年的消逝"问题,请参阅拙文《童年和儿童文学消逝以后……》,见《中国儿童文学》,2002 年第 1 期。

⑧朱大可:《缅怀浪漫主义》,见朱大可:《逃亡者档案》,上海,学林出版社,1999 年版。

⑨⑩[挪威]让－罗尔·布约克沃尔德:《本能的缪斯——激活潜在的艺术灵性》,121~123 页,上海,上海人民出版社,1997 年版。

⑪朱自强:《儿童文学的本质》,14 页,北京,少年儿童出版社,1997 年版。

童年的身体生态哲学初探

——对童年生态危机的思考之二

我歌颂肉体，因为它是岩石
在我们的不肯定中肯定的岛屿。
……
它原是自由的和那远山的花一样，丰富如同
蕴藏的煤一样，把平凡的轮廓露在外面，
它原是一颗种子而不是我们的掩蔽。

——穆旦《我歌颂肉体》

一、引　言

近几年，我一直在关注、思考当前儿童的童年生态问题。一个时代有一个时代的文学。儿童文学作家也必须具有解读时代本相的能力。可以肯定地说，中国原创儿童文学及其研究，要谋求健康、长远的发展，已经不可能绕过对当前的童年生态状况的思考和应对。对中国的儿童文学研究而言，童年生态研究同样是题中之义。

必须承认，今天的童年生态面临着根本性危机。这一危机所在，不是如被称为“思想狂徒”的黎鸣所言，是儿童自身的道德沦丧[①]，而是成人社会的环境和教育造成了儿童的“自我”的迷失。究其原因，必须从人性发展这一本源问题进行思考和研究。

思考人性，离不开思考“自然”“本性”“生态”问题。中国目前的儿童教育的危机最根本的症结是童年生态的被破坏。其中的一个主要表现就是童年的身体生活的被挤压甚至被剥夺，从而造成了儿童生活中的身体不在场。出于功利主义的打算，成人（家长、教师们）对书本文化顶礼膜拜，却抽取掉在儿童成长中具有原点和根基意义的身体生活。这种无源之水、无本之木的教育，不仅难以使儿童成才，甚至难以使儿童成“人”。

教育不能与儿童天性作对，而要以此为动力和资源。儿童的行动的身体，就是人类千万年来积淀下来的具有生态性的天性，离开这一天性的教育，势必与儿童的发展背道而驰。

二、童年生命的身心一元性

在人类认识自身的历史上，两千多年来，身体和感官一直被看作心灵和理性的对立面，而且被降到次要的位置。但是，现代以来，这种关于人的本质的认识论受到了根本的挑战。

尼采在《权力意志》中离经叛道地说：“要以身体为准绳。……因为身体乃是比陈旧的‘灵魂’更令人惊异的思想。”法国哲学家莫里斯·梅洛–庞蒂对笛卡儿的关于人的二元论深表怀疑。他认为身体同时是理解的起源和中心，是人类与其工具建立关系的基础。在《知觉现象学》一书中，莫里斯·梅洛–庞蒂对身体做出了这样的定义式的论述：“身体始终和我们在一起，因为我们就是身体。应该用同样的方式唤起向我们呈现的世界的体验，因为我们通过我们的身体在世界上存在，因为我们用我们的身体感知世界。”但是，当我们在以这种方式重新与身体和世界建立联系时，我们将重新发现我们自己，“因为如果我们用我们的身体感知，那么身体就是一个自然的我和知觉的主体”。②

在西方，已经有越来越多研究身体的哲学、文化著作，比如，《审美的人》《破解儿童身体语言的密码》《笑的历史》《人这种动物》《身体语言》《哭泣》《解读面孔》《味觉》（均有中译本）等，令人信服地揭示了人类是如何通过身体进行思维和思想表达的。

中国也有无条件地承认身心一元的人。作家林语堂说："人类一切快乐都发自生物学性质的快乐。那是绝对科学化的。为了避免误解，这一点我必须说得明白点：人类的一切快乐都属于感觉的快乐。"他在列举了一大堆感觉的快乐之后，说："我简直不能把心灵与肉体的快乐分开。"[③]林语堂还在另一篇文章中，举出金圣叹的三十三个"不亦快哉"之事，指出："在这种快乐的时刻中，精神是和感官错综地联系着的。"他希望"有一个更高尚的哲学"，以使我们"能够重新信任这个我们称为'身体'的优美的收受器官，把我们轻视感官和恐惧感官的心理扫除了去"。[④]

林语堂说出了几乎所有人生活感觉中一个容易被忽略的常识。当我们置身于美好的大自然之中，一定会产生精神的愉悦。这是以身体为基础和源泉的愉悦。比如眼睛之于碧海蓝天，肌肤之于清风微抚，耳朵鼻息之于鸟语花香。当我们置身于游戏和体育活动中，精神的快乐更是与身体的快乐合而为一。

想到身体的重要性问题，我总是要猜想那些身体出现障碍的人的感受。比如海伦·凯勒，她的那篇著名的散文《假如给我三天光明》，所渴望的都是以身体尤其是以视觉为根基的生活。海伦知道它们是人生的根本和创造新生活的源泉。她最后忠告人们："善用你的眼睛吧，就像明天你将要遭到失明的灾难一样，珍惜你有眼睛的每一天！同样，我的忠告可以应用于其他感官。"在我看来，海伦是以自己对身体的强烈感觉，指出了人类中的许多人对身体价值的遗忘和遮蔽。

漫长的美学的审美研究的历史，都延续着艺术是非身体性的这一信念。在十八世纪，“无利害性”、批评距离被视为艺术欣赏的一个根本特征，艺术的非身体性这一理念又一次被强化。但是，现代审美研究已经出现颠覆艺术非身体性理念的观点，美国学者埃伦·迪萨纳亚克就主张审美的身心一体论。她指出：“至少审美经验的一部分强烈快感显然是身体性的，因此，身体性不能完全被认为是无关紧要的。”[⑤]她宣称自己的《艺术为了什么？》和《审美的人》“两本书都试图证明，艺术是人性中的生物学进化因素，它是正常的、自然的和必需的”。[⑥]

埃伦·迪萨纳亚克的观点是令人信服的。没有身体对雨天的感受和回应，就没有戴望舒的《雨巷》；没有童年的身体游戏，就没有林格伦的《淘气包艾米尔》。

与成人相比，儿童的生命更加具有身心一元的性质。捷克教育家夸美纽斯早就在著名的《世界图解》中指出：“不能预先在感觉中存在的东西，无论何事都不能存在于理性之中。因此，努力地将感觉训练得能够正确把握事物间的区别，就奠定了所有智慧和所有知性的能辩程度，以及人生活动中全部思维能力的基础。”夸美纽斯明确认为，感觉是儿童的第一位导师。[⑦]

年纪越小，感知对身体的需求越大。幼儿通过身体感知所获得的对世界、生活的认识体验是具有决定意义的。美国心理学家、教育学家加登纳曾经讲述自己的两岁女儿用身体认识美的事例：加登纳与女儿在海边游玩的时候，发现一只特别可爱的贝壳，就捡起来，问女儿：“这好看吗？”结果，女儿连看都不看一眼，就把贝壳抢下来，塞进了嘴里。[⑧]我理解，加登纳的女儿这一行为，并非与审美行为相悖，而是她要以最细腻的触觉来感受贝壳这一好看的存在，就像幼儿往往不像成人那样去用目光欣赏一个布娃娃，而是要用身体的搂抱来认识它一样。

可见，人类的身体已经不是纯粹的生理器官，而是文化的器官。身体的哲学就是文化的哲学。阉割身体，就是阉割精神。因此，儿童的发展，必须是身心一元的发展；儿童的教育也必须是身心一元的教育。

三、童年的身体生活是生态的成长（学习）方式

至今为止，我只见到中国儿童文学研究对自然生态的保护意识，但是还没有见到其对生命（特别是身体）的生态学层面和立场的关注。在这样一个特殊的时代，中国儿童文学应该自觉建立起儿童文学的生命生态学。

童年的身体生活是千万年的人类生活所自然形成的生态的生命形式。

没有人会反对，人是可以改变的。儿童在成长的过程中，其人性中自会生成许多新的东西。但是，不管以什么进化或教育的名义，儿童的本质中，也有些东西是不能改变的。人们过于迷信“教育”，甚至到了顶礼膜拜的程度。岂不知，“教育”也是很容易出错，步入歧途的东西。当下的功利主义儿童教育就有关闭儿童的身体生活，从而破坏童年生态的倾向。被取消了游戏时间和身体“闲逛”时间的儿童，感受不到风对自己的触摸，听不到小草对春天发出的绿色的呼唤，了解不到冰雪也要流动的愿望，总之，关闭了对生命愉悦的感受。

当前的功利主义的儿童教育所给定的童年身体生活的状态，并非是因人类生命基因进化而“自然选择”（达尔文进化论观点）的结果。它与儿童的遗传本性是矛盾对立的，不可协调的。

现象学认为知觉是认识的起点。而身体是知觉的基础。人类个

体对世界客体的认识中，最为重要的是体验，而不是我们掌握的知识和科学。比如，小学生在掌握“流动的河水”这一词组的时候，如果没有亲眼看到过流动的河水，是不可能有准确的认识的，而只是看到过流动的河水，却没有在流动的河水中淌过的话，也不会获得更为贴切的认识。身体障碍的海伦，她所致力于的，恰恰正是通过身体与自然世界建立联系。只有当清凉的泉水溅溢在海伦的手上时，她才可能学会“W—A—T—E—R”一词，海伦称其为“活的词”。在这样的例子中，我们看到身体的综合知觉即多种身体器官的介入对于认识世界客体的重要意义。

儿童的身体生活具有“生态学”的不学而学的特性。

挪威学者让－罗尔·布约克沃尔德在其音乐教育著作《本能的缪斯——激活潜在的艺术灵性》中讲述了一个十分生动的“红皮球的故事”。七岁的挪威孩子克耶唐随父母来到美国，他不会说英语，不懂美国的文化，但是，他必须融入美国孩子的生活。三个多月的时间，他没有说过一个英文单词，他只是站在操场外，观察着其他孩子的玩耍。就在父母为孩子如此孤独、如此被排除在外而担忧时，克耶唐提出了自己的要求：“我想要个红色皮球！”他要和其他孩子一起玩美国手球。这是他在三个月的对美国孩子的玩耍进行仔细观察后，做出的重大决定。他已经“开始感觉到了游戏的节奏，感觉到了那些孩子的激情和运动。他内心也开始了身体运动。由于那遏止不住的加入其中的欲望，他全神贯注地看着。发生的每一件事都被眼睛和身体的乐感记录了下来。他将成为他们中的一员，他必须成为他们中的一员，这实实在在是一场生存之战”。布约克沃尔德高度赞扬了克耶唐的生存智慧：“这完全不是成人教师催生出来的。与其他孩子一起玩是他的动力，与其他孩子在一起的反应，就是他的教师，这个大红球就是使他自由的媒介。这个球释放出了一种新的身份证明，新的身体的运动导致了一种新的游戏，新的游戏导致了新的语言，新的语言导致了新的人的归属和文化伙伴关系。”[9]

要证明身体生活所具有的重要的生态教育意义，中国作家沈从文的童年生活也是一个好例。《从文自传》里的一个章节标题就是“我读一本小书同时又读一本大书”。小书是指私塾里、学校里读的书；大书是指生活（包括大自然和人生两部分）。沈从文在自传中详尽地描写了不断地逃学，用身体去读生活这本“大书”的乐趣。他明确说，“逃避那些枯燥书本去同一切自然相亲近”的“这一年的生活形成了我一生性格与感情的基础”；“我的心总得为一种新鲜声音、新鲜颜色、新鲜气味而跳”；“我的智慧应该从直接生活上得来，却不须从一本好书一句好话上学来。”

我愿意相信，正是童年的这种身体生活，正是身体教育先于书本教育这种人生观造就了沈从文这位被称为“人性治疗者”的小说家和独特的服饰研究专家。

由沈从文，我又想到一个对比，那就是没有读过几天书的小说家王朔、童话家郑渊洁和“80后”作家郭敬明的作品之间的区别。我有一个直觉，那就是，在郭敬明的作品中，显示出的书本知识的确比王朔、郑渊洁多了，但是，生活的底蕴，却是比他们少了。我相信，这不是年龄的差距造成的。我以为，这与童年的身体生活之不同有关。

不仅艺术家，科学家的养成，同样离不开身体生活、身体教育这一根基。以达尔文为例，达尔文少年时代对旧式学校的古板教学毫无兴趣，在别人眼中，他是一个十分平庸的孩子。甚至他的父亲也批评他：“你对正经事从不专心，只知道打猎、玩狗、逮老鼠，这样下去，你将来不仅要丢自己的脸，也要丢全家的脸。”在大学期间，达尔文仍然爱好狩猎、郊游，钟爱收集甲虫标本。毫无疑问，达尔文的学习是身心一元的学习，其特征是以身体感觉为前提和根基，这种方式正是学习的根本规律。另外，昆虫学家法布尔和动物行为学家劳伦兹的成功，都是仰仗以身体生活作为根基的身心一元的学习。法布尔远离喧嚣的城市，举家迁往乡间小镇，他鼓励不能上“像样的学校”的儿子，在乡间，能练出强壮的身体和强健的头脑，比在故纸堆里更能发现美和真。劳伦兹则说：“孩童时代的魅力，对我而言，就属一个粗制滥造的渔网，……在渔网之后是放大镜，再后是一具小型显微镜，这之后我的命运就算定了。”[10]

在这样的例子中，我们看到身体的综合知觉即多种身体器官的介入，对于认识世界客体的重要意义，看到身体生活对知识（包括语言）的吸收力和转化力。

身体的感觉是真正的生活的基础，是第一生活，而书本知识的学习是建立在身体生活基础上的第二生活。没有第一生活，第二生活难以成立。正如郎格威尔的观点：儿童的发展基模分为三部分——身体、心灵、精神。而心灵与精神的发展是由身体所承载的。[11]

埃伦·迪萨纳亚克指出：“对于物种中心主义者来说，正是我们的文化遗产主要存在于书本里这一事实，是一个需要踌躇片刻的事情。”[12]我们当前施行的功利主义的应试教育（已经提前到了幼儿阶段）所犯下的正是埃伦·迪萨纳亚克所指出的把目光只盯在书本文化的错误，这是取消身体教育的一种非生态的教育。

四、生态学的教育就是使童年恢复其固有的以身体对待世界的方式

反思当前的童年生态和儿童教育，我们不能不坚决地说，关于儿童的一切教育必须回到原点上来。这个原点毋庸置疑地是童年的

身体生活和身体教育。

生态学的教育就是使童年恢复其固有的以身体对待世界的方式。身体先于知识和科学，因此，在童年，身体的教育先于知识的教育，更先于书本知识的教育。

身体行动是人性存在的原型，如果遭到异化，后果不堪设想。要让孩子们在童年时代，建立和保持身体与自然的交感，建立和保持对生命的身体体验。让孩子在翻跟头、游泳等身体活动中，从身体的可能性体会出生活的可能性；让孩子在大自然中，通过跳越小溪，发现超越的意味。总之，让孩子们对世界的认识通过身体来完成。让身体感知成为世界延展的基础和起点。让孩子们对世界的表达也以身体来进行。让孩子的面部表情、手势、笑声、哭泣成为生命对外部世界的表达。让岁月不仅镌刻在孩子的心灵中，也显现于他们的身体上。

在这样的身体教育中，也许不能得到书中的那么多知识，但是，他赢取的是一种学习的真正方法，是一种本源的东西和完整性的系统，是使知识成其为知识的转化能力。

放弃了身体的教育学，教育将出现根本性问题。研究“人这种动物”的英国动物学学者戴思蒙·莫里斯曾这样说：“我们设计出电脑来改进交换信息的效率。电脑足以传达大量口语，但却缺乏肢体语言。即使在你往荧屏上打入一个笑话时电脑也不会笑。相形之下，我们的肢体语言没有接受任何科技的帮助，始终没有遭到文明进展的洗礼，在现代社会中，它始终保持着一个美好的原始形态，使我们在一个冷冰冰的机器时代之中，仍能保持着温暖的人性。”⑬电脑游戏的危险性在于离开肢体语言和身体生活：暴力变成技术和数字的东西。但是在儿童传统的战争游戏中，作为“敌人”的相熟的朋友在“死亡”时的肢体语言，能够传达出质疑战争的信息。电脑、网络的价值毋庸赘言，但是，它们也潜涵着危险。同样，书本也是危险的，如果它束缚了甚至取代了身体的话。

说到儿童的身体生活，就不能不论及儿童的游戏。

席勒认为，游戏状态是一种克服了人的片面和异化的最高的人性状态，是自由与解放的体现。他的名言是："只有当人是完全意义上的人，他才游戏；只有当人游戏时，他才完全是人。"[14]

布约克沃尔德说：在"儿童创造性的直觉中，我们看到的是思想的生物学，是想象的生态学。也就是说，身体和大脑的能量结合为一，成为一个动态系统，与自然的种种能量形成共同努力，以适应自然，以适应文化，以适应从人所设计出来的社会，到具体化了的文化的一切。在这平衡的动态系统中，儿童感觉自如，因为他们和他们的游戏就属于这个整体的一部分"。[15]他还高度评价美国作家伊迪丝·科波在《儿童想象生态学》一书中提出的观点："她深刻地意识到环境、游戏和想象力之间的复杂关系。她在某种意义上视儿童的游戏为一个包括了自然和人创造的文化两方面因素的动态生态系统。科波的观点是：儿童通过其身体的神经系统和感觉器官来理解现实和形成关于现实的印象，而这又是直接地、有序地与自然本身的能量形式相联系的。在她看来，身体的律动和自然的律动是一枚硬币的两面。在感觉经验中，儿童扩展了他周围的自然；而从自然方面来说，它又将有机性注入儿童。所以，她就使用'生态文化'来形容在儿童的游戏中所出现的理解周围世界的感觉方式和创造方式。这些方式植根于儿童的自然生命，但却体现为文化性质的表述和符号。科波认为，人和自然之间、思想和身体之间，这种生态文化的平衡，正是想象的源泉，正是儿童未来文化飞速发展的动态跳板。"[16]

也许我们这些生于二十世纪五十年代的人的童年，可以为科波的观点做一个有力的注解。那时，没有富裕的物质生活、没有丰富的书本文化,但是,却不缺少身体生活以及身体与大自然的交感——

“文化大革命”中,我随家长到湖北咸宁文化部“五七干校”，那年，我十三岁。对于众多文化名人，那是个漫长的难以忍受的黑夜；相反，对于半大孩子的我，却是阳光灿烂的日子。我有幸认识了真正的大自然，并与之成为最亲近的朋友。我的审美、我的许许多多在以后可能发挥出的潜能正是在这时产生的。我总在思索，为什么十三岁的我，不断执着地认为，那肯定是一段永远不会重复的美好的时光。⑰

……当年我也曾跟着父母去过干校，不过那时我只是个十岁的孩子。我那时的生活与我的父辈们完全不一样，在我眼里干校简直就是天堂，我呼吸到了在京城里从未有过的自由空气。这样说或许对我的父辈们有些不公，但它的确是真实的，并且是我这一生都难以忘怀的。⑱

上述感怀并非是少年不识愁滋味时的一时兴起，而是人届中年、历尽沧桑之后，对人生的斟酌。我虽然没有下过乡，但是深有同感。我的童年时代，虽然书本文化的学习受到严重破坏，但是，身体却获得了空前的解放。松动的学校教育，给孩子的自我的身体教育留下了足够的时间和空间。童年时代嬉戏于自然的身体生活给了我人生的根本教育，给了我日后受用不尽的人生财富。可以说，我今天的人生观、儿童文学观、儿童教育理念的原点无一不根植于童年身体生活的欢愉之中。

不能轻看游戏这一童年的身体生活。游戏的意义还不只是具有帮助儿童成长的功能，更为重要的是，游戏本身就是儿童的真实而最重要的生活之一。没有身体游戏的童年注定是残缺不全的。

但是今天，都市里的孩子，享受着优裕的物质生活，却被困在逼仄的应试教育的栅栏里。在功利主义的应试教育生活中，童年并非一点儿游戏、身体教育都没有，但是，它们往往不仅是半途而废的，而且不是作为童年人生的目的，而是作为锻炼身体、调节情绪的手段来认识的。取消童年的身体游戏这一滋润精神的本真生活，是我们这个时代价值观迷失的一种根本表现。

五、童年的身体生活与自我人格建设

当前的儿童教育面临着种种问题，比如，厌学、逃学、沉溺网络游戏、离家出走、家庭暴力、少年犯罪等等。这些现象都显示着孩子们在艰难的成长中的精神苦闷。如果进行深层的原因分析，我认为很多问题是源于儿童精神世界里“自我”的丧失。著名的心理学家和作家乔伊斯·布拉泽斯这样说：“一个人的自我认知是他个性的核心。它能影响一个人的所有行为举止：学习能力，成长和应变能力，选择朋友、伴侣和职业的能力。毫不夸张地说，形成积极的自我形象是取得成功人生的必需品。”

父母让儿童的生命来到这个世界上，就必须倾尽全力为孩子打造一个幸福的人生。但是，今天的父母很少有人关心儿童真正意义上的幸福，因为他们关心的只是单纯的学习上的分数和所谓学业的成功。而事实上，考试成绩单和大学录取通知书，并不是一个孩子人生幸福的保证。人生幸福的秘诀在于寻找到并且建立起一个积极的“自我”。也就是说，教育的根本目的不是为了给孩子一纸文凭，而是“育人”。

我认为，自我丧失是今日中国的儿童教育的真正的和最大的危机。儿童身上出现的一系列成长挫折问题，根本上源于自我的迷失。那么自我丧失与童年的身体生活的被异化、被剥夺有什么关系呢？

彭懿在他那本才华横溢的《西方现代幻想小说论》一书中曾经介绍过日本作家佐佐木赫子的短篇小说《遥远的声音》。这篇小说以第一人称来叙述。“我”亲眼目睹了正在路边打电话的表弟正彦被汽车撞死的一幕。在惨剧发生前的一瞬，“我”听见正彦正对着电话说：“……玩……好呢？”原来，正彦的妈妈在假期逼他每天坐一个小时的电车去上升学辅导班，而出事这天，妈妈记错了辅导班的上课时间，害正彦空跑了一趟，所以，正彦才给妈妈打电话。后来，正彦家里总是接到死去的正彦打来的电话。正彦的妈妈爸爸怀疑“我”在利用和正彦录过的录音带搞恶作剧，于是，为了证明自己的无辜，“我”在正彦家，接听了正彦的电话。正彦在电话里犹疑地问：“……我玩什么好呢？”这正是正彦遇车祸前，在电话里说的话。“我”对电话里的正彦说：“去找伙伴们，一起去踢足球、骑自行车。”从那儿以后，死去的正彦就再也没有向家里打过电话。

这篇小说对日本应试教育制度的批判主题是十分鲜明的。我例举它，是觉得作品与我所谈论的身体生活与自我建设关系问题是有联系的。在小说中，与春假的第一天就骑着自行车去钓鱼的“我”相比，正彦的身体生活是被剥夺了的。辅导班的课取消之后，正彦对空闲出来的时间无法自主地支配，他必须询问妈妈才行。死去的正彦因为没有得到妈妈的回答，所以才一再给家里打电话。小说令人心痛地写出了正彦身体的无处安放的背后是自我的精神和心灵无处安放的状态。“我”在电话里对死去的正彦说的那句话，其实意味深长。“去找伙伴们，一起去踢足球、骑自行车。”这不正是童年的身体生活的象征之一吗？正彦不能安息的灵魂正是由于这句话，才最终获得了安宁。

美国心理学家詹姆斯·希尔曼说："似乎迟早会有某个东西把我们召唤到一条独特的道路上。你可能会把这个'某个东西'记作童年的一个标志性时刻，在那一时刻，一股莫名的冲动，一种迷恋，或事态发展的独特转变，就像一种号召一样震响在你耳畔：这就是我必须做的，这就是我必须拥有的，这就是'我'。"⑲

我认为，在童年时代，身体生活与精神生活，与自我的生成是联系在一起的，是一种因果关系。詹姆斯·希尔曼所说的那个"童年的一个标志性时刻"，一定是由身体生活引导而来的。

两千多年前，老子在《道德经》中就说："吾所以有患者，为吾有身……故贵以身为天下，若可寄天下，爱以身为天下，若可托天下。"

当代的亚历山大·罗伯逊则说："与许多其他概念一样，自我意识并不是单一的某种东西，而是一套复杂的关于感觉的感觉……以生物学的名词来说，感觉是身体神经系统的反馈过程，在遍布全身的各器官间建立联系，并在大脑中进行校对。""身体发展出大量的信号，一些简单（痛苦）而另一些复杂（困惑），来把感觉带进意识之中，并且如果需要的话，引起他人的注意。"⑳

让我们再用埃伦·迪萨纳亚克的话来清晰和加强身体和自我之间的联系："内在于一个人实际的'在世'的事实是其有形的身体，它的节奏和无法理喻的欲求，它的嗜好及满足，它随时间的生长和变化，它对他人的影响，它在事故、疾病和死亡面前的脆弱易感。……身体动作是社会生活中的一种重要表现手段，它们强化或否定了我们可以用词语说出的东西。我们如何'自然地'活动就传达了我们在个人和文化上是谁。"㉑

每个人都被赋予了独特的身体，在这个独特的身体之中运行个体的思想。在儿童的自我意识建构中，身体生活一定是自我意识立足的本源和根基。不仅身体生活，甚至仅仅是身体器官本身，对自我的形成都有深刻的影响。阿德勒就指出："身体器官有缺陷的儿童在心灵的发展上比其他人蒙受了更多的障碍，他们的心灵也较难影响、指使并命令他们的肉体趋向优越的地位。他们需要用较多的心力，并且比别人更集中心意，才能获得相同的目标。所以，心灵会变得负荷过重，而他们也会变得以自我为中心而只顾自己。"[22]但是，阿德勒也看到了事情的另一面，那就是，身体器官有缺陷的儿童，也可能发奋图强，力求振作，成功地学会补偿其缺憾之道。

身体是"自我"的，没有身体感受建立不起来真实的、积极的、和谐的自我。海伦·凯勒的身体感受的痛苦是表象，而对身体障碍的超越才是她身体感受的本质。还有史铁生，他的那种独特的"自我"和人生体悟，只能以他的身体生活为根基来确立。

那么，在自我意识的形成过程中，身体生活和书本文化、知识文化所发挥的作用是一种什么关系呢？

亚历山大·罗伯逊说："共享的知识是个基本的静态的虚构，与动态而永无休止的成长意见不合。……书写和其他象征性符号帮助我们以这种方式来使意义标准化，但是笼统性的知识变得贫瘠主要是因为失去了感觉因素：它在那些经历随时都在变化的人们定义知识的时候被扯掉了。"[23]他的观点对我的思考提供了支持，使我确信身体的实践生活帮助儿童建立起生活的实感，对"自我"具有召唤意义，但是，书本文化、电子传媒文化不具有这种意义。因为身体生活是属于"自我"的，而书本文化、电子传媒文化是"他者"的。身体的实践生活发自内心，面对身体的实践生活，人才可以做出主体性的选择，而书本文化、电子传媒文化是外在于个体的，并不能直接导向自我选择。它们的价值往往是作为一个辅助，一个诱因。没有身体的实践生活，书本文化、电子传媒文化对自我的生成往往是僵化的、没有激活力量的。

今天的功利主义的儿童教育具有膜拜书本文化、知识文化的学习，忽略甚至扼杀身体生活的明显倾向。其结果是使众多儿童无法在自己的生存实感与书本文化、知识文化的学习之间建立深入、牢固的关系，在应试学习中找不到人生的价值，无法建立起积极的“自我”，从而出现人生目标的迷失。

六、结语：身体生活是一种健全的人生观

《本能的缪斯》一书结尾一节的题目是“脚的节拍引起心的律动”。其中有这样一段话——

> 死神在什么时候降临？
>
> “当大脑停止了工作。”有人说。
>
> “当心脏停止了跳动。”另一些人说。
>
> “当脚停止了打拍子的时候。”具有缪斯本能者如是说。

在我的理解中，“当脚停止了打拍子的时候”这一对死亡的诠释，是对身心一体的生命本质的最有力的证明。

马克·吐温说，世界上有三种谎言：假象、诅咒性谎言和统计数字。布约克沃尔德说：“我们这个社会正处于这些数字横行霸道的危险中。”㉔埃克苏佩里的《小王子》中也有一段对成人数字化思维的批判：“大人们喜欢数字。……如果你对大人们说：‘我看见一幢红砖房子很漂亮，窗台上爬着天竺葵，房顶上有几只鸽子。’他们根本就对这座房子全无概念，你不得不对他们说：‘我看见一座房子，价值两万法郎。’然后他们就会声称：‘哦，这是多么漂亮

的房子呀！’”关于同一幢房子，孩子的描述是身体生活，而成人的描述是数字化生活，这是两种截然不同的价值观，哪一个抵达了人生的本质是不言而喻的。

统计数字式的生活是抽空人生实感的虚假生活。今日功利主义的应试教育就是统计数字式的生活。

关于身体生活，我们需要达到这样一个认识高度，即尊重身体生活是一种健全的人生观。儿童教育，不仅要给儿童以身体生活的时间，而是更要承认这是最为重要的人的生存方式。承认、尊重身体生活，就是承认、尊重歌唱、跳跃、嬉戏的孩童的生活方式，就是回到童年生命本真的状态，也就是回到人类生命本真的状态。

毫无疑问，守护或者恢复童年的身体生活的生态性，已经成为中国的原创儿童文学必须担当的历史责任！

（载于《中国儿童文化》第2辑，
浙江少年儿童出版社2005年12月）

---

①黎 鸣：《为什么现代中国儿童多不听话》，见《中国人为什么这么“愚蠢”》，北京，华龄出版社，2003年版。

②［法］莫里斯·梅洛－庞蒂：《知觉现象学》，265页，北京，商务印书馆，2001年版。

③林语堂：《人类的快乐是感觉上的》，见唐大斌编：《名家说乐》，武汉，湖北人民出版社，2004年版。

④林语堂：《金圣叹的三十三不亦快哉》，见唐大斌编：《名家说乐》，武汉，湖北人民出版社，2004年版。

⑤⑫㉑［美］埃伦·迪萨纳亚克：《审美的人》，56页、23页、173～174页，北京，商务印书馆，2004年版。

⑥［美］埃伦·迪萨纳亚克：《审美的人·1995年版前言》，北京，商

务印书馆，2004 年版。

⑦ [捷克]J · A · 夸美纽斯 :《图画中见到的世界 · 致读者》(即《世界图解》——朱自强注)，上海，上海书店出版社，2001 年版。

⑧ [美]H · 加登纳 :《艺术与人的发展》，160 页，北京，光明日报出版社，1988 年版。

⑨ ⑮⑯㉔[挪威] 让 – 罗尔 · 布约克沃尔德 :《本能的缪斯——激活潜在的艺术灵性》，30~33 页，26~27 页、157 页，上海，上海人民出版社，1997 年版。

⑩ [奥] 劳伦兹 :《所罗门王的指环——与鸟兽虫鱼的亲密对话》，32 页，北京，中国和平出版社，1998 年版。

⑪ 詹栋梁 :《儿童哲学》，239~240 页，广州，广东教育出版社，2005 年版。

⑬[英] 戴思蒙 · 莫里斯 :《人这种动物》，62~63 页，北京，华龄出版社，2002 年版。

⑭[德] 席勒 :《审美教育书简》，第 80 页，北京，北京大学出版社，1985 年版。

⑰ 林　阳 :《向阳湖中的小五七战士》，见林阳、汤锐等著 :《童年的干校》，北京，连环画出版社，2005 年版。

⑱ 张昆平 :《十岁孩子的干校》，见林阳、汤锐等著 :《童年的干校》，北京，连环画出版社，2005 年版。

⑲[美] 詹姆斯 · 希尔曼 :《破译心灵》，1 页，海口，海南出版社，2001 年版。

⑳㉓[美] 亚历山大 · 罗伯逊 :《贪婪 : 本能、成长与历史》，129~131 页、138 页，上海，上海人民出版社，2004 年版。

㉒[奥] 阿德勒 :《超越自卑》，34 页，北京，国际文化出版公司，2005 年版。

儿童语言的人文价值和教育价值

一、儿童语言：缪斯文化的表征

儿童一出生，自然和文化上的遗传就赋予了这个新的生命以各种法则。对成人来说，儿童这一神秘的生命有如乘飞碟而来的外星人，给我们带来了需要虔敬而认真破译的另一种文化的密码。

语言是一种生命的存在形式，解析这一形式，我们会看到生命的密码。语言是文化行为，语言会反映出文化。正如没有两个人会采用同一个讲话方式，儿童与成人也采用不同的语言表现方式，而探究儿童语言，能够揭示儿童所拥有的文化的某些特质。

1997 年，挪威的让－罗尔·布约克沃尔德教授在中国出版了一本肯定令中国读者耳目一新、深受震动的书：《本能的缪斯——激活潜在的艺术灵性》。这本书提出这样一个结论："本能的缪斯"是儿童与生俱来的一种以韵律、节奏和运动为表征的生存性力量和创造性力量。说到"缪斯"，我们自然知道这是古希腊神话中的文艺女神。布约克沃尔德教授在这本书中研究了在儿童和青少年的成长发育过程中，"本能的缪斯"的显示、作用、重要性，揭示出现代社会、现代教育和人们的固有观念因对此缺乏认识和理解所造成的形形色色的压抑。这是研究儿童文学、儿童教育的人的一本必读书。

无独有偶，美国学者埃伦·迪萨纳亚克的《审美的人》一书也"试图证明，艺术是人性中的生物学进化因素，它是正常的、自然的和必需的。（中略）《审美的人》探索人类天生就是审美的和艺术性的动物的种种方式”。在今天的现代社会而不是原始社会，还能够说艺术是人类的本能，那是因为儿童的生存方式支撑或强化了这种思想。

关于儿童文化的艺术性，有众多的儿童语言事例可以说明。

儿童的语言是充满文学性、艺术性的语言。看到大人用刀切菜，他会说：“刀在走路。”看到夜雨中手电筒发出的光束，他会说：“光被雨淋湿了。”看见一只蝴蝶，他会说：“落下一片雪。”迎春花是先开花后长叶的植物，一个小学生在作文中写道：“每当我在春天看见迎春花，就感到了时光仿佛在倒流。”一个两岁多的孩子很喜欢自己的爸爸，当被问到爸爸有多好时，他说：“有一块钱那么好。”叶圣陶曾这样描述他的儿子：“我的儿子三岁时，他见火焰腾跃，伸缩不息，他喊道：‘这许多手呀！’他又观赏学生体操，归来在灯下效之。他见墙上人影也在那里举手伸足，当影子是和自己一般的，便很起劲地教他。这些真是成人想不到的想象。”

研究儿童艺术能力及其发展的加登纳在《艺术与人的发展》一书中举了许多幼儿在言谈中运用文学修辞的例子，其中有比喻——“我有一条像口红一样的毯子”；有拟人——“云彩走得很慢，因为它们没有脚爪或腿”；有扩张——“在飞机上，瞧瞧枕头，枕头是什么颜色”；有主题的变换——“小心弄断的枝子，小心弄断了安东尼，小心弄断了它”；有借喻——“他的尾巴……那是只公鸭子”；甚至还有意识流——“或者就是一只驴子。牧人。羊，上帝，给我。这些是给的。骆驼礼物，那是谷仓……钥匙，那是火……鸡。我不知道，那是谁”。加登纳说：“这些例子使我们更能看出儿童语言中文学手段所遍布的程度。这些修辞究竟是自然出现的呢，抑是规划的或偶发的呢，这些都不重要，重要的是它们那无可争议的普遍性和儿童在说到它们时所感受到的明显的快乐。……诗歌，它至少与音乐或绘画艺术一样，是幼儿的制作、感受与知觉系统所易于达到的，因此，从某种意义上说，语言即可当作一切符号运用和一切艺术的范例。”

对人类来说，生命是自由的前提，而自由是生命的意义。审美活动是一种快乐的、体验自由的活动，是人类本质力量的一种体现。而儿童正是将自己鲜活有力的感性化作审美的动力，通过活跃的艺术语言追求着对生活的审美把握。我们说儿童的生活是艺术化的，这也是通过将儿童与成人进行比较而得出的观点。我们很少见到不喜欢游戏、唱歌、画画、听故事的儿童，但是，我们却能看到许多不喜欢这些活动的成人。这说明，人的天性具有审美的需求和倾向，这种成熟的人性，儿童已经具备了。但是，许多成人随着长大，心灵麻木、感受迟钝，渐渐失去了审美的能力和需求，失去了人的一种本性。

并不是在成人的生活中找不到艺术的因素，并不是没有追求生活的艺术化的成人，但是，在儿童这里，艺术化的生活是如此不唤而来，自然而普遍，这正是儿童文化与成人文化的根本区别。

二、儿童语言的人文价值

儿童语言是一种文化的载体，儿童语言具有人文价值。

台湾的幼儿教育专家汉菊德著有《说笑童年——后现代童语录》一书，作为幼儿园园长的汉菊德在她的幼儿园建构了“说故事”这一童年文化教育方法，从幼儿的创造天性出发，通过让幼儿们多元叙说故事的活动，揭示主体“我”的存在状态和教育的蕴含。比如，老师向孩子们提出问题：你们生气时是一种什么感觉？孩子们说，生气时，自己就像一个老虎跑进自己的房间，关上门，不和别人玩了。在这个例子中，有耐人寻味的蕴含。我们大人生气时，一般会说气死我了，恨不得打人。但是，上述孩子的表述是委婉的，他的思维方式是故事性的，他讲述了一件事。还有一点值得注意，是他在叙事的时候使用了隐喻。“生气时，自己就像老虎”，须知老虎是凶猛伤人的动物，这是在比喻“生气”的可能状态。但是,这只生气的“老虎”只是“跑进自己的房间,关上门，不和别人玩了”，这就是主观上不去伤害别人的表现。你看，孩子的这种故事性语言，不仅具有细腻的、文学化的表现，而且还有可贵的道德判断和选择。

其实，儿童通过语言表现出的这种故事性思维对整个人类文化都具有极为重要、不可或缺的价值。美国心理学家布鲁诺就认为，我们用逻辑和抽象的规则来认识物理的世界，用故事来认识人文的世界，而体现人类智慧的这两种文化不只是应该相互补充、相互协助，其中故事（叙事）的智慧还是整个智慧的芽苞或种子。高小康在《人与故事》一书中则给人下了一个定义——“人是讲故事的动物”，并论述了故事对人的本质的规定性。

在思考儿童语言的人文性时，我会想起意大利一个名叫安娜·索尔迪的十一岁女孩写的一首诗《一颗面包做的心》：“我在面包房里 / 看见一个心形大面包，/ 热乎乎，香喷喷，/ 于是我想到：/‘如果我有一颗面包做的心，/ 多少孩子可以吃个够！/ 给你，我的挨饿的朋友，/ 还给你，给你，给你……/ 我这面包做的心啊，请来吃一口。’/ 对一个挨饿受怕的孩子，/ 光说“我爱你”还不够，/ 碰到流泪的孩子，/ 不能只说一声‘可怜的朋友’。/ 如果我有一颗面包做的心，/ 多少孩子可以吃个够！/ 你是一个当权的人，/ 为什么不做面包的炸弹，/ 请问什么碍着你这么办？/ 这样，到了战争结束的时候，/ 每个士

兵将快快活活 / 带回家一大篮 / 味道芳香、皮子焦黄、/ 金色的炸弹。/ 然而，这只是梦罢了，/ 我那挨饿的朋友，/ 他眼泪还在流着。/ 啊，但愿我的心是面包做的！”

一个十一岁的孩子尽管还缺乏诗歌创作的经验和技巧，但是她的感性（情感和想象力）也同样没有受到理念的束缚，因此她写出的诗才充溢着独特的想象和深挚的情感。具有丰富感性的儿童心灵世界就是诗的世界，也是一个人文的世界，《一颗面包做的心》不过是这个心灵世界的一种自然的披露。

文学艺术是人类对生活的理解、阐释和应对的一种表现形式，孩子们明白这一点，所以他们会自编这样的儿歌——

> 扑——扑——扑克泥，
> 我光打扑克不学习。
> 一分两分，我天天得，
> 三分四分，我阿弥陀佛。
> 五分六分，我一年得一次，
> 一百分，我从来没得过。

这也是具有人文关怀的诗，它表达了孩子们的人生态度和乐观达天的精神。这“三分四分，我阿弥陀佛”，也许是自嘲，也许是对成人要求的嘲讽，无论如何，它都是对分数至上的功利主义的应试教育的质疑。

三、儿童语言的教育价值

具有缪斯心性的儿童能够创作出完整的语言艺术品。《时间》

是一个小学生的诗作——

上课时
时间是一个跛子
一拐一拐地走着
下课时
时间又变成了赛跑选手
呼！
冲了过去

以“跛子”的“一拐一拐”和“赛跑选手”的“冲”两种动作来表现一个孩子对“上课”和“下课”这两种时间的不同感受，还有比这更生动、贴切的比喻吗？以“呼！”入诗，在孩子是十分自然的选择，但是在成人诗人眼里，是多么富于创意和鲜活的表现力的语言用法。《树木》则是一个七岁女孩儿的作品——

草地是树木跳舞的地毯，
树的枝条就是手臂，
慢慢地，手臂指向了碧蓝的天空，
它在等待着自己的舞伴。

诗作具有完整、和谐的意象，思绪开展中的照应，蕴含同情的想象和余音缭绕的收束，它完全是水平线上的一首小诗。

毫不夸张地说，儿童期是文学期。所以，英国诗人柯勒律治才说：“保持儿时的感情，把它带进壮年才力中去；把儿童的惊喜感、新奇感和四十年来也许天天都见惯的事物结合起来，这个就是天才的本质和特权……”法国诗人波特莱尔才感叹：“天才就是随手被抓回来的童年。”

儿童语言是有教育价值的语言。这种语言本身需要在语文教育中发展，但是发展这种语言，需要的是文学文本的教材，需要采用文学教育的方法。但是我们的小学语文教育与儿童语言却存在着疏离的状况。

近六十年，小学语文教育对语文课程的观念长期是定位在工具性上，忽视了语文课程的人文性。这一观念导致的一个结果是小学语文教材的语言的儿童性比较稀薄，具体表现之一就是儿童文学化的程度不高。儿童文学是契合儿童的思想、情感、愿望的文学，其语言是最容易为儿童所理解、同化，最容易将儿童语言转化为语文教育资源的语言材料。随着素质教育的提倡，语文教育改革的深入，从大约十年前起，语文课程观念终于发生了较大转变。教育部在 2001 年颁布的《语文课程标准（实验稿）》不仅明确语文课程的基本特点是“工具性与人文性的统一”，而且强调小学一、二年级的阅读主要是儿歌、童话、寓言、故事类作品。应该说，在新的《语文课程标准》的影响下，小学语文教育在教材和教法上出现了逐渐向儿童性靠拢的倾向。

但是，仍然不能过于乐观。小学语文教育是文学教育，小学语文教育需要儿童文学化，还远远没有成为普遍认识。甚至在有些对语文教育改革具有影响力的专家那里，小学语文教育是文学教育这一理念还遭到质疑。

对语文教育的一切观念都源自对儿童的认识。我们的教育是否存在一个误区：认为儿童的心灵是一个空空的容器，儿童教育（包括语言教育）就是我们从外部将教育的内容灌输进去的。持着这种观点，不会看到儿童的心灵既有的东西，也不会把这既有的东西当作教育展开的根基；持着这种观点，教育者要从外部“灌输”进去的教育的内容，一定与儿童自身已有的教育资源无关，而是成人一厢情愿选择的外在于儿童文化的东西。这种外在的东西当然包含着对儿童成长和发展具有重要帮助的东西，但是也往往混杂着阻碍儿童成长和发展的东西。

拿小学语文教学来说，在相当多的情况下，儿童语言的珍贵价值非但没有成为语文教育的资源，反而常常被消解着。冰雪融化了会变成什么？标准答案是变成水，可是，孩子的回答是变成了春天。为什么春天来了，冰雪会融化？教师给出的答案是：春天来了，天气变暖了，所以冰雪才融化。可是，教科书中的诗歌意象分明是：冰雪融化是因为应和了春天的召唤。可见，在文学性语文教材的教学中，教育者重视的是知识、逻辑和理性，忽视的是情感和想象力，这与儿童的缪斯性语言能力是相抵牾的，这样的教育会造成儿童语言能力的倒退，其实是走向了教育的反面。

加登纳说：“也许在我们这个文化中，对抽象思考与严密逻辑推理的重视导致了对审美特质的敏感性的衰退。”如何纠正教育中的这种弊端？H·里德说：“假如我们乐于从某种程度上去牺牲当前教育中所特别重视的对逻辑思维模式的学习……那么任何一个十一岁以后的个体便都能保有审美表达的代号。”对于当下的语文教育而言，里德开出的是一个值得认真思考和重视的治标又治本的药方。

现在强调语文教育的“人文性”，是否存在思想认识上的一个盲点——只看到了成人文化中的人文性，忽略了儿童文化中的人文性。将儿童文化的人文性看作小学语文教育的珍贵资源，是我们的语文教育理念必须达到的一个认识高度。

因此，蕴含着人文价值、艺术价值的儿童语言应该成为小学语文教育的立足点之一。不是说将儿童语言作为教材来教，而是主张以儿童这种具有艺术化特质、具有人文蕴含的语言作为语言教育的坚实基础，主张发展这种感性化的语言，主张不能用枯燥的理性化语言遮蔽、扼杀儿童的鲜活的艺术化语言。

我们的儿童教育、语文教育一旦以儿童的缪斯性语言为根基、为资源，孩子们巨大的语言潜能将被激活，教育一定会结出硕大饱满的果实。

（载于《教育研究与评论》2009 年第 1 期）

幼儿文学：学前教育的珍贵资源

美国教育哲学家杜威在《教育哲学》一文中说过这样一段话：教育的“第一个应该注重之点，是儿童在没有教育以前，有一种天然生成的本能，性情和冲动。教育就应该以这些东西为根据，为基础，不然便没有教育可施”。[①]杜威的话告诉我们，教育不可以与孩子的天性和本能作对，而要以此为资源。我们反对把儿童的心灵看成一张白纸,可以任人来灌输的教育观点。教育的本质功能是激活，面对一颗种子，我们需要给予的是合适的阳光、合适的水分和肥沃的土壤。那么,幼儿这颗种子的天性是什么呢？日本的羽仁说子说：幼儿期是文学期。挪威的让－罗尔·布约克沃尔德说：儿童是本能的缪斯。这种缪斯本能即是幼儿教育的最大资源，因此，文学教育应是幼儿教育的重要内容，而幼儿文学正可以为幼儿的文学教育提供最容易被幼儿同化和吸收的表现形式，这又是由幼儿文学的下述艺术特质决定的。

一、幼儿文学是一种艺术的“妈妈语”

在幼儿语言发展过程中，幼儿会面临许多语言环境和语言系统，但并不是每种语言环境和语言系统都能促进幼儿的发展。尽管史迪芬·平克在他的大著《语言本能》中说，“婴儿是顶尖的语音学家”，“儿童具有句法逻辑的天赋”，“一个三岁的小孩可以说是一个文法上的天才了”。可是，婴幼儿听新闻联播这样的政治时事语言时，听大人之间的关于性的对话时，是难以学会语言的，这其中除了其内容不能为婴幼儿理解之外，还有一个根本的原因，就是其语言形式难以为婴幼儿所同化。那么，什么样的语言形式最容易为婴幼儿所吸收？笔者以为是“妈妈语”（或曰“儿语”）。

“当婴儿开始学说话时，在他的听觉环境中，有件事至关重要：有机会听见语言，尤其是所谓的‘儿语’。人类生存处境中最奥妙的现象，莫过于每个文化中的成人，似乎都保有一种对婴儿说话的特殊形式。这种语言形式一向较为简单、缓慢、清晰、腔调较高、音高与强度较有变化、速度较规律，十分有秩序地有所停顿与重复，有如歌谣。在‘嗨，小宝宝，你今天好不好……’此类语言中，夸张的节奏无疑较容易抓住婴儿的注意力。它的不时停顿，令婴儿有机会聆听语言的组成部分；它的缓慢速度，得以协助年幼婴儿自各种回声当中辨别出重要的声音。”②

“妈妈语”即母亲或者其他长者对婴幼儿说话时专门使用的一种特殊语言，其突出的特征除了上述所说的“几乎有如歌谣”之外，更为重要的是，“妈妈语”充满了爱意。它不仅使婴幼儿对“妈妈”表达的意思容易理解，而且给儿童温暖的感情和心灵的抚慰。正因为有了能让婴幼儿“同化”的妈妈语，婴幼儿的语言发展才迅速地发展起来（当然也伴随着心智发展）。和“妈妈语”一样，幼儿文学也是幼儿最早接触的文学形式。在人类的文学中，如果说有一种能够让婴幼儿“同化”的“妈妈语”，它就是幼儿文学（或称婴幼儿文学）。幼儿文学是一种独特的语言系统，甚至不同于童年文学、少年文学，它是一种艺术的妈妈语。

我们可以先从婴幼儿文学的阅读来谈。婴幼儿接受文学的方式离不开大人的讲述。当大人为孩子讲述《猜猜我有多爱你》时，会采用什么样的语调和节奏呢？讲述语言中，会注入何种感情呢？答案可能是大多数人会采用“妈妈语”这一语言形式。由此推演，成人作家在创作婴幼儿文学时，实际采用的正是讲“妈妈语”时的那种姿态。“逗逗飞，逗逗飞 / 虫儿拉屎一大堆！ / 大虫往家跑，/ 小虫后头追！”“吃豆豆，长肉肉，不吃豆豆精瘦瘦。”“排排座，吃果果，你一个，我一个，妹妹睡了留一个。”这样的儿歌就是从妈妈语中自然发展过来的。那么，幼儿文学的“妈妈语”为什么特别容易为幼儿所理解和接受呢？我认为有以下因素：

1. 充满爱意

儿童教育的最高法则之一就是要让孩子们感受到被爱。如果让孩子感受到被爱，教育就有一个坚实的基础，就有源头活水，就有巨大的可能。如果幼儿感受不到被爱，整个世界将会在他面前关闭。幼儿文学就充满了“妈妈语”所拥有的爱意、关怀，它呵护、抚慰孩子的情感，悉心地关怀孩子的成长。法国的夏尔·贝洛的《小红帽》不是妈妈语，格林兄弟的童话《小红帽》才是妈妈语。看起来两个故事差不多，但是区别甚大。在夏尔·贝洛的故事里，小红帽和外婆都被狼吃了，故事也就在这里结束。可是在格林兄弟那里，写到狼吃了外婆，又把小红帽吞到肚子里时，故事并没有马上结束，这时，出现了猎人，他最终救出了外婆和小红帽，最后他们还一起分享小红帽带来的面包和葡萄酒。可见夏尔·贝洛的故事给孩子留下的是恐惧，而格林兄弟的故事对幼儿情感是一种抚慰和关怀，能够让幼儿感受到爱意。

图画书《小乔逃跑了》是具有易于为幼儿接受的教育内涵的作品。小乔是一只袋鼠，袋鼠妈妈胸前的口袋是他的房间。他的房间很乱，他嫌清理太麻烦，于是就离家出走了。小乔表现出的正是人的天性，人都愿意舒服和省事一点。但是，人又都是渴望发展、渴望成长的。帮助小乔进步要靠什么？靠教训是不行的。幼儿固然可能迫于大人的压力，硬着头皮去做成人要求他们去做的事情，但是却不会成为他内在的品质。《小乔逃跑了》这个故事写出了小乔变得发自内心想清理房间的内在原因：他通过实际经验，发现妈妈的口袋才是最舒服。重新回到妈妈的口袋，重新得到妈妈的爱，这一巨大幸福使清理房间变成了很容易的一件事。袋鼠妈妈如果对小乔缺少爱意，小乔逃跑了就不想回来。正是因为小乔身处被妈妈关爱的环境里，他才有了转变，有了成长。

2. 具有鲜明悦耳的韵律和节奏

幼儿不仅用大脑，也用身体来学习。幼儿学习语言，会调动视觉和听觉来学习。幼儿文学正是听觉的语言艺术。

在婴幼儿阶段，儿歌这种诉诸身体动感和听觉的韵语，对婴幼儿的语言发展具有非常重要的作用。其实，作为“语言本能”，幼儿的心里天生就有对语言的韵律和节奏的敏感，经过儿歌的韵语的浇灌，幼儿心里的语言萌芽会飞速地破土成长。

不只是儿歌，优秀的幼儿故事的语言也是具有节奏感、韵律感的。我在翻译日本幼儿文学的经典作品《不不园》(中川李枝子)时，就要时时把译文大声地读出来，看看是否悦耳动听。比如，“郁金香幼儿园里，有两个老师。一个个子矮矮的，是春野春子老师；一个个子高高的，是夏野夏子老师”。“春野春子，夏野夏子”这种语句，就和“山外青山楼外楼”“只把杭州做汴州”这样的诗句一样，有韵律回环的感觉。这样的语言，幼儿一定是乐于接受并易于掌握的。

3. 富于幼儿生活的情境性

新闻联播的语言，大人之间关于性方面的谈话，之所以不是幼儿能够体会、接受、掌握的语言，一个重要原因是这些语言里没有幼儿生活的情境。可是，在幼儿文学中，能够让幼儿感知的生活情境随处可见。

“杨树叶哗啦啦，小孩睡觉找妈妈，搂搂抱抱快睡吧，麻猴子来了我打它。”这首摇篮曲就可能包括两个幼儿生活情境。一是妈妈哄孩子睡觉的时候，风吹动院子里的杨树，树叶哗啦哗啦地响；二是妈妈唱着“搂搂抱抱快睡吧”这一句，会把爱意传达进“搂搂抱抱”的动作中。幼儿置身于这样一个情景“场”里，就能敏感地体会出妈妈哼唱的摇篮曲的意义。

同样，“逗逗飞，逗逗飞，虫儿拉屎一大堆。大虫往家跑，小虫后头追”，这首脍炙人口的儿歌也是有幼儿生活情境的。幼儿听儿歌和故事，都是要以其中的人物自居的。在这首儿歌中，他们以谁自居呢？那个虫儿自居。为什么？因为幼儿他自己就是拉屎一大堆的。而且他还会以小虫自居。“大虫往家跑，小虫后头追”说的就是刚刚学会走路的孩子，跟在逗着他说“妈妈不要你了，妈妈回家了”往家跑的妈妈身后，颠颠地追赶这一生活情景。

在幼儿文学的这种生活情境语中，幼儿的语言和心智会得到十分有效地激发和发展。

二、幼儿文学的故事性思维

1995年，我在《“故事”的价值》一文中提出“儿童文学是故事文学”这一观点时，作为依据之一，我无师自通地凭直觉认定“儿童的思维是故事性思维”。现在，我知道，儿童的思维是故事性思维已经成为心理学的公论。

J·莫费特说：“一般来说，成人的思维已经分化为故事、概括化、理论思维这些种类，但是，孩子们在长时期里，其全部思考都是通过故事来进行的。不管那故事是事实上存在过，还是虚构出来的，他们几乎都是通过故事来表现自己，并通过故事理解他人的话语。年幼的孩子既不是将经验普遍化，也不是将经验理论化，他们只是以‘登场的人物’和‘作为背景的场所’（故事的形式）来诉说。”③

很多心理学家论述过儿童的“故事”思维及其通过故事发展这一思维的意义和价值。杰洛德·布兰岱尔把孩子的故事表达方式称为“原始历程”，主张“在儿童至少达到一定年龄之前，我们都不应该要求他们放弃或修改自己原始历程的思考方式”，因为“如果它能发生效果，确实会成为孩子叙述自我的绝佳工具”。④

苏珊·恩杰在《孩子说的故事——了解童年的叙事》一书中，解释孩子为什么说故事时，列出“了解世界”、“解决问题”、“了解情感世界”、“成为文化的一员”、“建立并维持友谊”、“建构自我”、“创造和改变”等故事所具有的功能。詹姆斯·希尔曼辩说道，那些在童年时代读了许多故事书或听说过许多故事的人“比起那些没有接触过故事的人来，会有较好的外表及前景……及早接触故事，它们就会对生活产生观照”。⑤

其实，故事不仅对儿童，而且对整个人类文化都具有极为重要、不可或缺的价值。美国心理学家布鲁诺就认为，我们用逻辑和抽象的规则来认识物理的世界，用故事来认识人文的世界，而体现人类智慧的这两种文化不只是应该相互补充、相互协助，其中故事（叙事）的智慧还是整个智慧的芽苞或种子。高小康在《人与故事》一书中则给人下了一个定义——“人是讲故事的动物”，并论述了故事对人的本质的规定性。

与童年文学和少年文学相比，幼儿文学的故事性特征更为鲜明。《讲故事》是美国作家洛贝尔的幼儿故事名著“青蛙和蟾蜍”系列中的作品。故事说的是，青蛙身体有点不舒服，蟾蜍就让他睡在自己的床上，然后想给青蛙讲一个故事，可是想来想去，想不出一个故事来。于是，他就在走廊那转悠，又来到沙发上大头朝下倒立，把冷水泼到头上。最后，蟾蜍竟然把自己的头往墙上撞，可是到底也没有想出一个故事来。蟾蜍对青蛙说："你能不能起来，让我躺一会儿？因为我觉得很不舒服。"在这个幽默的故事里，蟾蜍的形象多么可爱啊。蟾蜍为了给好朋友想出一个故事来，费了多少心机，经过了多少折腾啊。什么叫"好朋友"？像蟾蜍这样的人就叫好朋友。对于幼儿来说，这样的故事是最会讲道理的。

幼儿文学里蕴含着很多大智慧和大道理。在表现这些智慧时，即使是用诗歌的形式，也往往采用故事性叙述。比如，《鹁鸪》这首儿歌："鹁鸪鸪，要做窠。/ 早上做，露水多。/ 晌午做，天太热。/ 晚上做，露水多。/ 想想不如明朝做。"这首儿歌会让人想起古人的《明日歌》："明日复明日，明日何其多！ 我生待明日，万事成蹉跎。"但是，这首成人诗歌仍然有抽象的说理成分，不能像儿歌《鹁鸪》这样，贴近幼儿的感性，直入幼儿心灵。

可见，幼儿文学通过故事性思维，将幼儿成长中需要明白的人生事理，如春风化雨，润物无声地注入幼儿的心田，成为幼儿人生中最早的、最可亲近的启蒙老师。

三、幼儿文学认知的整体性

我认为，在对幼儿进行教育的各种材料中，幼儿文学在认知方面的整合性上是做得最好的。在幼儿文学里面，科学、知识或者生活中的常识等等，都是作为文学形象和故事世界的一个有机组成部分而存在的，而不是机械的、割裂的、孤立的知识。幼儿文学的这一特性对幼儿的心智发展所起的作用是非常重要的。

教幼儿知识和科学是很难的，做法不当，就会对想象力和人文情感造成伤害。幼儿文学在知识、科学教育上有很高的智慧。在优秀的儿童文学中，知识与想象力、科学性与人文性都是并行不悖的。

《我的连衣裙》是日本作家西卷茅子创作的图画书。从天空中飘下来一块洁白的布，一只白兔用它来做连衣裙。白兔穿上做好的连衣裙到草地上去散步，结果连衣裙变成了花朵的图案；在雨里散步，连衣裙变成了水滴图案；到草丛里散步，连衣裙变成了草籽图案；接着小鸟飞过来了，会发生什么事情？小鸟吃掉连衣裙上的草籽，连衣裙变成了小鸟图案。接着会发生什么？因为小鸟是会飞的，穿着有小鸟图案的连衣裙的白兔就飞起来了。接着连衣裙又变成彩虹图案、晚霞图案、星星图案，最后星星变成流星，白兔随着流星又回到了地面，回到甜蜜的梦中。

幼儿在欣赏《我的连衣裙》时，会调动自己的知识经验，因为故事里有运用知识经验的情节安排。但是，作品的可贵之处在于，所有知识的信息，都非但没有束缚想象力的张扬，反而能把知识信息变成促发想象力的媒介。这种知识教育对于幼儿是最为适宜的。相反，直接告诉幼儿月亮是宇宙的天体，白天多少度，晚上骤降多少度，上面没有生命，这种知识的教育就极容易束缚甚至伤害幼儿的想象力。

五味太郎的《我是大象》是一本知识图画书，它通过介绍大象，帮助孩子认识大小的概念以及比较事物的方法，很有创意。有些教材会拿来一些大和小的东西进行比较，它只是进行比较，但是，这本图画书进行的比较却有一个内在的东西在里面，这个内在的东西就是“我”的存在，大象对“我”的主张，有自我意识在里面。这就是文学，就是人文的内涵了。这一内涵对于幼儿来说，格外有吸引力。图画书在进行知识教育的同时，也完成了人文的教育。

四、幼儿文学的可预测性

全语文理论里有一个观点，就是孩子们的语文是在有意义的语言现实中学会的。我认为这个观点对于语文教育、语文学习是非常重要的。而对孩子们来说,幼儿文学是一种最好的呈现意义的方式。我们知道，幼儿学习用语言表达，也是从意义开始的，哪怕他说出的只是最简单的一个词。譬如说 :“妈妈，要。”这个“要”不是一个词, 而是一句话。他的这个“要”, 可能是“要苹果”, 或者是“要玩具”，或者是“要妈妈抱我”。这个“要”，对幼儿来说，是一个有意义的事件，尽管他只会用一个词来表现。

幼儿文学就是在有意义的语境中帮助幼儿理解词语和建立认知。美国作家敏纳立克的“小熊”系列里的《熊爸爸回家》，就以整个故事教给幼儿“也许”这个词的意义和用法。其高超的方法能够让幼儿“不学而知”。贝洛尔的《等信》里，等不到信的蟾蜍由于缺乏经验,而做出“以前没有人给我寄信,今天也不会有”这一认知，可是，由于好朋友青蛙的关爱的信，这一错误的认知得到了矫正。

阅读是一种心理的猜测游戏。幼儿的心智正是在这种心理的猜测游戏的过程中，切实地向前发展的。具有可预测性的文本能够为阅读中的心理猜测游戏提供有宽阔度和纵深度的场域。而在所有幼儿读物中，幼儿文学又是最具有可预测性的文本。

阅读为什么有趣？小孩子为什么喜欢听故事？因为他不断地在猜测这个故事下一步怎么发展，有些地方被他猜中了，他会掌握住规律；有些地方他没能猜中，他会修正自己的方法，同样在掌握规律。幼儿文学为了增加故事的可预测性，常常运用反复的手法。所以我们翻一翻《格林童话全集》, 会发现它很喜欢“三”这个数字。有一对老夫妇，有三个儿子，老夫妇让三个儿子出去学本领。因为是三个儿子，所以就有三种学本领的方式，幼儿读者就会去猜测这三个儿子哪个能成功。中国的幼儿故事名著《小蝌蚪找妈妈》《萝卜回来了》都有多次情节上的反复，是典型的可预测性故事。

图画书也是适宜提供可预测信息的幼儿文学形式。前面介绍的《我的连衣裙》，就在翻页之前，适时地提供绘画的视觉信息，比如画上一只飞鸟，让幼儿预测，下一页小鸟将会成为使连衣裙发生变化的重要角色。日本的宫西达也的图画书《好饿的小蛇》，幼儿读者知道了好饿的小蛇第一天、第二天怎样散步，在第三天，当好饿的小蛇它发现了一个三角形的饭团，作家问道："你猜猜，好饿的小蛇，会怎么样？"幼儿读者就已经知道，小蛇一定会"啊呜——咕嘟"，把饭团吞下去。对两三岁的幼儿来说，这种预测不仅有趣，而且十分益智。

总之，在幼儿心智发展的过程中，幼儿文学以自己的"妈妈语"、故事性思维、整体性认知以及可预测性这些艺术特质，应对幼儿的心智形态和发展规律，发挥着不可替代的独特而强大的教育功能，从而成为学前教育的珍贵资源。

（载于《学前教育研究》2010年第1期）

---

①［美］杜威：《杜威五大讲演》，99页，合肥，安徽教育出版社，1999年版。

②［美］达夫妮·莫勒、查尔斯·莫勒：《婴儿的感官世界》，208~209页，台北，天下文化，1998年版。

③［日］谷本诚刚：《儿童文学是什么》，51页，东京，中教出版，1990年版。

④［美］杰洛德·布兰岱尔：《儿童故事治疗》，台北，张老师出版社，2002年版。

⑤［加］阿尔维托·曼古埃尔：《阅读史》，北京，商务印书馆，2002年版。

身体生活：儿童教育的根基和源泉

一、抽取身体生活的教育是无源之水、无本之木

几年前，我在思考中国（儿童）的童年生态状况时，曾经指出当前的童年生态面临着根本性危机，并且认为："其中的一个主要表现就是童年的身体生活的被挤压甚至被剥夺，从而造成了儿童生活中的身体不在场。出于功利主义的打算，成人（家长、教师们）对书本文化顶礼膜拜，却抽取掉在儿童成长中具有原点和根基意义的身体生活。这种无源之水、无本之木的教育，不仅难以使儿童成材，甚至难以使儿童成'人'。"①

为什么我说抽取掉身体生活，膜拜书本文化的儿童教育是一种无源之水、无本之木的教育呢？因为身体生活是五种感官相互活化所感知的生活，通过身体的行动获得的生活，立足于坚实的感性基础；书本知识则是省略掉个人感性经验的普遍认识，当它脱离学习者的感性体验之后，便容易被悬置成空中楼阁。我认为，这种情形与当年卢梭对约翰·洛克的批判有些相似。卢梭说："用理性去教育孩子，是洛克的一个重要原理。这个原理在今天是最时髦不过了，然而在我看来，它虽然是那样时髦，但远远不能说明它是可靠的。就我来说，我发现，再没有谁比那些受到许多理性教育的孩子更傻的了。在人的一切官能中，理智这个官能可以说是由其他各种官能综合而成，因此它最难于发展，而且也发展得迟；但是有些人还偏偏要用它去发展其他的官能哩！一种良好教育的优异成绩就是造就

一个理性的人,正因为这个缘故,人们就企图用理性去教育孩子!”[②]卢梭认为，这种教育打乱了教育的次序，得到的只是一些早熟的果实，它们既不丰满也不甜美，而且很快就会腐烂。

对儿童而言，没有身体生活作为感性根基，直接的理性知识或观念的灌输是难以接受的。可是，我们的教育长期以来就忽视身体生活，眼睛总是盯在书本知识或抽象观念上。我想结合与教育有血缘关系的儿童文学作品，做一具体分析。

著名儿童文学作家严文井在二十世纪五十年代曾写过童话《小花公鸡》。故事里写的小花公鸡在家里“淘气”，在学校里“调皮捣蛋”。有一次，老师上课讲什么是“果子”，老师说 :“果子是一种很好吃的东西。很多果子是红红的,又甜又酸,吃下去对身体很好，这样的果子在野外很多……”小花公鸡想尝尝果子是什么滋味，就从课堂里溜了出来，跑到野外，找到很多海棠果、山楂等果子，吃了下去。后来，他又把红辣椒当成果子吃了，结果辣得嗓子像着了火。“以后呢，小花公鸡可再不敢乱淘气了，遇见了什么事他都要想一想。”小花公鸡“变成一个用心听课的好学生了”。

在这个故事里，作为“不好好听老师讲课”的事例，作品主要讲述了小花公鸡去野外品尝果子，结果误吃了红辣椒，受到了不好好听课的惩罚的故事，作家是把小花公鸡当作坏孩子、坏学生看待的。但是，从这个故事中 ，我感到小花公鸡是一个具有强烈的好奇心、旺盛的求知欲，并为学习知识去积极行动、实践的真正的好学生。他去野外亲自品尝果子的滋味，并从吃辣椒的体验中得到了“有的果子是红红的，但是，红红的东西不都是果子”这一以感性认识为前提的逻辑思考。可以说，小花公鸡以儿童真正应该采用的方式，学习到了正确的知识。这种方式，比书本上、课堂上的单纯理性灌输要可靠和有力量得多。但是，我从这个故事里看到的是，作家似乎在主张，学习“果子是红红的，但是，红红的东西不都是果子”这一知识，只需要“用心听课”即学习书本知识就行了，而对走入大自然的小花公鸡的身体学习却不以为然。

下面，我们看看另一篇儿童文学作品所蕴含的儿童教育观念。

《我一直走》是日本的一篇幼儿图画故事：奶奶给“我”（幼儿）打来电话，让他一个人到奶奶家来。“我”问奶奶路怎么走，奶奶告诉“我”，沿着家里窗前的大路一直走就会走到。“我”又问，哪座房子是奶奶家呢？奶奶让他自己去问。于是“我”出发了，沿着窗前的大路一直走，一直走就来到了乡间的小路，路边有一朵野花。“我”去摘下野花，然后又一直走。（其实已改变方向，走进了田野。以后，“我”每遇到一个事物，就改变一次方向。）在“一直走”的路上，“我”遇到一群群蝴蝶，又采摘下野草莓（自己吃了一枚，给奶奶留了一枚），蹚过小河，翻过山坡，遇到一间木屋（马厩）、一间小屋（狗窝）、一座养蜂棚，在探明都不是奶奶家后，又一直向前走，最后走到一间屋前，伸头探望时，奶奶迎了出来。在吃着奶奶为“我”准备的大蛋糕时，“我”将那枚野草莓送给了奶奶。

也许对成人来说，这是一篇十分荒诞的作品；但对特定年龄阶段的幼儿来说，它却恰恰是真实的作品。男孩儿在走向目的地（奶奶家）的路上做了许多“游玩、闲逛”，但是正因如此，他的旅途才充满了乐趣，并获得了关于大自然和生活的真实的知识。“游玩、闲逛”赋予他新鲜的经验，让他了解到野花的芬芳，野草莓的美味，知道了什么是马厩、狗屋、养蜂棚，并学会靠自己战胜困难（遇到小溪，脱下鞋子蹚过去），向奶奶表达爱心。我觉得，《我一直走》充分肯定了儿童“游玩、闲逛”这种身体生活是有价值的成长方式。而“我”因游玩而不断改变“一直走”的方向，最终却到达了目的地这一情节设定则显示了作家对“游玩、闲逛”的儿童走向健全的成长道路是抱有坚定信心的。

显然，《我一直走》与《小花公鸡》不同，是尊重身体生活、主张身体教育的儿童文学作品。

我想到了美国的教育哲学家杜威说过的话："为灌输知识而组织的实物教学，不管有多少，绝不能代替关于农场和田园的动植物的直接知识，这种直接知识是通过在动植物中的实际生活，照料动植物而获得的。"[③]杜威的观点在今天似乎更具有启示意义。在电子媒介的映像技术手段十分发达的情况下，教育者们往往陷入一种错觉：以为讲述果树吐蕊、开花、结果的过程，只消用五分钟的教学片来演示，就活灵活现，就是直观的了，用不着花费那么多的时日进行实地考察。对此，苏联教育家苏霍姆林斯基不以为然，他认为，映像技术的发达和普及既是好事，也是坏事，因为"技术手段拉近了世界同儿童的距离，为他们迅速地认识各种事物和现象创造了优越的条件。但与此同时，它又使儿童远离了自然界，假如与大自然的直接接触被对个别自然现象的'简化'和'假定'地观看替代的话。大自然比任何'简化'的有关信息要丰富有趣得多。……自然界中包容着对儿童来说通俗易懂却又纷繁的事件、物体、现象和因果关系、规律性。这些信息是无可替代的，因为它们易于为儿童接受，它们正是儿童所能进入的世界，它们也正是儿童观念、概念、思想、概括和判断的直接来源。换句话说，大自然乃是'儿童思想'的发源地"[④]。

二、"让孩子的心灵去闲逛"

我认为，比苏霍姆林斯基所警惕的技术信奉更危险可怕的是拔苗助长、立竿见影、膜拜书本知识的功利主义教育观念。这种观念不仅使儿童与大自然隔开，而且还使儿童与“儿童社会”以及一般社会隔开。功利主义教育者最想做的，是尽可能地让孩子面对书本，特别是面对教科书上的知识。

杜威在论述教育哲学时，指出教育的最大弊病，是把学科看作教育的中心，可谓点到了问题的根本处。杜威说，教育有三个要点：“(1) 儿童的方面；(2) 将来儿童要进去做人的社会方面；(3) 介乎二者之间的学校和教材。”[⑤]而“第三点最重要，因为他的目的是要使儿童进到成人社会里面去。教育学就是指挥他联络儿童与社会两方面，使他成一个过渡的桥或摆渡船”。[⑥]杜威指出，很多人把介乎儿童与社会之间的学科看得太重，将儿童和社会看得太轻，从而使学科与社会，特别是与儿童相脱离。把学科独立，与儿童实际生活脱离关系，其流弊有：“(1) 学科与真生活断绝，生活自生活，学科自学科；(2) 学科变成纸上的假东西，不是真实的东西；(3) 学科在实际上不能应用。”[⑦]

做家长的、做教师的都一心想让孩子们早日成才，这种急切的心情导致的做法就是，要让孩子们抓紧时间，要心无旁骛，要一心学习，不要浪费时间，这是我们普遍的做法。其实在孩子的成长过程中，一味地这样做，对孩子的成才并不能带来根本的帮助。

在功利主义者看来，很多儿童的身体生活都是在浪费时间，因为处于身体生活中的儿童的身心呈现出“闲逛”的状态。但是，我恰恰认为，我们的教育应该让儿童的身心去“闲逛”。儿童身心闲逛的时间，是那种心灵自由、解放、充盈的时间，这些时间，是哺育心灵成长的非常好的养料，人生由于有这些闲逛，就有更多的可能性和丰富性，有更广阔的精神发展的空间。相反，如果没有闲逛的话，如果用书本学习的时间将孩子的生活填满，人生就会变得很单一，很局促，精神世界就会被压迫得无法伸展。

"浪费时间"是童年期里正当合理的一种生活态度和方式。卢梭曾提出这样的儿童教育法则："不仅不应当争取时间，而且还必须把时间白白地放过去。"[⑧]他这样解释"浪费时间"的辩证法："你看见他无所事事地过完了童年的岁月，就感到惊奇！唉！难道说让他成天高高兴兴的，成天跑呀，跳呀，玩呀，是一事不做、浪费时间吗？柏拉图的《理想国》一书，大家都认为是写得很严肃的，然而他在这本书中完全通过节日、体操、唱歌和娱乐活动来教育孩子的；因为当他教他们玩耍的时候，他把其他东西也一起教给他们了。"[⑨]

让身心去闲逛，这是儿童的利益和愿望，是他们渴望的"现在"的生活。但是，功利主义的教育却要拿它去做"将来"的牺牲，它告诉孩子们，人生只能是先苦后甜。将童年人生与成年人生对立起来，为了预备成年的"将来"而牺牲童年的"现在"，这是功利主义教育犯下的不可饶恕的错误。"预备将来，应该是教育的结果，不是教育的目的。倘能把现在的生活看作重要，使儿童养成种种兴趣，后来一步一步过去，自然就是预备将来。倘先悬一个很远的目的，与现在的生活截然没有关系，这样预备将来，结果一定反而不能预备将来。"[⑩]杜威八十年前在中国讲的话，触及的却是八十年以后的中国儿童教育的根本弊端。

我们的教育为什么就不能种植两头甜的甘蔗，给予儿童一种童年和成年都甜美的人生呢？

（载于《江苏教育》2009 年第 6 期）

---

①朱自强：《童年的身体生态哲学初探——对童年生态危机的思考之二》，见《中国儿童文化》（第二辑），杭州，浙江少年儿童出版社，2005 年版。

②⑧⑨ [法] 卢梭 :《爱弥儿》，89~91 页、96 页、119 页，北京，商务印书馆，1978 年版。

③ [美] 杜威 :《学校与社会》，见《杜威教育名篇》，北京，教育科学出版社，2006 年版。

④ [苏联] 苏霍姆林斯基 :《学校与大自然》，见《苏霍姆林斯基选集》(第五卷)，北京，教育科学出版社，2001 年版。

⑤⑥⑦⑩ [美] 杜威 :《教育哲学》，见《杜威五大讲演》，93 页、95 页，合肥，安徽教育出版社，1999 年版。

儿童教育的当代危机及应对

对于儿童来说，其知识、信仰、艺术、道德及其他才能和习惯等，都是通过教育获得的。儿童一生下来，只要不与世隔绝，就一定会受到已有文化的浸染和影响。所谓儿童教育，就是成人社会为了促进儿童发展而实施的一种文化影响，包括家庭教育、学校教育和社会教育。本文针对当前我国儿童教育存在的弊端，探讨变革儿童教育的必要性和紧迫性，以期为建立有利于儿童身心健康发展的儿童教育提供一些思考和建议。

一

儿童教育中蕴含着一对根本性的关系，即作为这种教育的发明者、给予者的成人与作为接受者的儿童之间的关系。一种儿童教育是否进步，重要的判断标准是看其内部的这种关系是冲突的还是和谐的。考察人类教育发展史，我们发现，教育思想和方法的每一次发展、变革都离不开如何处理教育者与受教育者的关系问题。

欧洲中世纪的儿童教育受教会垄断。教会利用学校宣传无条件服从、忍耐、节制、畏神等压抑人性的禁欲思想。进入文艺复兴时期，儿童教育发生了根本性的变革。新兴资产阶级提倡人文主义教育，把发展人格作为教育的主要任务，强调尊重儿童人格、发展儿童个性，力求培养生气勃勃、身体健壮、知识丰富、积极投入日常生活的人。尽管这种人文主义教育将儿童作为“人”从宗教的桎梏下解放了出来，但还不能就此说已经发现了儿童。在人类思想史和教育史上，真正发现儿童的是法国思想家卢梭。卢梭在《爱弥儿》中振聋发聩地告诉人们：要尊重童年！卢梭站在儿童的立场上主张儿童的独立性："大自然希望儿童在成人以前就要像儿童的样子。如果我们打乱了这个次序，我们就会造成一些早熟的果实，它们长得既不丰满也不甜美，而且很快就会腐烂：我们将造成一些年纪轻轻的博士和老态龙钟的儿童。儿童是有他特有的看法、想法和感情的；如果想用我们的看法、想法和感情去代替他们的看法、想法和感情，那简直是最愚蠢的事情。"[①]被称为"幼儿园之父"的德国教育家福禄培尔的教育思想与卢梭的思想是契合的。福禄培尔认为，人自出生起，其内部就存在既完美又善良的东西，尽管处于萌芽状态，但毕竟存在，因此，人的发展就是这种内在的完美和善良的东西的萌发，人的教育就是助长这种萌发。据此，福禄培尔提出："教育、教学和训练，其最初的基本标志必然是容忍的、顺应的（仅仅是保护性的、防御性的），而不是指示性的、绝对的、干预性的。"[②]如果说，福禄培尔的引导或被动式教育原则已经具有儿童中心主义意味的话，那杜威则正式确立了"儿童中心主义"的教育思想。杜威明白地宣告儿童是教育的中心："教育的最大毛病，是把学科看作教育的中心。不管儿童的本能、经验如何，只要成人认为一种好的知识经验，便炼成一块，硬把它装入儿童心里面去。现在晓得这种办法是不对了。其改革的办法，只是把教育的中心搬一个家：从学科上面搬到儿童上面。"[③]杜威的"儿童中心主义"教育思想提出并实施后，在世界范围内产生了巨大而广泛的影响。

我国是一个很早就开始重视儿童教育，并且儿童教育历史源远流长的国家。但是，在清末明初之前，我国的儿童教育一直是以成人为本位的教育。从清末开始，西方的现代教育思想和制度传入我国，到民国初年，新式学校取代了旧式私塾。"五四"时期，儿童文学的传入给学校教材带来了根本性变革，而杜威在我国长达两年之久的教育思想的传播，则给成人本位的传统教育思想以致命打击。但是，“五四”新文化运动退潮以后，随着复古逆流的回潮，现代教育思想也随之凋敝。直到二十世纪八十年代，重新涌入的西方现代教育思想再度给我国基础教育注入生机，但由于受“应试教育”的干扰，儿童要真正成为教育的主体，还有相当长的路要走。

二

儿童教育应以儿童为本。但是，当前我国的儿童教育充满了功利主义色彩，应试教育愈演愈烈，其间成人与儿童的关系是禁止甚至是冲突的，儿童许多“当下的幸福”被牺牲掉了。

被牺牲掉的有孩子们自由自愿的游戏。荷兰学者胡伊青加在《人：游戏者》一书中说道：“关于游戏形式上的特征，所有学者都强调它的无功利性（disinterestedness）。”游戏对于儿童而言是一种最正当的不可缺少的精神活动，“……在接受游戏的时候，你就接受了心灵（mind），因为无论游戏是什么，它都不是物质（matter）”。④席勒也肯定游戏在完成圆满人性上的意义：“说到底，只有当人是完全意义上的人，他才游戏；只有当人游戏时，他才完全是人。”⑤所以说，否定游戏，不仅使教育失去了一种珍贵资源，而且与教育的本质背道而驰。

被牺牲掉的还有属于孩子们的情感，比如所谓“早恋”的情感。其实，孩子对异性的渴慕，本是一种美好的感情，是无所谓“早”与不“早”的。但在功利主义教育文化的影响下，这种属于孩子们的美好感情却被成人们一概扼杀了。早恋是“潘多拉盒子”，“谁要是打开了它，里面暗藏的各种灾祸就会纷纷飞出，对孩子的未来造成种种损害”。[6]而所谓“损害”，就是由“高考落榜”“妨碍学业”可能导致的未来物质生活的窘困。但正是这样一种功利主义的教育初衷，最后毁掉的可能就是孩子们本来平衡健全的心灵生态。因为对爱情的憧憬、追求是少年独特而珍贵的情感，在从儿童期向成人期过渡的过程中，如果这种情感遭到压抑甚至粗暴的否定，那么，不仅人的精神生活的丰富、发展难以期待，而且会导致人格发展、自我身份认同等一系列青春期心理危机。

被牺牲掉的还有属于孩子们自己的时间。这些时间，孩子们可能用于阅读、游戏、交友、闲逛、胡闹，甚至发呆、睡懒觉，等等。儿童心灵的丰富、精神的成长是需要这些“无所事事”来哺育的。但是，在功利主义教育的眼里，这是在浪费宝贵时间。于是，从周一至周五，孩子们必须从早到晚地学习，周末还要参加各种补习，连寒暑假都不能休息，知识学习成了孩子们的全部生活。这种被上紧了发条的学习生活，就像台湾画家、诗人幾米描绘的那块巨大钟表。幾米很有意味地让一只小猪对“钟表”的生活状态提出疑问：“你一定要走吗？可不可以休息一下。/像我一样，偶尔睡个懒觉，/偶尔发呆，偶尔出错，偶尔闹情绪，偶尔耍赖……/你一定要如此坚定、严格地向前走吗？/弄得大家都精疲力竭地老了！”

在充满功利主义的儿童教育中，孩子们失去了充实的人生感，很难体会到人生快乐，童年生活与成年后的人生完全对立了起来。“预备将来，应该是教育的结果，不是教育的目的。倘能把现在的生活看作重要，使儿童养成种种兴趣，后来一步一步过去，自然就是预备将来。倘先悬一个很远的目的，与现在的生活截然没有关系，这样预备将来，结果一定是反而不能预备将来。”[7]杜威八十年前在中国讲的话，触及到的却是八十年后中国儿童教育的根本弊端。我们必须认识到，儿童教育文化已经到了非从根本上改革不可的时候了。

三

我们的教育要想给儿童以幸福人生的保证，就必须反思“应试教育”与儿童发生矛盾冲突的深层次原因，进而寻找到解决问题的出路。在我看来，这种矛盾冲突产生的最根本原因，是儿童教育没有把立足点、出发点置于儿童这一原点上。如果教育以儿童为原点，从家长来说，就要倾听和遵循儿童“现在”内心的声音、愿望，而不是为儿童预设渺远的“将来”；如果教育以儿童为原点，从社会来说，“发展”首先就不是物质生活和统计数字的提高，而是在保护“童年生态”的前提下使个体儿童精神生命得到可持续发展。从这个意义上说，必须改变当下儿童教育中成人与儿童间的紧张关系。

首先，作为儿童教育规划者、建设者的成人必须改变自我中心主义的立场，回到儿童本位的根基上来。何为教育的儿童本位？简要说来，成人既不能做凌驾儿童之上的训诫者，又不能做与儿童相向而踞的教育者，而是要走进儿童的生命群体，与儿童携手共同跋涉人生旅途，与儿童共同成长。成人不应该把儿童看作“未完成品”，按照自己的人生预设教训儿童（如“教训主义”儿童观），也不能仅从成人的精神需要出发利用儿童（如“童心主义”儿童观），而是要从儿童自身的生命欲求出发解放、发展儿童，将自身融入其间，和儿童做生命的对话，从而保持、丰富儿童人性中可贵的品质。

其次，儿童教育必须保持、守护童年生命发展的生态性，使儿童教育文化成为一种生态性文化。杜威认为，教育“第一个应该注重之点，是儿童在没有教育以前，有一种天生的本能、性情和冲动。教育就应该以这些东西为根据，为基础，不然便没有教育可施”。[⑧]儿童的心灵结构中蕴藏着丰富的人性资源和发展的潜能，因此，儿童的心灵不是一张供成人任意涂抹的白纸，而是一颗充满生长力的种子。儿童教育不能与儿童的天性为敌。生态性的儿童教育应当是解放性而不是压抑的，应当是激活儿童的生命潜能而不应该是灌输、“填鸭”，应当是等待儿童的自然生长而不应该是拔苗助长，应当是走向广阔生活而不应该是囚于书本之中。

再次，成人对儿童要有大爱，也就是真正的爱、无私的爱。为什么要强调“大爱”“真正的爱”？因为很多成人对儿童的爱是“小爱”“虚假的爱”，这些成人往往是通过“爱”孩子来爱自己。对儿童怀有大爱，对于成年教育者来说不是一件容易的事。一方面它需要教育者具有牺牲精神，特别是在孩子的主张与自己的想法发生矛盾时。如果教育者对孩子的爱经受不住考验，就会对孩子人格的形成造成一定的负面影响。另一方面儿童要寻找、建设自我，而仅靠个人努力是难以实现的，因而需要他者的帮助。教育者对孩子的大爱、真爱，对孩子建立积极的自我形象是最有力的援助。

最后，成人应该学会向儿童学习。在人类认识自身的思想史中，英国浪漫派诗人布莱克、华兹华斯、柯勒律治等人应该引起我们的尊敬。他们不是思想家，却以诗人独有的对心灵这一隐秘世界的敏感，发现了儿童生命之于成人世界的真正意义。在华兹华斯的诗作中，大自然与纯真的儿童时代在本质上是结合在一起的。儿童时代就像横贯天宇的彩虹一样，是一个巨大的灵魂，是人性的根本。华兹华斯曾在诗中说自己是一个迷途者，但在朴素的儿童时代里找到了伟大的人性扎根的基础。

人的一生，并不只呈现进化、上升的趋向。人类在从儿童走向成人的过程中也会出现退化，会丧失许多宝贵的人性品质和能力。如何在走向成人的路途上，继续保持和发展儿童的质朴的人性品质，将是人类谋求健全发展的最大课题之一。

（载于《中国德育》2006 年第 9 期。）

①［法］卢梭.《爱弥儿》，91页，北京，商务印书馆，1978年版。

②［德］福禄培尔:《人的教育》，北京，人民教育出版社，2001年版。

③⑦⑧［美］杜威:《杜威五大演讲》，99页、121页，合肥，安徽教育出版社，1999年版。

④［荷兰］胡伊青加:《人:游戏者》，贵州，贵州人民出版社，1998年版。

⑤［德］席勒:《审美教育书简》，北京，北京大学出版社，1985年版。

和谐的儿童教育要尊重童年

儿童是独特文化的拥有者，而儿童拥有的独特文化与成人拥有的文化是存在冲突的。消弭两者之间的冲突，是和谐的儿童教育的前提。“解铃还需系铃人”，消弭冲突的责任只能由成人来承担。

一、儿童教育中的冲突由成人造成

文化冲突随时随处都可能在儿童与成人之间发生。一个四岁孩子的布娃娃摔坏了手臂，她开始伤心地哭泣。这个时候，大人责怪她不爱护玩具,或者烦她的哭声,这样的做法都会对孩子造成伤害。家长问孩子，长大后想成为什么样的人？孩子说，他想当马路对面开小卖店（里面好吃的东西太多了）的那个人。如果家长训斥孩子没出息，教育的冲突就开始了。孩子的愿望总是有他的道理的，成人要尊重孩子在不同阶段的愿望，哪怕在成人眼里那些愿望太幼稚、太没出息。

在功利主义应试教育的过程中，成人与儿童的关系是紧张甚至是冲突的。儿童沉迷于网吧或厌学、弃学、反叛甚至犯罪，从根本而言，这不是儿童自己的责任，而是成人与儿童的关系走向紧张、冲突所造成的。

就总体而言，儿童教育中的冲突，是持自我中心主义立场、成人本位立场的成人教育者造成的，而不是所谓“不听话”的儿童造成的。

二、儿童教育的危机是“自我”的丧失

著名学者王富仁先生在《呼唤儿童文学》一文中谈到学校教育时说：“学校教育注定有其强制性，注定不会也不可能达到使儿童在身心上完全自由的发展程度。”说到家庭教育，他又说：“家长作为成年人所感到的生存压力越大，他们对自己的孩子的前途越关心；他们对自己孩子的前途越关心，越会强制自己的孩子更快更充分地满足当前社会对一个成人的要求，而不得不牺牲自己孩子当下的幸福。”王富仁先生承认这种“强制”教育的合理性，总结说：“总之，不论是学校教育，还是家庭教育，只要是教育，就带有强制性。”

一种教育，只有当它与孩子的愿望和利益背道而驰的时候，它才会是“强制性”的。而当教育符合孩子们自己的愿望和利益的时候，它给孩子们带来的必然是自由和解放。我们的教育为什么就不能种植两头甜的甘蔗，给予儿童一种童年和成年都甜美的人生呢？做不到这样，只能说是教育的失职。

我认为，第一，把童年幸福与成年幸福对立起来，以为牺牲童年的幸福，能换取成年的幸福，这种人生预设是虚妄的。一个游泳选手，拿到了自己第一个世界冠军时说的竟然是，他从小学习游泳是父亲逼迫的，为此，他失去了童年的快乐。这个冠军是为父亲拿的，今后，他要告别泳坛，去做他自己想做的事了。第二，拿童年幸福做成年幸福的牺牲，这不符合生物学物竞天择的生态性。在生命的生物机制中，都会让对年轻有机体有利，而对年老有机体不利的基因占优势。个中道理，语言学家平克在其著名的《语言本能》一书中是这样解释的：“假如雷电击中了一个四十岁的人，他就不必去担忧五十岁会怎样或六十岁会怎样，但是他必须要烦恼二十岁或三十岁的事。所以任何一个身体的功能若是设计得要使这个人活

到四十岁的话，它一定会先去注重头四十年的利益，不然的话，后面那些年的益处一定是被浪费、用不到了。”

如果让一个孩子对自己的人生做预设的话，他不会设计牺牲童年的幸福来换取成年幸福这种人生模式。但是，遗憾的是，在我个人所经历的半个世纪的中国的儿童教育现实中，成年人对设计孩子的人生越来越“热心”“积极”“强势”“自我中心主义”，作为童年主人的孩子反而几乎失去了选择童年幸福的权利。无数的孩子在童年期无法寻找到、建设起真实的、积极的自我，重要的原因就在于此。儿童教育的深层危机是儿童“自我”的丧失,一个人没有真实、积极的自我，不管按照现今人们趋之若鹜的功利主义价值观来看他有多么“成功”，其人生也是空虚的。

三、教育应以儿童为原点

在儿童教育中，儿童文化和成人文化发生矛盾冲突的最根本的原因是，成人教育者没有把教育的立足点和出发点置于儿童这一原点之上。如果教育是以儿童为原点，从家长来说，要倾听和遵循的就是儿童“现在”的内心声音和愿望，而不是家长为儿童预设的渺远的“将来”；如果教育是以儿童为原点，对学校而言，要谋求和实现的就不是考试的分数和一纸文凭，而是通过教育使儿童实现和扩充自我，成为心智健全发展的人；如果教育是以儿童为原点，对社会来说,所谓的“发展”就首先不是物质生活和统计数字的提高，而是在保护“童年”生态性的前提下，个体儿童的精神生命能可持续性发展。

因此，要改变当下儿童教育中成人与儿童之间的紧张关系，变冲突为和谐，首先是作为儿童教育规划者、建设者的成人必须改变自我中心主义的立场，回到儿童本位的根基上来。

何为儿童教育的儿童本位？简要说来，就是成人教育者既不能凌驾儿童之上，也不能与儿童相向而踞，而只能走入儿童的生命群体之中，与儿童携手跋涉在人生的旅途上，共同探索人生、共同成长。成人不应该把儿童看作未完成品，然后按照成人自己的人生预设去教训儿童（如历史上的教训主义儿童观），也不是仅从成人的精神需要出发去利用儿童（如历史上童心主义的儿童观），而应该从儿童自身的原初生命欲求出发，运用自己在人生旅途摸爬滚打中获得的人生经验和智慧去解放和发展儿童的生命，并将自身生命融入其间，以保持、丰富孩提时代的传统和人性中的可贵品质。

四、要对儿童怀有大爱

以儿童为本位是很困难的事情，它至少需要成人具有两种精神品质：一是能够走进儿童心灵世界，像儿童那样来感受世界和人生。更重要的是要尊重童年，能够体认儿童心性、童年生活所具有的珍贵人生价值。二是要对儿童要怀有“大爱”。

很多成人都标榜自己“爱”孩子，但是，很多成人对孩子的爱是“小爱”“虚假的爱”，这些成人通过“爱”孩子来爱他们自己。比如,用“恨铁不成钢”爱孩子,未必是出于“爱”;因为“望子成龙”而爱孩子，可能爱的是虚荣心；因为“母凭子贵”而爱孩子，爱的家长自己。“大爱”是无私的爱，真正的爱。

以儿童为本位,是儿童教育的不二法门,是儿童教育的最高境界。

（载于《中国教育报》2007 年 6 月 14 日）

童谣之“大”与王财贵的儿童读经之“小”

曾与孔子并称“南季北孔”的季札说：“中国之君子，明于礼义而陋于知人心。”古代的君子是如此,宣扬“儿童读经”的现代“君子”也大都有此通病。大力推动“儿童读经运动”的王财贵教授的根本问题也在于不了解小孩子的心。对王财贵教授推动的“儿童读经运动”已经有很多不同角度的批判，我这里主要谈谈他贬低属于儿童的文化——童谣的错误态度。

我曾经说过：“在许多方面，儿童文学都是社会的一面镜子。在儿童文学面前，可以照出很多人的‘小’来。”我认为，这句话完全可以用在“儿童读经运动”上，在儿童文学这面镜子面前，可以照出王财贵教授的儿童读经的“小”来。

王财贵教授的儿童读经“小”在哪里？小在眼界、肚量和胸襟上。

王财贵教授说：“民族文化的融合，要有高度的心灵来融合，高度的心灵是开放的，是对所有的文化传统都能够吸收的。”他又说：“这些经典之作本身就有一个开阔的、包容的胸怀。”可是，他在讲演中，却把好莱坞电影、卡通、漫画、流行歌曲（“靡靡之音”）统统称为不好的东西：“不是用流行歌来陶冶，不是用靡靡之音来陶冶。用靡靡之音来让孩子一听，将来他的心性就败坏了。”他说：“《论语》这些经典之作不会让读它的人变成三家村的小里小气的顽固分子。”可是崇拜经典的王财贵教授怎么连流行音乐、卡通书都不能包容呢？从王财贵教授的这种态度，我们有理由怀疑他所推动的儿童读经是一场眼界狭窄、缺乏包容胸襟的运动。

王财贵教授的儿童读经之“小”，还“小”在对于儿童文学的无知、无识上。

王财贵教授这样批判应用儿童文学的小学语文教育："念《小老鼠，上灯台》，念了六年，一无所有。"我听王财贵教授宣扬儿童读经的讲演，一开始就猜到他会这样看待童谣，果然在后面听到了这句话。这就叫前有车后有辙。王财贵说："我们只教高度的，那些低度的自己就会。所以从今以后不要再浪费孩子的时间。"和王财贵教授持同样立场的教育者大有人在。我就亲耳听到有一位教育家说：《小老鼠，上灯台》没什么价值，古诗词才有价值。我也看到过，有的教材编写者因为自己小时候读过大量古诗，就在编教材时，过足瘾地把古诗放进去而把童谣扔在一边。

可是，真正属于儿童的童谣真的是"低度的"语文，念了之后竟是"一无所有"吗？

我编著《快乐语文读本》时，专辟一章，题目叫作"沉甸甸的儿歌"，为的就是质疑大人学者对童谣的轻蔑态度，彰显童谣的厚重价值。为了下面的论述有所依据，现抄录其中的三首。

小白菜，/地里黄，/三岁四岁死了娘。/端起饭来泪汪汪，/拿起筷子想亲娘。/后娘问我哭哪样？/我说碗底烫得心发慌。

《小白菜》

小板凳四条腿儿，/俺给奶奶嗑瓜子儿。/奶奶嫌俺脏，/俺给奶奶擀面汤。/面汤里面加点油，/吃得奶奶直点头。

《小板凳四条腿儿》

馒头花，/开三朵，/我娘从小抱着我。/怀里抱，/被里裹，/大红枕头支着我。/我娘得病我心焦，/拿下金镯去买药。/人人都说可惜了，/我娘好了值多少。

《满头花》

上述童谣没有思想价值和语言价值的高度吗？它们不是儿童的人性养成和语言教育的珍贵资源吗？在思想性、价值观上，“俺给奶奶嗑瓜子儿”不就是《孟子》里的“老吾老”吗？“人人都说可惜了，我娘好了值多少”不也与《论语》里的“君子喻于义，小人喻于利”有相通之处吗？在艺术表现上，“小白菜，地里黄，三岁四岁没了娘”，“馒头花，开三朵，我娘从小抱着我”，这样的儿歌运用的艺术修辞，即是朱熹在《诗集传》中说的“兴者，先言他物以引起所咏之辞也”。“后娘问我哭哪样，我说碗底烫得心发慌”、“面汤里面加点油，吃得奶奶直点头”这样的白话文也并不简单，而是最好的白描手法，它们的艺术质地并不比鲁迅小说里的白描差。

王财贵教授把古代经典看作是小学生的“高度的”语文，把童谣以及儿童文学的故事看作是“低度的”语文，不仅证实了他忽视儿童教育学、儿童心理学的问题，也说明了他对儿童文学这种“白话文”文学鉴赏上的低能。可以看出，懂得文言文的他，并不真的懂得白话文，看不出白话文的好来，看不出儿童文学这种看似浅显的“白话文”也有它特有的高度,需要尽心尽力地学习。这也证明，他的“如果你教白话文，将一辈子不能理解文言文；你教文言文，现在就可以理解白话文”这一观点是不可信的。

王财贵教授说：“我们的教学法就是顺应儿童的心理，然后依照教育的本质。”可是看不出儿童喜爱的童谣在思想上和艺术上的语文教育价值，反对在小学校的语文教育里教“小猫小狗”，只能说王财贵与儿童的心性是很隔膜的，也与以儿童为本位的现代教育思想格格不入。这种心性、素质的人，怎么能期待他能够“顺应儿童的心理，然后依照教育的本质”，提出值得人们信任的教育思想和方法呢？反对孩子吟唱他们喜爱的童谣，只倡导孩子们读经的王财贵教授的做法，很接近于周作人批判的“恨不得夺去小孩手里的不倒翁而易以俎豆”的“道学家”的做法。

王财贵教授的很多观点，是可以用他自己的话来否定的。他说，只要有语言环境，幼儿可以一下学会好几种语言，可是，让幼儿盲颂枯记《论语》那些“经典”，怎么不见幼儿张口闭口都“之乎者也”呢？没有别的原因，就是因为不懂，所以学不会。他说，小学生学不会数学，因为还没到时候，要等待。可是，对儿童读经，他就不愿意等待，真是自相矛盾。

王财贵教授为了自圆其说，也摆一摆姿态地说：“多读经，然后鼓励他看课外书。”可是具体看什么课外书，王财贵教授就不说了。继续看文言文的课外书？他显然不是这个意思。看“小猫叫，小狗跳”的儿童文学？这又不符合他“用高能的教育”的主张，因为“《小老鼠，上灯台》，念了六年，一无所有”。其实王财贵教授不说看什么课外书，是因为他自己很可能不知道什么是好的课外书。一到关键处，王财贵教授往往以其昏昏，而必然不能使人昭昭。

谈起儿童读经口若悬河的王财贵教授其实对儿童教育有深厚的隔膜。在一些教育的根本问题上，他的见解其实似是而非。他例举“高能的”教育说：“三岁之内，看尽世界名画、风景，而且只要图片就可以了。”手势挥洒，语气坚定。可是，他的这种无视儿童身体实践生活，膜拜书本知识的教育主张，正与破坏童年生态的当前的儿童教育一脉相通。我建议王财贵先生去读一读“低能的”幼儿图画书《我是大象》，体会一下作者五味太郎为什么用整本书生动、详尽地讲了“大象之雄伟”这一知识之后，依然要在最后对幼儿读者强调说：“哪一天，你们一定要到动物园来看看真正的我哟。”我相信，一旦王财贵教授了解并相信儿童的身体实践生活在教育中的决定性作用，将反思甚至改变他在儿童读经上的立场和态度。

在儿童教育问题上，对儿童的态度，对儿童文化、儿童文学的态度，是检验其人其事之性质和水准的试金石。在我看来，王财贵教授在他无能越过的童谣以及儿童文学这座“大”山面前，显出了他自己的“小”来，当然也反映出他所推动的“儿童读经运动”必然是没有前途的。

在儿童认识方面，古代社会有古代社会的普世价值，现代社会有现代社会的普世价值。儿童文学就是人类现代社会里普世价值观的一种产物，尽管里面还有古代儿童观的残余，但我依然把它看作是人类创造出的一个奇迹。但是,历史往往是前进一步,后退半步。现在华人社会的某些地方风行的“儿童读经运动”，就是成人本位的封建蒙学的一种招魂。李泽厚先生曾说过，面对现代的文化启蒙，有的人是“蒙启”，把启蒙过的东西又蒙起来。今天宣扬成人本位的儿童读经的王财贵教授就是在“蒙启”，用改头换面、新瓶旧酒的封建蒙学把包括儿童文学在内的现代儿童教育思想和资源蒙蔽起来。

论健康的儿童文化建设的迫切性

文化建设对今天这个物质主义、功利主义横行的时代有特殊的意义。在规划、实施文化建设时，应该清醒地意识到，“文化”是一个需要谨慎辨析、深入思考的精神现象。

英国学者阿诺将文化定义成精英的精神产品。“文化是人们能够想到并知道的最好事物”这种说法也影响深远。对于许多文学学者、艺术学者以及一般消费者而言，这种“高级”文化的意义仍是文化这个词汇的重要意义所在。但是文化经济学家思罗斯比不这样看。他说：“尽管‘文化’这个术语在正面意义上使用较为普遍，意味着道德高尚和生活改善的品质，但是它也有令人憎恶之处，从上面定义的第一重含义来看，文化也可能被用作暴力和压迫的工具。”①当然，沿着思罗斯比的观点，我们还可以回溯到霍克海默和阿多诺在《启蒙辩证法》一书对资本主义“文化工业”的批判性洞见：“正如被统治者总是比统治者本身更严肃认真地坚持他们从统治者那里学来的道德，今天受欺骗的群众比获得丰硕成果的人，更加醉心于神话般的成就。他们富有愿望。他们坚定不移地相信统治者用来奴役他们的意识形态。”②

毫无疑问，我们进行文化建设，初衷都是想打造理想的社会和美好的人生，文化建设寄托着对于明天的梦想。现在，社会的很多层面都在谈“中国梦”。“中国梦”应该是具体的，应该包含每个中国人的人生梦想。作为儿童文学、儿童文化研究者，我所最为关注的是中国孩子的人生梦想。孩子的人生梦想的实现，需要我们成人社会为其打造一个良好的生活环境。在今天这个时代环境下，有良知和责任感的成人，一方面要使孩子们远离三聚氰胺毒奶粉这类物质食粮的威胁，而且还要抵御有害的精神文化，将真正有助于儿童的精神成长的儿童文化食粮送到儿童们的手中。

应该说，儿童在当下的精神生活中，经常接触着有害的精神文化。令人深感不解的是，一些有害的精神文化竟是成人社会假教育儿童之名，堂而皇之地向儿童们进行灌输。我十分赞同对儿童进行传统文化的启蒙教育，但是，给儿童的传统文化教育，必须进行仔细的甄别和认真的选择，切不可不分青红皂白，剜到筐里就是菜。事实上，目前在很多学校和家庭盛行的儿童读经，就夹带着不少封建思想的毒素。比如,《三字经》里有“香九龄，能温席。孝于亲，所当执。融四岁，能让梨。悌（同“弟”）于长，宜先知”，弘扬的是“孝悌”这一伦理道德。成人社会不仅让儿童背诵吟唱，而且还将“孔融让梨”制作成各种形式的儿童故事书，广泛传播。在马来西亚的华文书店,我看到将“二十四孝”故事编写成儿童图书出版。在青岛的某小区，赫然立着刻写“埋儿奉母”的石碑。

我认为，在今天，把“二十四孝”故事，把“孔融让梨”这样的故事，作为儿童文化（传统文化）灌输给儿童，是时代的一种倒退。下面让我们对这种故事的文化内涵做一剖析。

在“五四”时代，周氏兄弟不约而同地提出，应该以“亲情”代替传统的“孝道”。鲁迅曾经在《二十四孝图》一文中描述《郭巨埋儿》（即“埋儿奉母”）这个故事给自己带来的恐惧：“我所收得的最先的画图本子，是一位长辈的赠品——《二十四孝图》。这虽然不过薄薄的一本书，但是下图上说，鬼少人多，又为我一人所独有，使我高兴极了。那里面的故事，似乎是谁都知道的；便是不识字的人，例如阿长，也只要一看图画便能够滔滔地讲出这一段的事迹。但是，我于高兴之余，接着就是扫兴，因为我请人讲完了二十四个故事之后，才知道‘孝’有如此之难，对于先前痴心妄想，想做孝子的计划，完全绝望了。”“其中最使我不解，甚至于发生反感的，是‘老莱娱亲’和‘郭巨埋儿’两件事。”“至于玩着‘摇咕咚’的郭巨的儿子，却实在值得同情。他被抱在他母亲的臂膊上，高高兴兴地笑着；他的父亲却正在掘窟窿，要将他埋掉了。说明云，‘汉郭巨家贫，有子三岁，母尝减食与之。巨谓妻曰，贫乏不能供母，子又分母之食。盍埋此子？’我最初实在替这孩子捏一把汗，待到掘出黄金一釜，这才觉得轻松。然而我已经不但自己不敢再想做孝子，并且怕我父亲去做孝子了。家境正在坏下去，常听到父母愁柴米；祖母又老了，倘使我的父亲竟学了郭巨，那么，该埋的不正是我么？”[③]周作人是“儿童本位”思想的发明者，他对“父为子纲”的封建伦理制度深恶痛绝。他批判说：“中国亦承亚陆通习，重老轻少，于亲子关系见其极致。原父子之伦，本于天性，第必有对待，有调合，而后可称。今偏于一尊，去慈而重孝，绝情而言义，推至其极，乃近残贼。”[④]

“孔融让梨”是流传最广的、形式众多（书籍、动画）的所谓传统美德故事。一定有人会问，这样一个传诵了千百年的美德故事，你质疑它什么呢？谦让这种美德当然应该提倡、发扬，特别是在当下环境中。但是，在“孔融让梨”这个具体的故事里，是“四岁”的弟弟孔融让给上面的五个哥哥，即使按照一年生一个孩子来算，这五个哥哥中，年龄最大的也有九岁。也就是说，“孔融让梨”不是一个弘扬“谦让”美德的故事，而是宣扬“悌于长”这一伦理道德的故事。“悌”的含义是尊敬、顺从兄长。因为要守“悌”，所以必须把大的梨让给哥哥。

“孔融让梨”是违反社会正义和公平的故事。四岁的幼儿，被教以让梨给哥哥的话，他们是会感受到其中的不公正的。一个公正、公平的社会，“谦让”精神应该是强者（有能力获得资源、分配资源的人）谦让弱者（没有能力获得资源、分配资源的人），或者至少是两者都有获得资源的机会，一方让另一方。如果是反过来，要求弱者谦让强者，社会就会陷于不公平。按照普遍的常理，在一般的家庭里，在没有父母在场的情况下，四岁的弟弟和九岁的哥哥之间，有资格分梨的当然是哥哥而不是弟弟。也就是说，哥哥是强者，弟弟是弱者。如果哥哥先要拿去大梨，反倒让弟弟“谦让”地“让梨”，弟弟不会感到不公平吗？“孔融让梨”这个弟弟给哥哥让梨的故事，是与“尊老爱幼”这一社会公德相违背的。“融四岁，能让梨”这个道德故事，既不符合儿童的认知水平，也不符合儿童的道德意识水平。更为重要的，它在试图倡导一种幼儿难以效仿的“谦让”精神时，伤害了社会的“公正”原则。也就是说，这是一个不该提倡的，违反社会道德的故事。

那么是不是在任何情况下，四岁的弟弟都不能给哥哥让“梨”呢？也不是，在特殊的情况下，比如，我小时候，哥哥感冒发烧，吃不下饭（玉米面窝窝头），妈妈会给他熬大米粥，然后煎一个鸡蛋，这时候，我绝对不能去争着吃，因为不去争，妈妈就会表扬我，夸我懂事，知道谦让（如果哥哥没病，有了大米粥和煎鸡蛋，肯定是我多吃一些）。其实这时候，我这个当弟弟的成为了强者，而生病的哥哥变成了弱者，我要谦让他。

凡事各有其序。儿童教育尤其如此。上一阶段不能做下一阶段的事。当弟弟时，就是要得到哥哥的谦让，等到他当了哥哥，就学会了要对弟弟谦让。这是正常的成长次序。要求一个孩子上让哥哥、下让弟弟，这种道德标准就不是普通的孩子所能够做到的了。所谓道德，是指衡量社会公众的行为正当与否的观念标准。公众所做不到，就不是需要普遍奉行的道德了。

在儿童文化建设上，我反对让年幼的儿童读经，除了古代经典里存在着不少对儿童的心灵成长有害的东西，还因为古代经典的表达形式也是年幼儿童所难以接受的。台湾作家王淑芬曾经这样描写小学低年级儿童读《论语》的情形：他们把“知之为知之，不知为不知，是知也”读成了、理解成了“只只喂只只，不只喂不只，四只也”。周作人也对自己幼时在私塾里，对“四书”“五经”盲诵枯记这种学习传统经典的方式颇为不以为然。周作人认为，儿童读经，虽然识了字，但是不能养成读书的能力，也不能在道德观的培养上起什么作用。他在1926年时就说：“这样，我到十三岁的年底，读完了《论》《孟》《诗》《易》及《书经》的一部分。‘经’可以算读得也不少了，虽然也不能算多，但是我总不会写，也看不懂书，至于礼教的精义尤其茫然，干脆一句话，以前所读之经于我毫无益处，后来的能够略写文字及养成一种道德观念，乃是全从别的方面来的。”⑤

那么，在年幼阶段，我们应该将什么样的文字文化给予儿童呢？我主张的就是儿童文学。儿童文学是儿童教育的珍贵资源，是儿童精神成长的最佳食粮，儿童文学的阅读是童年生活的快乐源泉之一。

就以我在前面讨论的传统文化的传承而言，儿童文学依然具有巨大的传递功能。儿童文学不仅可以帮助儿童树立现代精神，而且也可以向儿童传递传统美德。

欣赏、鉴别儿童文学，需要具有“小中见大”的能力。但是，忘记童年之本，又以成人文化为本位的一些大人学者，看不出儿童文学的“好”来。宣扬儿童读经的王财贵教授在讲演中就说：“念《小老鼠，上灯台》，念了六年，一无所有。”他把童谣看成是“低度”的文化，把古代经典看成是“高度”的文化，说“我们只教高度的，那些低度的自己就会。所以从今以后不要再浪费孩子的时间了。”和王财贵教授持同样立场的教育者大有人在。我就亲耳听到有一位教育家说《小老鼠上灯台》这样的童谣没什么价值，古诗词才有价值。我也看到过，有的小学语文教材编写者因为自己小时候读过大量古诗,就在编教材时,过足瘾地把古诗加进去,而把童谣扔在一边。

我编著《快乐语文读本》（小学·十二卷）时，专辟一章，题目就叫作“沉甸甸的儿歌”,为的就是质疑大人学者对童谣的轻蔑态度，彰显童谣的厚重价值。为了下面的论述有所依据,现抄录其中的三首。

小白菜，/地里黄，/三岁四岁死了娘。/端起饭来泪汪汪，/拿起筷子想亲娘。/后娘问我哭哪样？/我说碗底烫得心发慌。

《小白菜》

小板凳四条腿儿，/俺给奶奶嗑瓜子儿。/奶奶嫌俺脏，/俺给奶奶擀面汤。/面汤里面加点油，/吃得奶奶直点头。

《小板凳四条腿儿》

馒头花，/开三朵，/我娘从小抱着我。/怀里抱，/被里裹，/大红枕头支着我。/我娘得病我心焦，/拿下金镯去买药。/人人都说可惜了，/我娘好了值多少。

《满头花》

上述童谣没有思想价值和语言价值的文化高度吗？它们不是儿童的人性养成和语言教育的珍贵资源吗？在思想性、价值观上,“俺给奶奶嗑瓜子儿”不就是《孟子》里的“老吾老”吗？“人人都说可惜了，我娘好了值多少”不也与《论语》里的“君子喻于义，小人喻于利”有相通之处吗？在艺术表现上，“小白菜，地里黄，三岁四岁没了娘”、“馒头花，开三朵，我娘从小抱着我”，这样的儿歌运用的艺术修辞，即是朱熹在《诗集传》中说的“兴者，先言他物以引起所咏之辞也”。“后娘问我哭哪样，我说碗底烫得心发慌”、“面汤里面加点油，吃得奶奶直点头”这样的白话文也并不简单，而是最好的白描手法，它们的艺术质地并不比鲁迅小说里的白描差。

优秀的儿童文学是那些具有高度文化素养又兼具赤子之心的成人专门为儿童创造的独特而珍贵的文化。儿童文学不仅在打造儿童的幸福梦想上不可或缺，其实对于整个国家的强国之梦而言，同样不可或缺。孟子说：“大人者，不失其赤子之心者也。”意思是说，所谓伟大的人，就是童心未泯的人。老子的理想也是：“常德不离，复归于婴儿”，“含德之厚，比于赤子”。一颗年轻的心，一颗赤子之心，拥有内在的天真、善良、质朴、热烈，拥有好奇心、探索欲和激情。只有保持生命的活力，社会、民族、国家才有前景，保持孩童般天真无邪的心性，才能不忘常识，才能发现真理。

梁启超在清末，为谋求中国的强盛，就曾主张、呼唤“少年”精神：“少年智则国智，少年富则国富，少年强则国强。”在今天，我们依然有理由说，健康而富于生机的儿童文化兴盛之日，就是中华民族强盛之时。

（载于《昆明学院学报》2014年第1期）

---

①[澳大利亚]戴维·思罗斯比：《经济学与文化》，6页，北京，中国人民大学出版社，2011年版。

②[德]马克斯·霍克海默、特奥多·威·阿多诺：《启蒙辩证法》，125页，重庆，重庆出版社，1990年版。

③鲁迅：《二十四孝图》，《鲁迅全集》(第二卷)，北京，人民文学出版社，1981年版。

④周作人：《儿童问题之初解》，《周作人散文全集》(第一卷)，南宁，广西师范大学出版社，2009年版。

⑤周作人：《我学国文的经验》，《周作人散文全集》(第四卷)，南宁，广西师范大学出版社，2009年版。

图书在版编目（CIP）数据

论小学语文教育与儿童教育 / 朱自强著. -- 南昌 :二十一世纪出版社集团, 2015.11
（朱自强学术文集；9）
ISBN 978-7-5568-1338-4

Ⅰ. ①论… Ⅱ. ①朱… Ⅲ. ①小学语文课 – 教学研究②儿童教育 – 研究
Ⅳ. ①G623.202②G610

中国版本图书馆CIP数据核字(2015)第259771号

朱自强学术文集 9　论小学语文教育与儿童教育　朱自强/著

出 版 人　张秋林
编辑统筹　熊　炽
责任编辑　陈　超
美术编辑　彭　蕾
出版发行　二十一世纪出版社集团
（江西省南昌市子安路75号　330025）
www.21cccc.com　cc21@163.net
经　　销　新华书店
印　　刷　南昌市红星印刷有限公司
开　　本　720mm × 960mm　1/16
印　　张　19.25
字　　数　232千字
版　　次　2015年11月第1版
印　　次　2015年11月第1次印刷
书　　号　ISBN 978-7-5568-1338-4
定　　价　35.00元
